JN339519

황해도 애국지사 이관구의 항일투쟁인물 열전

의용실기 義勇實記

이관구 지음 | 이충구 · 김규선 · 조준희 편역

아라

차 례

발간사

화사이관구선생기념사업회는 황해도 송화가 낳은 애국지사 화사 이관구 선생의 숭고한 애국애족정신을 기리며 학술대회와 출판을 진행해 왔습니다.

올해는 화사 선생 서거 60주년을 맞아 추모의 의미에서 선생의 대표 저술인 『의용실기』를 발간하기로 하였습니다. 『의용실기』는 1910년대 국내 최대 항일단체였던 광복회에 관한 소중한 기록이 담겨 있습니다. 한국과 중국을 넘나들던 화사 선생의 암약상과 그 동지들의 항일투쟁, 그리고 광복 후 혼란스런 정국에서 정치 · 사회 · 역사 운동을 시도했던 선생의 민족정신을 고스란히 보여줍니다.

1986년 수원대 박환 교수가 본 자료를 최초 발굴하여 학계에 보고한 이래 여러 편의 연구 성과가 축적되었습니다. 다만 원문이 학자들에게만 공유되어 더욱 많은 독자에게 읽혔으면 하는 취지에서 단행본으로 내게 되었습니다.

본서가 나오기 까지 난해한 초서 원문을 전산입력하고 순한글로 옮기시는데 공력을 들인 이충구 교수와 김규선 교수, 교정 · 교열을 도와준 조준희 소장의 노고가 적지 않았습니다.

끝으로, 영정 사진을 제공해 준 박상진 의사 증손 박중훈 선생과 위병식 선생 손자 위훈 선생, 원주변씨세보를 전해준 변희국 선생, 그리고 아라출판사 한창남 사장과 편집부 담당자에게도 감사의 뜻을 전합니다.

2013년 7월 2일

화사이관구선생기념사업회 이사장 **이하복**

『의용실기』 해제

이충구 · 조준희

Ⅰ. 머리말

화사華史 이관구李觀求, 1885~1953(이하는 '화사')는 황해도 송화 출신의 독립운동가다.[1] 화사의 많은 저술 가운데 『의용실기』는 화사가

1) 화사의 혁혁한 독립운동 공적을 기리기 위하여 정부에서는 1990년에 애국장(1977년 건국포장)을 추서하였다.

교류했던 인물 36명의 의용義勇에 대한 행적을 기록한 것이다. 이는 본문 첫째 장의 "이 책에 기재된 선배 여러분의 사적과 동지 여러분의 역사는 나와 직접 관계된 것이 많으나"라고 한데서 드러난다. 이 점에서 화사가 아는 각 인물의 항일투쟁 활동을 구체적으로 제시한 인물 열전이라고 하겠다. 연대기는 없는데, 「의용록중람서」에서 "공산군이 두 차례나 서울시에 침입"이라는 언급이 있는 것으로 보아 1951년 1·4후퇴 이후에 저술이 끝난 것이다.

내용은 3부분으로 구성되었는데, 「의용록중람서」, 「자서전」, 「의용록」 순이며, 「의용록」이 본문에 해당한다.

먼저, 「의용록중람서」는 첫머리에 이 책이 화사 자신과 직접 관계된 인물을 기재하였음을 밝혔다. 이어 나라가 공산군의 침입과 미군의 폭격 감행으로 파괴되어 인도·정의가 없음을 개탄하고, 약소민족국가인 조선의 남북정권이 외국 군대를 불러 들여 동족을 살해하려 하는 것을 훌륭한 정치라고 생각하게 된 데 격분해 하였다. 그리고 자신의 지난날 독립운동은 오늘날과 같은 모욕을 당하는 모양새의 독립이 아니고 우리의 실력으로, 우리의 조상 땅에 독립 국가를 설립하고 자유스럽게 영광스럽게 생활하여 보자는 취지라 하고, 신성한 독립과 신성한 정치가 실행되기를 기다리는 소원을 술회하였다.

다음, 「자서전」은 화사 자신의 이력과 의용 사실을 기술한 것이다. 출신, 교류 인물, 학력, 중국·유럽·러시아 유력, 7차 거의, 6년 옥중 고생, 출옥 이후 방랑 생활, 광복 이후 정당 활동 및 미군정하 직위 사절, 학문 연구의 과정을 시기 순으로 밝혔다.

끝으로, 「의용록」에서 다루고 있는 인물은 36명(이근영 · 이문성 · 박근원 · 성낙규 · 이근석 · 박원동 · 양택선 · 조선환 · 한성근 · 변동환 · 오찬근 · 이화숙 · 이학희 · 조현균 · 오순구 · 이종규 · 박상진 · 김우상 · 박동흠 · 허혁 · 조용승 · 양봉제 · 조백영 · 조명하 · 이석희 · 최정현 · 노승룡 · 윤헌 · 감익룡 · 유준희 · 최응선 · 이창구 · 이장규 · 이무 · 위병식 · 고후조 순)으로, 이들은 대부분 황해도(24명) 및 평안도(9명) 출신이며, 경상도 출신 2명, 미상 1명(이무)이 포함되어 있다. 이 중 10명(이근영 · 이근석 · 조선환 · 한성근 · 변동환 · 조현균 · 박상진 · 허혁 · 조명하 · 감익룡)은 현재 독립유공자 서훈을 받았다.

『의용실기』에는 화사와 위의 36명 외에 『대한매일신보』 지인 4명(박은식, 신채호, 양기탁, 장지연), 동창생 2명(나석주, 오동진), 해주 1차 거의 및 광복회 동지 9명(김좌진, 박순홍, 박태원, 박행일, 이명직, 이종문, 이진룡, 임치민, 조맹선), 각 인물의 일가 8명(노경설, 노경열, 노형규, 박문일, 변동식, 오봉영, 조중석, 최준), 스승 4명(유인석, 안창호, 임기선, 임종식), 사학연구협회 회원 3명(이강, 이시영, 최장렬), 중국인사 6명(손문, 양계초, 원극문, 원세개, 장개석, 탕화룡), 미국인사 1명(러취), 기타 20명을 포함해 총 94명이 등장한다.

『의용실기』의 내용을 토대로 일제강점기 광복회 조직을 중심으로 전략적 거점 확보를 위한 황해도 · 평안도 지역에서 화사의 활약상과 인맥을 살펴보고자 한다.

II. 『의용실기』를 통해 본 화사의 독립운동

1. 항일의식 형성

(1) 가계 및 유인석과 만남

이관구는 1885년 4월 29일 황해도 송화군 하리면 안농리에서 이윤규李允珪, 1865~1926와 광산김씨 사이에서 4남 1녀 중 장남으로 태어났다.[2] 본관은 한산(인재공파)이며 목은 이색의 21대손으로,[3] 자는 명숙明叔, 호는 화사華史이고, 해량海量 · 종석鍾錫 · 자선子鮮 등의 이명이 있었다.

화사가 투철한 민족의식을 견지하고 성장하기까지는, 벼슬이 참의에 이르고 명망이 높았던 조부 이영직李英稙, 1848~1910(호는 가운稼雲)과 유학과 효행으로 널리 알려진 부친 이윤규의 영향이 컸다. 이윤규는 유응두柳應斗의 문인이었는데, 유응두는 1910년대 대한독립의군부의 황해도 대표로 추대될 정도로 명성이 있었다. 화사는 유년 시절에 부친과 조부, 그리고 강은식姜殷植[4]의 지도로 한학을 익혔으며,

---

2) 『한산이씨세보 : 직강공파』(권12).

3) 화사의 가계도 : 시조 李允卿(시조) - … - 7세 穡(목은 · 문정공) - 8세 種學(색의 2자, 인재공) - 9세 叔福(종학의 5자, 직강공) - 10세 文埤(숙복의 장자) - 11세 克昌(문비의 3자) - 12세 堙(극창의 장자) - 13세 萬(인의 장자) - 14세 從郁(만의 2자) - 15세 仲生(종욱의 장자) - 16세 苾(중생의 장자) - 17세 得祐(필의 3자) - 18세 繼南(득우의 장자) - 19세 秀栽(계남의 2자) - 20세 時賢(수재의 2자) - 21세 潤(시현의 4자) - 22세 震永 - 23세 義民 - 24세 元吉 - 25세 英稙 - 26세 允珪 - 27세 觀求(장자) · 董求(2자) · 萬求(3자) · 昌求(4자).

황해도 명필 임종식林鍾植 · 임기선林基先 양인한테 서법을 배워 "선서자善書者, 글씨 잘 쓰는 사람"라 칭할만한 필력을 가질 정도로 시와 문자에 뛰어났다.

구한말 황해도는 존왕양이尊王攘夷의 위정척사사상이 고취되어 가던 지역으로, 당시 대표적인 위정척사론자이자 의병장으로서 명성이 높던 유인석은 1900년 중국에서 귀국한 뒤 1907년 러시아로 망명하기까지 황해도 평산山斗齋, 1900~1901 · 1903~04 · 해주1903 · 연안1903 · 은율興道書社, 1904~1906 · 서흥1906 등지를 다니면서 '존화尊華의 의義를 표창하고 사림士林의 모범을 건립하자'는 취지의 강회활동과 향약운동에 주력했다.[5)]

전통 유가에서 자란 화사는 유인석의 가르침을 받고자 했는데, 유인석이 송화에 당도한 시기는 1903년이다. 유인석은 화사 집안의 학문이 고상하다는 점을 들어 아버지와 할아버지에게 배울 것을 권하였으나, 화사가 제자 되기를 청하자 이내 허락하였다.[6)] 화사는 유인석을 재차 찾아가는데, 짧은 기간이었지만 화사가 화서華西 연원이 된 사실은 훗날 황해도와 평안도에서 독립운동가 인맥 형성의 밑바탕이 된다.

---

4) 이관구/이충구 · 김병헌 편역, 『화사이관구자료집(1) : 언행록』(이하는 '언행록'), 화사선생기념사업회, 2003, 164쪽.

5) 박민영, 「의암 유인석의 위정척사운동 : 『소의신편』을 중심으로」, 『청계사학』 3, 한국정신문화연구원, 1986, 168~169쪽.

6) "子鮮(*이관구)이 유의암을 배알하여 가르침을 받고자 청하자 의암이 말하였다. 너의 조부는 덕행이 돈후하고 학문이 고상하시다. 내자 서주에 온 후로 가장 경외했던 분이 가운이시다. …{중략}… 집안에 어진 선생인 부조가 있으면 부조에게 배워야 할 것이니, 또한 일은 반이고, 효과는 배다"(『언행록』, 82쪽)

(2) 언론활동과 신학문 수용

그런데 화사는 위정척사론에 기반을 둔 의병운동에 가담하지 않고, 서울에 상경하여 박은식, 신채호, 양기탁, 장지연 등 애국계몽운동가들의 언론사업에 참여하였다. 그가 언론계에서 활동한 시기와 역할은 구체적으로 알 수 없으나 양기탁, 박은식, 신채호, 안창호 등이 이끌었던 『대한매일신보』에 관여했었을 것으로 여겨진다. 『대한매일신보』는 신민회 창건과 함께 주필인 양기탁이 신민회의 총감독이 되었을 뿐 아니라 논설위원과 사원들이 대부분 신민회 회원으로 가입되었으므로 신민회의 기관지로 활용되었고, 신민회의 총본부 기능까지 겸하여 수행하였다.

그러나 화사는 신학문에 대해 부족함을 절실히 깨닫고서, 안창호를 따라 평양으로 가서 대성학교와 숭실대학에서 수학하였다. 대성학교는 안창호가 중심이 되어 윤치호, 이종호 등이 1908년 9월 26일 평양 설암리에 설립한 중학교로, 학제는 중학교 3년, 예비과 1년으로 하였으며, 부설로 농림강습소를 설치하고 50명 정원의 1년 속성과정을 개설하였다. 신민회의 목적과 이념에 따라 국권회복운동의 간부양성과 국민 교육의 전수를 학교 이념으로 했다. 화사는 대성학교 재학시 교장 윤치호와 교사 안창호로부터 누차 조국 애호, 국권 확립에 관한 강연을 듣고, 애국심을 공고히 하였다.[7] 대성학교를 나와 다시 평양 숭실대학에 입학한 뒤 2학년에서 수학하던 중 일제강점을 당했다.

---

7) 화사이관구선생기념사업회, 『화사유고』 4, 「國權恢復을 標榜하는 不逞鮮人 檢擧의 件(고제23808호)」(이하는 '고제23808호'), 경인문화사, 2011, 532쪽.

(3) 독립운동 준비

1) 노승룡가 체류

화사는 일제강점에 크게 분개하여 장래 국권회복운동을 필생의 사업으로 할 것을 기약하였다.[8] 그는 숭실대학을 중퇴하고서 필법대가로 이름난 평남 용강의 노승룡가를 찾아 갔다. 노승룡의 자택은 평남 용강군 오정면 내동1914년부터 오신면 내덕리에 위치했다.

노승룡1862~1915(호는 송곡松谷)은 1862년 8월 22일 노경설盧敬卨과 울진임씨 사이에서 장남으로 태어났다.[9] 조부 노형규盧亨奎, 1806~?(자는 희길羲吉)는 추사 김정희에 버금가는 신묘한 필법으로 평양 대동문 현판을 직접 썼으며, 부친 경설과 종백숙부 노경열盧敬悅도 필법이 유명하여 필법대가로 이름난 노씨 가문에 서법을 배우러 오는 이가 많았다.[10] 노승룡은 1889년 사마시에 입격하여 진사가 되었고, 1905년 최정현과 함께 북간도공립소학교 부교원에 임명되었으나 사임했다.[11] 그는 1906년 10월에 서우학회 창립 즉시 가입하

---

8) 위와 같음.

9) 노승룡의 생년이 최정현, 『松菴先生文集』(鎭南浦 : 崔松菴文集發行所, 1937)과 『朝鮮紳士寶鑑』(朝鮮文友會, 1913)에는 1865년(8월 22일)생으로 되어 있으나, 족보와 사마방목에는 1862년(임술)생으로 기록되어 있어서 일단 후자를 따랐다. 『조선신사보감』에 따르면, 노승룡의 주소지는 평남 용강군 오정면 내동, 사숙에서 한문 수학, 서북학교 졸업, 종교는 유교, 인물평으로 "명예가 드러남에 원근에서 믿고 우러러 보았다" 고 하였다. 노승룡의 장남 노상욱(盧尙昱)의 주소가 용강군 오신면 내덕리 1318번지로 확인되는데, 오신면은 용강군 동남부에 위치하며 오정면과 신정면이 1914년에 통폐합된 것이다.

10) 노재성 편, 『교하노씨세보』 10, 교하노씨세보증보편찬위원회, 1979, 850～851쪽; 『의용실기』, 「盧承龍」.

고, 이듬해에 노의룡盧義龍으로 개명한 뒤 『서북학회월보』에 청년의 신학문과 신교육을 장려하기 위하여 노년층의 만학을 독려하는 논설을 기고했다.[12] 노승룡은 서북협성학교를 졸업했고, 1908년 서북학회 평의원직을 사임했으나, 1909년 봄 용강군 다미면 지동에 설립한 광동학교光東學校 교사로 활동하고, 같은 해 서북학회 평남 용강 · 강서군 학사시찰위원에 피선되었다.[13]

화사는 용강군에 머물며 노승룡으로부터 3개월간 서예를 배우면서 틈틈히 독립운동에 관한 상의를 하였고 거의를 준비해 나갔다.

2. 해주 1차 거의

(1) 해주 1차 거의의 배경

화사는 독립운동 실천의 첫 일환으로 적진인 일본에서 전략을 찾고자 했다. 그리하여 동경東京에 건너가 6개월간 머물며 각종 시도를 해보았으나 일본인과 물과 기름의 형세로 한마음으로 일할 수 없다는 사실을 깨닫고 일본을 떠나 중국으로 건너갔다. 곧바로 남경 상강실업학교에 임시 입학했다가, 북경으로 가서 회문대학에 입학한 뒤 다시 명륜대학으로 전학하였다. 화사가 중국에 유학한 취지는 국가를 중건하고자 하는 '국권회복'에 목적을 두었음을 「자서전」에서 분

---

11) 崔定鉉, 「成均進士盧公墓碣銘」, 『松菴先生文集』, 앞의 책.
12) 『西友』 7, 「會員消息」, 43쪽, "盧承龍 承字는 改以義字홈"; 盧義龍, 「晩學說」, 『西友』 16, 15～16쪽.
13) 『朝鮮紳士寶鑑』, 앞의 책; 『西北學會月報』 6, 「會事記要」, 26쪽; 『황성신문』, 1909.4.10, 「잡보」 '龍智光東'; 『西北學會月報』 11, 「會事記要」, 26쪽.

명히 밝히고 있다.[14)]

1912년 음력 3월 화사는 서간도에 거주하는 이시영을 찾아가 무관학교설립을 기획했으나 자금 2만원의 거액이 필요하여 중단하였다.[15)] 화사는 조선 청년의 구미 도항 대신 중국에서 교육을 실시하여 장래를 준비하고자 상하이 소재 '동제사同濟社'를 통해 각지와 연결하고자 했다.[16)] 동제사는 1912년 음력 5월 20일(7월 4일) 상하이에서 결성된 단체로 신규식1880~1922 중심의 비밀결사였으며, 박은식이 총재로 추대되었다.

1913년 화사는 독립운동의 적극적 실천 방안으로 군사전술을 학습하고자 중국 절강성 항주부 군관학교 속성과를 단기간에 졸업한 뒤 난징 제2차 혁명전쟁에 참전하였다. 그러나 난징 혁명이 실패로 돌아가고 중국 전토가 원세개 천하가 되자 화사는 더 이상 중국에 거주할 상황이 되지 못하였다.

(2) 황해도 해주 잠입과 의의

화사는 이에 황해도 해주에서 항일을 펴고자 국내에 잠입하여 해주군 미율면 이종규의 집에 1913년 음력 12월부터 1914년 음력 5월까지 5개월 간[17)] 체류하면서 이학희 · 오순구 · 박순홍 · 박행일 · 박

---

14) "余가 外國에 이와 갓이 遂遊를 하는 本意는 文字를 學하라는대 잇지 아니하고 國家를 重建하고자 하는 意圖에 在하얏다"(『의용실기』, 「自敍傳」).
15) 「고제23808호」, 『화사유고』 4, 534쪽.
16) 위와 같음.
17) 위의 책, 532~533쪽.

태원 · 이명직 · 김우상 · 성낙규 · 윤헌 등 50여 명의 지사들과 함께 거의를 도모하기에 이르렀다.[18]

이종규는 황해도 해주의 부호로 자신의 재산을 청년 교육과 조선 독립에 헌납했으며, 화사의 1차 거의에 동참하였다가 발각되어 화사와 함께 러시아로 망명한 뒤 러시아에서 세상을 떠났다.[19] 화사는 이종규에 대해 "막대한 재산을 독립운동에 헌납하고도 조금도 후회하지 않은 진정한 애국자 중의 한사람"이라고 『의용실기』를 통해 밝혔다.

해주 청년 이학희1890~1918는 석담리 율곡의 봉사손으로서 풍채가 좋은데다 언변을 잘하고 의협심이 많고 큰 뜻이 있어서 당시 청년들의 중견 인물이었다 한다. 기회 있는 대로 조선독립운동을 할 준비를 하고 있었는데, 화사의 1차 거의 때 하와이로 망명을 기도했으나 자금이 여의치 못하여 실행치 못하였고, 일경에 체포되어 악형을 받고 훈계방면 되었다.[20] 이종문1868~1945은 이학희의 부친[21]으로, 부자가 함께 화사의 1차 거의에 참가한 것으로 보인다.[22]

오순구는 해주인으로 조선의 국운이 기우는 것을 보고 국권회복운동을 하고자 다방면으로 노력했다. 화사를 만나 1차 거의에 동참했

18) "李華史가 第一次로 海西에서 起義할 時에 李鶴熺 吳淳九 朴淳興 朴行一 朴泰遠 李宗珪 李明稙 金遇常 等과 同히 參與하얐다가 事가 發覺되여"(『의용실기』, 「成樂奎」).

19) 『의용실기』, 「李宗珪」.

20) 「고제23808호」, 『화사유고』 4, 533쪽; 『의용실기』, 「李鶴熺」.

21) 『덕수이씨세보』 지편상, 덕수이씨세보간행위원회, 2001, 709쪽.

22) "子度는 …{중략}… 華史가 第一次 海州서 擧義할 時에도 海州 石潭 李栗谷의 奉祀孫 鍾文氏와 同參하엿고"(『의용실기』, 「尹鑢」).

다가 체포되어 악형을 받았고 출옥한 뒤 러시아로 망명해서도 동지 규합에 힘썼다.[23]

김우상은 해주인으로 신체가 강하고 고통을 느끼지 않는 특이체질의 소유자로서 의협심이 강해 1차 거의 때 모험 결사에 앞장서고자 자원한 인물이다.[24]

윤헌1871~?은 평남 중화 출신의 유인석 문인인데, 1910년대에 황해도 해주로 이거해 활동한 것으로 보인다.[25]

성낙규는 화사와 같은 송화 출신으로 어릴 적부터 영웅의 기개가 있어서 영준英俊을 교결交結하는데 큰 뜻을 품고, 말수가 적으나 언변이 능하여 사람을 감화시키는 능력이 강한 사람이었는데, 화사의 1차 거의 때 참여했다가 체포되었다.[26]

〈표 1〉 화사의 1차 거의 동참자

이 름	거주지	연령(1914년 기준)
이종규	황해도 해주군 미율면	–
이학희	황해도 해주군 고산면 석담리	25(1890~1918)
이종문	황해도 해주군 고산면 석담리	47(1868~1945)
박행일	황해도 해주군 고산면 수정리	32
오순구	황해도 해주군	–
김우상	황해도 해주군	–

23) 『의용실기』, 「吳淳九」.

24) 『의용실기』, 「金遇常」.

25) 『甲午式年 司馬榜目』과 『의용실기』, 「尹鏸」條에는 평남 중화 출신으로 언급돼 있으나, 1918년 일제 기록(고제23808호)에는 '해주군 해주면 上町'(구 주내면 옥계동)으로, 1919년에는 '黃海道 海州郡 高山面 石潭里 213番地'(尹子度, 『宋子年譜』, 海州 : 隱屛書齋, 1919)로 기록돼 있다.

26) 『의용실기』, 「成樂奎」.

윤 헌	평남 중화인→황해도 해주 이주	44(1871~?)
성낙규	황해도 송화군 장양면 순막리	25
이관구	황해도 송화군 하리면 안농리	30(1885~1953)
박순홍	미상	–
박태원	미상	–
이명직	미상	–

화사의 1차 거의에 참가한 50여 명 가운데 이름이 밝혀진 12명 중 7명은 해주, 2명은 송화 거주자였던 것으로 확인된다.

『의용실기』에 따르면, "성낙규가 매일신문사(대한매일신보－해제자 주) 기자생활을 해서 신채호와 가까웠다"고 하였는데, 화사도 서울에서 같은 언론계에 종사했었기 때문에 서로 안면이 있던 사이여서 연락이 닿았던 것으로 여겨진다. 다음으로 윤헌은 화사와 유인석 문인이라는 공통점이 있는데, 『의용실기』에 따르면 윤헌이 선전술이 능하여 1차 거의 시에 해주 석담에 있는 이종문을 동참시켰다 했다. 이 두 사람 외 다른 인사들의 참여 과정은 구체적으로 알 수 없다.

화사의 1차 거의에 가담했다가 체포된 50여 명은 악형을 받고 3일 구류 내지 약 2개월간 투옥되었다가 거의를 주도한 화사가 외국으로 망명하였다는 사실이 밝혀져서 얼마 있지 않아 훈계 · 방면되었다.[27] 화사는 중국에 머물 형편이 못되어 러시아를 경유하여 구주歐洲 여러 나라, 그리고 인도로 유람을 하고 1년 만에 다시 중국으로 돌아왔

---

27) "其時에도 事가 未幾에 發覺되여 五十餘名의 同志者가 倭警察署에 被囚되야 罪常한 惡刑을 밧으며 數月를 經過하얏으나 主體되는 華史가 外國으로 멀니 亡命하였다는 事實이 現露되야 倭官員이 此五十餘人에게 對하야 華史와 如한 危險人을 다시 相踵치 말라고 하고 訓戒 放送하얏다 한다"(『의용실기』, 「李鶴熺」).

다.[28] 그리고 미국으로 건너가 샌프란시스코에 거주하는 안창호를 만나 국권회복운동에 관하여 모의하려 하였으나 항해 도중 병으로 하와이에 상륙하여 김성삼, 윤영국, 오현주, 길진영 등과 회합하여 운동방법에 대하여 협의하고 1913년에 귀국하였다.[29]

일제강점 전후 해주는 항일 의병활동이 치열히 전개된 지역인데, 우국청년들을 규합하려던 화사의 전략은 실패했지만 광복회의 황해도 해주 조직의 기반을 마련하였다는데서 의의를 찾아볼 수 있다.

3. 광복회 조직

(1) 광복회 결성

화사는 1914년 음력 11월 경 중국에 갔는데, 원세개袁世凱가 무고한 혁명가들을 숙청하는 사태에 이르렀다. 화사는 진퇴양난으로 베이징에 머물면서 원세개의 2남 원극문袁克文, 1889~1931과 상통하였다.[30] 화사는 나아가 중국 각지를 찾아다니며 동지 규합을 도모했으나 지역 주민들이 입으로만 국권회복을 운운하고 금곡金穀의 준비가 부족했다. 그래서 목적 달성을 위해서는 금곡을 저장하고 인물을 양

---

28) 「고제23808호」, 『화사유고』 4, 532쪽; 『언행록』, 46쪽.

29) 『의용실기』, 「自敍傳」.

30) "露西亞를 經由하야 歐洲列國에 遊覽의 길을 떠낫으나 不過 一年에 다시 中國으로 도라오니 中國은 孫文의 新革命의 風氣는 消하야지고 袁世凱의 帝王慾이 發動되여 無辜한 新革命家는 많이 殺害되엿다. 그러나 余는 進退維谷으로 할 수 없이 北京에 留하면서 袁克文과 情誼가 上通되야 一時는 北京政府에 一官엇도 단여준 일도 잇엇다"(『의용실기』, 「自敍傳」).

성하며, 또 빈민을 구제하여 인심을 수합하고, 사상 통일을 도모하지 않고서 곤란하다고 판단하였다. 그리하여 중국에 거주하는 반일지사들과 모의하고 조선에서 장정과 자금을 모집하기로 했다.[31] 뒤에 광복회 총사령이 되는 박상진, 그리고 서간도 통화현 내 한인 자치단체 부민단 단장을 지낸 허혁과 만난 시기는 이즈음일 것으로 사료된다.

박상진1884~1921(호는 고헌固軒)은 신해혁명을 직접 보고 비밀·폭동·암살·명령 등의 방략으로써 조선의 국권을 회복하고자 했으며, 또한 방대한 군자금이 필요하다는 생각을 갖고 있던 인물이었다.[32] 국권회복의 방법에 대하여 의견을 같이한 화사는 박상진과 함께 그들의 전략을 실천할 수 있는 단체를 조직하기로 했다.[33]

화사는 박상진과 함께 다시 국내에 잠입하여 서울을 거쳐 경주로 가서 광복회(본문에는 '광복단' - 엮은이 주)를 결성하기에 이르렀다.

> "(朴尙鎭은) 李華史을 相逢하야 刎頸의 交을 結하고 歸國하야 光復團 組織할 議論을 孰凝하고 故鄕인 慶州에 歸하야 數百의 義兵將을 會하야 光復團을 組織하고, 武器는 外地에 在한 華史을 通하야 買來하야 가지고 日本人의 稅納金도 奪取하야 獨立運動費로 所用하고 親日惡徒輩을 肅淸하기에 着手…"[34]

---

31) 「고제23808호」, 『화사유고』 4, 533쪽.

32) 박영석, 『화사 이관구의 생애와 민족독립운동』, 선인, 2010, 307~308쪽.

33) "일즉 建國의 志을 抱하고 露領과 中國地方을 遊歷하며 雄俊을 多交할 時에 李華史을 相逢하야 刎頸의 交을 結하고 歸國하야 光復團 組織할 議論을 孰凝하고"(『의용실기』, 「朴尙鎭」).

34) 『의용실기』, 「朴尙鎭」.

광복회의 조직, 명칭, 법규는 군대식으로 편제되었는데,[35] 박상진은 광복회 총사령으로 추대되어 제반임무를 통솔하였고, 부사령에 평산의병장 이진룡1879~1918이 임명되었다. 이진룡은 조맹선1872~1922과 중국 관전현에 이르러 새로운 독립운동 기지를 개척하고 있었다.

광복회는 전국 8도에 지부를 설치하여 지부장 각 1인씩을 임명하고, 8도지부장과 각 군지부장 및 각 부서에 참모를 배치하였다.

〈표 2〉 광복회 지휘부와 8도지부장

직책	책임자	출신지	생몰연도
총사령	박상진	경남 울산	1884~1921
부사령	이진룡	황해 평산	1879~1918
지휘장	우재룡	경남 창녕	1884~1955
지휘장	권영만	경북 청송	1877~1950
함경도지부장	최봉주	미상	미상
평안도지부장	조현균	평북 정주	1871~1949
황해도지부장	이관구	황해 송화	1885~1953
강원도지부장	김동호	강원 삼척	1877~1928
경기도지부장	김선호	미상	미상
충청도지부장	김한종	충남 예산	1883~1921
전라도지부장	이병찬	전남 보성	1886~1955
경상도지부장	채기중	경북 상주	1873~1921

총참모는 참모를 지휘하였고, 도 · 군역원의 명칭과 역할이 동일했

35) "陰 七月十五日에 大邱 達城公園에서 光復會 結成 時에 國內에 總司令에 被選되엿다. 當時 參集된 數百人士는 大多數가 韓國義兵將領이엿시무로 本會 任員의 名稱과 法規가 軍式이엿다"(朴敬重, 「固軒 朴尙鎭先生 略歷」, 『朴尙鎭資料集』, 독립기념관 한국독립운동사연구소, 2000, 345쪽).

으며, 보통회원은 추천원 외에 서로 모르게 하였다. 각 지부장의 수하에는 특별파원 50인씩을 영솔케 하였고, 무장을 하고 각기 임무를 비밀리에 수행하도록 하였으며, 담당지구 내에서 조선독립사상을 선전하고 독립자금 모집을 기도하였다.

광복회 재무에 경북 경주의 최준1884~1970[36]이 임명되었는데, 평안도에서는 평북 박천의 양봉제[37]가 담당하고, 황해도에서는 해주의 변동환[38]이 분담했던 것으로 보인다.

(2) 평안도지부 결성

화사는 1914년 황해도 해주에서 시도한 1차 거의의 실패로 인해 근거지를 '평안도'로 옮겨 광복회 지부를 조직해 나갔다.[39] 화사는 광복회 결성시 경상도 · 함경도 · 평안도 지사들이 단시일 내에 연결이 된 것이 1차 거의에 가담했던 성낙규의 공이 컸다며 아래와 같이 술회하였다.

> "(成樂奎는) 其後에도 李華史와 連絡이 있어서 늘 國內에서 革命運

---

36) "崔浚으로 財務主任애 擇定하여 各方面收入된 金額을 崔浚의계 保管하엿다가 海外各地 機關事業애 酬用하고"(위의 책, 358쪽).

37) "李華史에게 常言하기를, '財政'은 내가 當하여 볼터이니 貴君은 忠烈의 士을 多數히 連絡하얏다가 期會를 보와서 全國이 一時에 擧義하게 하라"(『의용실기』, 「梁鳳濟」).

38) 「고제23808호」, 『화사유고』 4, 534쪽, "東煥을 黃海道總務로 하여 本 運動을 전담케 하였다."

39) "其時에 李華史가 黃海道 海州에서 獨立運動를 하다가 事覺되여 未果하고 平安道를 中心하고 다시 地下運動를 할 적에"(『의용실기』, 「崔正鉉」).

> 動을 하고 있었다. 그럼으로 成樂奎의 累巨萬財을 다 革命上에 消費하얐다. 이와 같이 英俊을 많이 連結하고 있었기 대문에 李華史가 再次 擧義하는 때에 不數月에 慶尙道의 俠士及 義士와 (金佐鎭이 그 代表) 咸鏡道 平安道 義士 等과 다 連絡이 된 것은 皆 成樂奎의 活動力이 多한 所以이다."[40]

우선 평안남도 지역을 살펴보면, 노승룡은 화사가 독립운동을 할 때 누구보다도 더 열심히 지사를 많이 섭외하고, 민중에게도 독립사상을 고취시켰다. 용강군 군참사 직책을 가지고 있던 노승룡은 교제술이 능하여 당시 용강군, 강서군(함종면, 증산면) 등지의 선비들이 많이 따랐으며, 해안 인접 지역을 중심으로 평남 거점을 마련했다. 그러나 노승룡은 광복회 결성 과정 중 1915년 5월 21일에 작고하였다.[41]

노승룡의 동지인 최정현1862~1931[42]은 평남 용강군 다미면 소안

---

40) 『의용실기』, 「成樂奎」; 『의용실기』를 면밀히 검토해 보면, 광복회는 박상진과 김좌진 등이 이끈 이남 조직인 '광복단'과 화사가 이끈 서북 조직인 '대한독립군단'으로 이중적으로 운영된 듯 보인다. 광복단은 경주를 공격지점으로 정했있고, 대한독립군단은 해주 주둔 일본군을 공격 목표로 삼았다. 군자금 관리 면에서도 영남(최준)과 서북(양봉제·변동환)으로 담당자가 분리되었고, 광복회가 와해되면서 이남 조직이 주비단과 광복단결사대로, 서북 조직이 대한독립단으로 계승된 결과를 보면 이해가 된다.

41) 최정현, 「成均進士盧公墓碣銘」, 『松菴先生文集』, 앞의 책; 『의용실기』, 「盧承龍」 참조.

42) 최정현은 1862년 8월 10일 생으로 본관은 해주, 자는 문극(文極), 호는 송암(松菴)으로 어려서 신동으로 불렸으며 천문·지리·음양술을 통달하였다. 30대에 도학을 듣고자 사방을 찾아다니다가 경기도에 이르러 화서학파 김평묵(1819~1891, 호는 중암(重庵)), 유기일(1845~1904)(호는 용계(龍溪))과 교유했다(「松菴先生畧歷」, 『松菴先生文集』, 앞의 책). 「송암선생약력」은 그 동안 계열이 알려지지 않았던 최정현의 화서학맥 교유 사실이 기록돼 있다는 점에서 의미가 있다. 그러나 최정현이 경기도로

리에 살았다.[43] 이곳은 노승룡의 거주지의 인접 면으로 5km 거리의 지척이었다. 당시 평안도에서 유명인사의 행장과 묘갈문은 최정현을 거치지 않을 수 없을 정도로 문장가로 이름을 떨쳤는데,[44] 화사가 평안도에서 광복회 조직을 결성할 때 최정현은 자신의 문장을 통하여 많은 동지들이 가입하게끔 도와주었고, 평안남도 지사 결속에 역할이 지대했다.

위병식1886~1972은 평남 평원군 영유면 월정리 출신[45]으로 어렸을 때부터 재주가 남다르고 의술에도 능하여 한의원을 개업하고 사회사업을 해온 인물인데, 합병 후로 조선독립에 뜻을 세우고 서양에서 전도차 온 목사와 여러 혁명가를 연결해 가지고 지하활동을 많이 해오다가 화사와 지기가 서로 합하였고, 화사가 평안도를 왕래할 때에는 반드시 위병식을 심방한 바 있었다.[46] 영유면은 평남 진남포부 → 용강군 → 평원군 → (안주군) → 평북 박천군 → 정주군으로 이어지는 경로상 중요한 지역이었다.

윤헌은 화사의 광복회 결성에 다시 동참하여 평북의 박동흠과 양봉제 등을 규합하는데 일익을 담당했다. 최정현, 노승룡, 그리고 윤헌 3인과 의기투합한 화사는 평안북도에서 박동흠, 양봉제, 그리고 임용암을 만났다.

간 시기가 1897년경으로 기록돼 있는데, 이때는 김평묵이 타계한 이후다. 따라서 후학들에 의해 집필되는 과정에서 연도 착오가 생긴 것으로 보인다.

43) 『경학원잡지』 33, 1931, 25쪽.

44) 『의용실기』, 「崔正鉉」.

45) 『강화위씨화수지』, 강화위씨화수회, 1990, 96쪽.

46) 『의용실기』, 「韋秉植」.

… 맞임내 李華史를 得하야 四人同志가 되고 더욱 平北의 朴海山(朴雲菴의 長侄) 梁鳳濟(朝鮮時代에 宣川 等 七郡郡守를 지내고 寧邊觀察까지 歷任한 政客이다) 林庸菴(朴雲菴의 首弟子로 平北에서 第一擅名) 諸同志을 合하야 洞翼이 相成되여 事業의 猛將를 糾合하게 되엿다.

박동흠1854~?은 1908년 서울에 올라와 각종 신서를 읽고 각급 학교를 돌아 본 뒤 일대 사상적인 전회를 하여 고향으로 돌아가 구사상을 계속 지키려는 동료들의 만류를 뿌리치고 나라와 민족을 위해 신학 대열에 끼어들어 유림계에 큰 자극을 주었던 바, 뜻이 맞는 유림 동지들과 의논 끝에 가사군 근장리(1914년부터 박천군 서면)에 신식학교인 육영학교育英學校를 세웠다. 박동흠은 유인석과 소원疏遠한 사이였으며, 의병장 민용호의 영향을 받고 의병을 일으키려고 다수의 동지를 규합하였으나 뜻을 이루지 못했다. 일제강점 후 중국 안동현 접리수接梨樹에 망명하였는데, 그를 따르는 자가 많았다고 한다.[47)]

양봉제1851~1926는 박천군 덕안면 동사리 거주자로 화서학파 박문일의 문인이다. 그는 비밀리에 평안남・북도의 부호가와 노소동지를 규합하여 화사에게 소개시켜 주었다.

광복회 평안도지부장 조현균1871~1949의 존재는 우재룡의 『백산여화白山旅話』(1955)를 통해 처음 알려졌다. 조현균은 1908년에 향리

47) 박동흠은 노상익, 안효제, 이건승, 이승희 등 유림들이 머물던 중국 안동현 접리수에 망명한 뒤, 1916년 경 봉성현(鳳城縣)으로 이주했다(조준희, 「해산 박동흠의 항일민족운동」, 『숭실사학』 24, 숭실사학회, 2010, 66쪽). 접리수의 현재 지명은 중국 遼寧省 丹東市 東港市 湯池鎮 接梨樹村이다.

인 정주군 덕달면에 덕달학교를 설립하고 교장으로 활동했다.[48] 일제강점 후에는 105인 사건 때 총독암살용 단총 제공 혐의 이력[49]이 있다. 물론 105인 사건은 일제가 강점 직후 향후 예견되는 반일민족주의 세력을 사전에 제거할 의도로 조작한 사건으로 판명되었다. 그런데 조현균은 실제로 1912년 12월 1일부터 시행된 '총포화약류취체령'을 무시하고 그 이전부터 줄곧 무기구입에 주력했던 것이다.[50] 그는 평북 정주 출신인데, 정주와 인근의 납청정은 평북 신민회 조직에서 선천 다음으로 큰 조직 지역이었고, 105인 사건으로 많은 피해를 입었다. 다만, 상공업자와 교사, 학생으로 구성된 신민회의 조직 특성상 유림의 피해는 없었으나, 1910년 9월 서북학회가 해산된 이후 유림계에서 새로운 방략으로 전환이 필요했을 것이다.

1907년 유인석이 러시아로 망명할 때 둘째아들 유제인柳濟仁과 함

---

48) 『황성신문』, 1908.9.30일자, 「趙氏義擧」.

49) 문) 定州의 15정의 단총은 어디에서 모았는가?

답) 西面 二里의 失仲明에게서 2정, 葛池面 新場市上 金重淑에게서 2정, 德達面 二里의 趙賢均에게서 2정을 가지고 왔다. …{중략}…

문) 무엇이라고 하고 빌려 왔는가?

답) 총독 암살을 위하여 필요하다는 것을 이야기하고 빌려왔다.

(『한민족독립운동사자료집』 4(105인 사건 신문조서Ⅱ), 「이명룡 신문조서(제1회)」 · 「백몽규 신문조서」 참조.)

50) 1921년 3월 대한독립단사건으로 체포된 조석균(조현균의 오기 – 해제자 주)의 자택에서 발견된 무기는 1912년 12월 1일 이전부터 구입을 시작한 조선식 화승총 1정, 중국식 화승총 1정, 신식 5연발 권총 및 탄환, 구식 권총 탄환 및 화약, 십이번 무라타(村田) 총 1정, 십이번 엽총 등을 비롯하여, 1916년 4월 중에도 신식 5연발 권총 1정을 매입하여 가지고 있었다(『매일신보』, 1921.5.13, 「평북총무감의 공판 총포화약과 불온문셔등의 압수품이 손갓치싸여 잇다」). 1912년에서 1916년 사이는 1919년에 창단한 대한독립단 활동과 무관한 시기이며 광복회와 관련 있다.

께 수행한 이로 문인 김형전金衡銓, 1881~1913이 있다. 김형전은 정주의 연안김씨 인물로, 조현균의 백부 조광수趙光洙[51]의 3녀가 그의 부인이기에, 김형전은 즉 조현균의 사촌매부다. 정주에서는, 김형전이 1913년 우스리스크에서 세상을 떠난 소식을 듣고 사림士林이 통한했다 전한다.[52] 이러한 유인석 관계 사실은 조현균이 유인석 계열의 이진룡·조맹선 등과 긴밀한 연락을 해오고, 유인석의 문인인 화사와 연결이 될 수 있는 연고를 밝히는데 매우 중요한 단서다.

조현균은 3남 1녀를 두었는데, 화사가 남긴 "(趙賢均은) 李華史을 相逢하야 其 長子 重錫을 北京에 갖이 往하야 留學케하고 自身도 北京에 數次 來하야 中國政家과도 意見을 서로 交換"의 '장자 중석'이라는 기록을 주의 깊게 살펴볼 필요가 있다. 조현균의 장남은 중석이 아닌 주석疇錫, 1889~1913으로, 충남관찰부주사를 지내다가 1913년 5월 19일 25세의 나이로 일찍 사망했다. 그렇기 때문에 1913년 5월 이후로 차남 중석이 장자의 역할을 대신하고 있었던 것이다. 조현균이 장남을 잃은 지 몇 해 되지 않는 시기에 차남을 독립운동전선에서 활약하고 있는 화사에게 맡겨 해외로 보낸 사실은 중대한 결단이었을 것으로 사료된다. 한편, "其 性稟이 特異하야 朝鮮獨立事業을 하는대 物心을 傾注하얐으로 平安南北道의 志士는 其 家에 來往치 아니하는 이가 少하다"는 내용을 보면 조현균의 자택은 광복회의 평안도지역 거점 역할을 했다고 볼 수 있다.

임용암의 본명은 임치민林寘民, 1853~1925(자는 회중會中, 호는 용암

51) 『백천조씨대동세보』 3, 백천조씨대종친회, 1978, 2735쪽.
52) 『정주군지』, 정주군지편찬위원회, 1975, 227쪽.

庸菴)[53]으로, 평북 철산군 부서면 장송동 출신의 화서학파 박문일 문인이다. 그는 1899년에 성균관박사를 역임했고, 평북 용천(압강숙), 철산(남성재), 평남 순안(평원군 옛지명)(중회재)에서 강의를 하였고, 유인석과 교류하면서 국권회복에 관한 계획을 도모하였으나 뜻을 이루지 못했다. 합병이 되자 장남 대손大損과 중국으로 망명했으나 토비가 성행하여 향리로 돌아온 뒤 두문불출하고 은둔생활을 하였다. 그는 중국 절강성 부양현 이산진(민강촌 13호)의 거유 하령봉夏靈峰, 1854~1930과 서신을 통해 사제의 의를 맺었다.[54]

〈표 3〉 화사의 평안도 인맥

지역(거주지)		이름	연령(1915년 기준)	비고
평북	철산군(부서면 장송동)	임치민	63(1853~1925)	화서학파(박문일 문인, 유인석과 교류)/중국 절강성 망명
	태천군 →박천군(육영학교) →중국 망명(안동현 →봉성현)	박동흠	62(1854~?)	화서학파(박문오 장남)/육영학교 설립/서북학회
	정주군(덕달면 덕성동)	조현균	45(1871~1949)	유인석 문인인 김형전과 친척/덕달학교 설립/신민회 사건 연루
	박천군(덕안면 동사리)	양봉제	65(1851~1926)	화서학파/덕명학원 설립/서우·서북학회
	영변군	유준희	미상	실업가/신민당 선전부장
평남	평원군(영유면 월정리)	위병식	30(1886~1972)	한의사
	평양부	최응선	미상	변호사/단족통일당 문화부장
	용강군(다미면 소안리)	최정현	54(1862~1931)	화서학파(김평묵·류기일과 교류)
	용강군(오신면 대덕리)	노승룡	54(1862~1915)	광동학교 교사/서북학회 평의원/용강·강서군 학사시찰위원
	중화군 → 해주면 상정(1918) →고산면 석담리(1919)	윤 헌	45(1871~?)	화서학파(유인석 문인)

53) 『나주임씨족보』 하, 철산 : 관해재, 1935, 1쪽.
54) 『철산군지』, 철산군민회, 1976, 244~250쪽 참조.

(3) 황해도지부 결성

1) 1차 거의 가담자의 참여

화사의 1차 거의에 가담했던 성낙규, 이학희, 이종문, 박행일, 윤헌은 광복회가 결성되자 다시 참여하였다.

성낙규는 화사의 1차 거의 사건으로 체포되어 해주경찰서에서 2개월 구금되었다가 풀려난 뒤 자신의 전 재산을 국권회복운동을 위하여 헌납하였으며, 화사와 연락을 취하고 있었다.[55)]

이학희는 1차 거의로 투옥되었다가 출감한 뒤에도 계속 독립운동을 직 · 간접으로 많이 하였다.[56)] 이종문은 화사의 2차 거의 시에 조용승 등과 함께 참여했다.[57)]

박행일은 1차 거의에 참가했다가 체포되었으나, 화사의 광복회에 가담하여 계속 활동했다.

2) 신규 참여자

화사의 광복회 결성에 새로 가입한 황해도 유림은 이석희, 변농환, 이화숙, 조선환, 조용승, 조백영, 고후조, 오찬근으로 파악된다. 이들의 거주지는 황해도 서부(송화, 장연, 신천)와 서남부(옹진, 해주 일부), 남부(해주)로 구분되기에, 지역별로 나누어 살펴본다.

조용승1863?~1935은 송화(율리면 월현리) 출신의 대유학자였다.

---

55) 『의용실기』, 「成樂奎」.

56) 『의용실기』, 「李鶴熺」.

57) 『의용실기』, 「趙鏞昇」, "李華史 第二次擧義時에 海州 石潭 李種文 等과 同히 擧義하기로 하고"

연재 송병선1836~1905의 문인으로서 성리학을 숭상했고 제자들이 많이 찾아들었다. 일제강점 직후 재齋 앞에 "삼천리강산가탈 일인의지불가탈三千里江山可奪 一人意志不可奪, 삼천리강산은 빼앗을 수 있으나 한 사람의 의로운 뜻은 빼앗을 수 없다"라고 써서 현판을 달고 일본인을 극히 반대하였다. 유인석과 친분이 있었으며, 광복회 결성 시에 해주 석담의 이종문 등과 거의하기로 하고 화사를 직·간접적으로 많이 찬조한 인물이다.58)

조백영은 조용승의 문인이며 조명하1905~1928와 친족이다. 조용승의 거주지 인접 면인 순택면 상화리 거주자로, 일찍이 한문과 서법이 능하고 관후장자의 풍이 있었고 국권회복에 뜻이 있어서 애국자를 많이 교결하였다가 화사의 광복회 결성에 동참하여 많은 역할을 했는데, 특히 재산가를 많이 연결하여 군자금을 조달했다.59)

조선환은 신천 출신으로 일찍이 유림 문하에서 충의의 도를 배웠고, 안중근과 정의情誼가 두터웠고 유인석, 최익현 문하에도 있었다. 해주 석담을 중심으로 의병이 거의할 때에 많은 노력을 했으며, 국내에서 다방면으로 애국지사를 연결하며 많은 활동을 하다가 화사를 만나 광복회에 가입하게 되었다.60)

이화숙은 본명 이기현李起鉉으로 본래 서울 사람이지만 황해도 옹진군에 와서 거부가 되었다. 천성이 인후하고 애국심이 많은 지사로서 조선 독립 시기를 오래 기다려 광복회 결성 시에 해주 서촌의 거

---

58) 『의용실기』, 「趙鏞昇」, 「尹𨯶」, 「李鶴熺」.
59) 『의용실기』, 「趙百泳」.
60) 『의용실기』, 「曺善煥」.

부 6, 7인을 규합하여 물심으로 찬조해 주기로 했던 인물이다.[61]

이태의는 옹진(가천면 장현리) 거주자로, 화사에게 "최익현, 유인석, 송병선 3인을 합사하면 전국 양반 유생의 뜻이 합하여 동지를 규합하기 쉽다"는 권고를 해주었다.[62]

화사는 조용승의 소개를 받아 해주 나덕면의 대유학자 고후조를 처음 만났다. 고후조의 본명은 고석로高錫魯, 1842~1922로, 화사가 고석로에게 국권회복의 계획을 말하자 크게 칭찬하며 "조선이 일본에 합병된 후로 조선 사람으로서 당연히 할 일은 독립운동뿐"이라고 말했다. 그는 고령에도 불구하고 능력이 다할 때까지 찬조할 뜻을 밝힌 애국지사로서, 당시 유학자이자 부호인 오찬근을 비롯하여 여러 지사들을 소개해 주었다.[63]

오찬근은 해주 금산면(선산리) 오봉영 진사의 차남이다. 오봉영은 면암 최익현의 수제자로서, 오찬근이 부친의 뜻을 이어받아 선비들을 교제하고 양성하자 선비들의 내왕이 빈번하여 사림회士林會에서 비밀리에 거의한 의론이 여러 번 있던 중 화사의 광복회 결성 시에 많은 사림을 이끌고 동참시켰으며, 조선 전유림계는 물론 서・북간도의 유림까지 연결하고 화사의 활동에 물심양면으로 찬조를 하고 많은 지사를 소개해 주었다.[64] 오찬근은 화사에게 독립자금으로 3회에 걸쳐 150원을 제공했다.[65]

---

61) 『의용실기』, 「李和淑」.
62) 『화사유고』 4, 534쪽.
63) 『의용실기』, 「高後凋」.
64) 『의용실기』, 「高後凋」, 「吳瓚根」.
65) 「고제23808호」, 『화사유고』 4, 535쪽.

이석희는 해주면 남본정(구 주내면)의 이율곡 후손으로 일찍이 한학을 공부하여 충효예절을 알고, 국권회복에 뜻을 두어 애국지사를 많이 교결하다가 화사의 광복회 결성시에 동참하여 많은 역할을 하였다.[66]

변동환1871~?은 유인석의 제자로서 유인석이 거의할 때에 공로가 많았고, 화사의 광복회 결성시에 참가하여 물심양면으로 많은 노력을 하여 공을 세웠다.[67]

3) 평산의병 계열(박원동, 이근영, 이문성, 양택선, 변동식)

광복회 부사령에 이진룡이 임명되면서, 이진룡과 함께 활약했던 평산의병들이 광복회에 영입되었다. 화사는 광복회 황해도지부와 평안도지부의 연합 전투 조직을 '대한독립군단'으로 별칭 했던 것으로 보이며, 1차 거의의 본거지였던 해주 지역은 2차 거의 시에 재인식되어 해주의 일본군이 대한독립군단의 공격 목표로 정해졌다.[68]

먼저, 박원동은 봉산 출신으로 어려서부터 사냥을 좋아하고 평산에서 이진룡과 함께 의병을 일으켰지만 무명장이 되어 세상에 널리 알려지지 못했다. 성품이 꾸밈없고 고지식하며, 양순하고 인정이 두터워 한번 결심한 일은 끝까지 변치 않았다. 모험을 잘하고 힘이 세며, 말을 타고 활쏘기를 잘하므로 '주몽장군'이라는 별명이 있었다.

---

66) 『의용실기』, 「李錫熹」.

67) 『의용실기』, 「邊東煥」.

68) "李華史가 黃海道서 義旗을 擧할 때에 多數 義士가 蜂起하는 中에 李根永이 先頭 前線에 立하야 大韓獨立軍團의 先鋒이 되야 多數의 同志로 더부러 海州 倭陣을 襲擊하랴다가 事을 果치 못하고"(『의용실기』, 「李根永」).

일제강점 시에 7적을 사살하려고 권총을 가지고 수개월 서울에 체류했으나 뜻을 이루지 못하였고, 안중근 의사와 자주 상통했다. 이후 만주를 다니면서 일본군과 전투하여 죽을 뻔한 적도 여러 번 있었고, 화사의 대한독립군단 조직시에 참가하여 전국을 다니며 많은 활동을 하였다.69)

이근영1871~1920은 전주이씨의 후예로 해주 운산면에서 태어나 어릴 적에 운산장사라는 별호가 있었다. 평산의병장 이진룡과 함께 서·북간도를 내왕하며 일본군과 도처에서 혈투하고 1912년 봄에는 중국 안동현의 일본경찰주재소를 공격하여 단총과 총알을 탈취했다. 화사가 황해도에서 대한독립군단을 조직하여 선봉이 되어 해주의 일본군을 공격하려다가 뜻을 이루지 못하고, 평안도·경상도 지사들과 연락할 때 박상진·김좌진 등과 의기투합하고, 오동진1889~1936과도 합심하여 일본군과 수차례 전투를 치른 바 있다.70)

이문성은 해주 미율면(매정리) 전의이씨의 후예로 무인이면서 문인 기풍이 있고, 동료의 불평을 늘 융화시키는 감화력을 가졌다. 의병으로 활약하여 일본군 수십인을 사살하였고, 이근영과 함께 평산의병 소속으로 화사가 조직한 대한독립군단에도 동참하여 평안도와 서간도로 다니며 전선에서 악전고투하며 일본주재소를 수차례 습격한 바 있다.71)

양택선은 해주 금산면(산산리) 거주자로, 일찍이 유인석을 따르며

69) 『의용실기』, 「朴元東」.
70) 『의용실기』, 「李根永」.
71) 『의용실기』, 「李文成」.

매형인 진사 변동식과 지기가 되어 항상 나랏일을 근심하였다. 유인석의 거의 후 곳곳에서 의병이 일어날 때에 평산의병의 한 사람이 되었으나 특별히 이름이 알려지지 않았다. 내심으로 독립사상을 가지고 유림 의사를 많이 연결하여 오던 중 화사가 대한독립군단을 조직할 때에 중요한 역할을 했는데, 유림 유지들이 다수 참가하게 된 데에는 양택선의 활동력에 의한 바가 적지 않았다.[72)]

변동식1878~1948은 황해도 남부 연백군(괘궁면 봉현리)에 거주하였다.[73)] 일찍이 나랏일을 걱정하다가 1895년 황해도 평산에서 거의한 뒤 유인석 의진에 참여하여 항일투쟁을 하다가 이듬해에 중국으로 망명하여 독립운동을 계속했다. 화사의 광복회에 양택선과 함께 동참하여 활동한 것으로 보인다.

4) 기타 인물

이근석은 신천 출신으로 법학을 전공하고 변호사 시험에 합격하여 법학사라는 명예를 얻었던 인물로, 일찍이 안중근과 친분이 있었으나 안중근의 순국으로 중국과 러시아를 다니며, 이진룡·조맹선·김좌진·안병찬 등 동지들과 의기투합하고, 국내에 돌아와서는 국내 지사들과 연결하다가 화사가 대한독립군단을 조직할 때 중요 역할을 하였다.[74)]

한성근도 신천 출신으로 일찍이 이근석과 동지였고, 청림교 교주

---

72) 『의용실기』, 「梁擇善」.
73) 「고제23808호」, 『화사유고』 4, 531쪽; 『의용실기』, 「梁擇善」.
74) 『의용실기』, 「李根奭」.

가 되어 교도를 다수히 이끌고 국권회복에 노력하였다.[75] 의약을 전공하고 음양서를 잘 알고 차력과 마술을 통하여 사람들의 인기를 많이 끌었는데, 도술로써 전국에서 신자를 많이 얻어 서간도에서 독립운동의 기초를 다지고자 하다가 뜻을 이루지 못하고 국내에 돌아와 광복회에 가담했다.[76]

〈표 4〉 화사의 황해도 인맥

지역/거주지			이 름	연령(1915년 기준)	비 고
황해도 서부	송화군	하리면 안농리	이관구	31(1885~1953)	화서학파
		"	이창구	2(1914~1950)	화사의 동생
		"	이장규	15(1901~1935)	화사의 당숙/교사
		하리면 장천리	조명하	11(1905~1928)	
		장양면 순막리	성낙규	26	기자 출신
		율리면 월현리	조용승	53(1863?~1935)	송병선 문인
		연중면 온수리	감익룡	29(1887~1946)	신민회/신민당 사업부장
	장연군	순택면 상화리	조백영	32	조용승 문인
		이하 미상	박근원	?(?~1912)	평산의병
	신천군	용문면 냉정리	이근석	27	법조인
		남부면 마산리	조신휜	27	화서학파
		이하 미상	한성근	27(1889~?)	청림교
중부	봉산군	기천면 기산리	박원동	30	평산의병
황해도 서남부	옹진군	교정면 판정리	이화숙	50	부호
	해주군	고산면 석담리	이학희	26(1890~1918)	덕수이씨 율곡파
		고산면 석담리	이종문	48(1868~1945)	덕수이씨 율곡파
		고산면 수정리	박행일	33	
		운산면 유정리	이근영	45(1871~1920)	평산의병

75) 청림교 비밀결사 사건에 관한 일제 기록(「고제21945호」)에 청림교 수령은 한용상(韓龍霜) 내지 한병수(韓秉洙, ?~1924) 형제로 나타나는데, 한성근과 동일인인지 확인되지 않는다.

76) 『의용실기』, 「韓聖根」.

		미율면 매정리	이문성	26	평산의병
		나덕면	고석로	74(1842~1922)	화서학파
남부		금산면 산산리	양택선	27	평산의병
		금산면 산산리	오찬근	42	화서학파
		해주면 남본정	이석희	26	덕수이씨 율곡파
		해주면 상정	변동환	45(1871~?)	화서학파
		이하 미상	김우상	미상	
		“	오순구	미상	
		“	이종규	미상	부호
	연백군	괘궁면 봉현리	변동식	38(1878~1948)	평산의병

4. 광복회 활동

(1) 광복회의 전략과 전술

광복회의 지휘부가 결성되고 나서, 수회에 걸쳐 직원이 조직되었으며, 회원 활동지침 곧 4대 강령은 비밀 · 폭동 · 암살 · 명령이었다. 광복회의 목적과 사업 및 목표가 설정되고, 군자금 조달 · 혁명기지 건설 · 무기비축 · 독립군 양성 · 혁명달성이라는 활동을 위하여 다음과 같은 결의와 행사가 확정되었다.77)

[본 회원 결의문]

“吾人은 우리 大韓獨立權을 光復하기 爲하여 吾人의 生命을 犧牲에 供함은 勿論이요 吾人의 一生에 目的을 達成치 못할 時난 子子孫孫이 繼承하야 不共戴天의 讐敵 日本人을 完全逐出하고 國權을 完全光復하기 까지 絶對不變하고 一心戮力할 事를 天地神明에 誓함.”78)

77) 「光復會復活沿革誌」, 『光復會復活趣旨及沿革』(1945).

78) 朴敬重, 「固軒 朴尚鎭先生 略歷 : 光復會의 由來」, 『朴尚鎭資料集』, 앞의 책, 346쪽.

[행사]

一. 武力準備 : 一般富豪의 義捐과 日本人의 不法徵收하는 稅金을 押收하야 此로써 武裝을 準備함.

二. 武官養成 : 南北滿洲에 士官學校를 設置하고 人材를 敎養하야 士官으로 採用함.

三. 軍人養成 : 我大韓의 由來義兵, 解散軍人及南北滿洲移住民을 召集하야 訓練採用함.

四. 武器購入 : 中國과 露國에 依賴購入함.

五. 機關設置 : 大韓, 滿洲, 北京, 上海등 要處에 機關을 設置하되 大邱에 尙德泰라는 商會의 本店을 두고 各地에 支店及旅館 又는 鑛務所를 두어서 此로써 本光復會의 軍事行動의 集會, 往來 등 一切 聯絡機關으로 함.

六. 行刑部 : 우리 光復會난 行刑部를 組織하야 日本人 高等官과 우리 韓人의 叛逆分子난 隋時隨處 銃殺을 行함.

七. 武力이 完備되난대로 日本人 殲滅戰을 斷行하여 最後 目的 完成을 期함.

「광복회 고시문光復會 告示文」의 '군율 제3조'와 「광복회 통고문光復會 通告文」의 '징계규칙', '본회의 규약을 준수하지 않고 기회를 그르치는 자 등의 제재방법에 대해서는 스스로 본 회칙에 정한 바 있다' 등의 내용79)으로 미루어 광복회의 군율(군법)과 관련한 세칙도 정해진 듯 보인다.

광복회의 군자금 모집방법을 살펴보면, 군자금 의연 요청서를 먼저 우편으로 전달하되, 우편물과 동봉한 숫자로 된 암호가 있어서 담당 사찰원과 특파원의 참 · 거짓을 대조해 광복회의 파송 여부를 판

79) 신용하, 「申采浩의 光復會 通告文과 告示文」, 『한국학보』 32, 일지사, 1983 참조.

정하고 의심이 없게끔 하고, 신호 · 숫자의 암호화와 해독방법은 중요간부 몇 사람 외에는 알지 못하게 하여 회원 중에서도 더욱 비밀을 지키며,[80] 군자금 징수원은 각자의 이름과 작명을 통하여 숫자로 암호화한 신호 · 번호를 가지고서 이의 진가여부를 부호 주인이 판정할 수 있도록 했다.[81]

광복회는 지속적인 자금과 동지 회원을 만들고자 하는 전략의 일환으로서, '포고문' 발송 후 접수자의 행동에 따라 3가지 유형으로 구별하고 지방 참모가 각 부호 주인의 의향을 탐지하여 주인이 성의를 다하도록 설득 · 권유 · 선전하되, 첫째, 의연의 정신이 확실한 자는 현금액을 징수치 않고 광복회의 사업 기관장소로 안내하고 시찰 후에 자기 재력의 범위에서 매년 의연하게 하여 본 사업달성을 조력케 하였다.[82] 둘째, 반신반의하는 자에게는 사찰원이 알아듣도록 설명하고, 셋째, 반항하여 친일에 더 힘쓰는 자는 무단적 대정책을 시행하여 무력으로 정복했다.[83]

박상진이 1917년 대구권총사건으로 체포되어, 대구감옥에 수감되어 있을 때 경상도지부장 채기중이 면회하여 면회시에 박상진이 8도 지부장에게 명령하여 책임이행의 독촉명령서를 발송하게 하였고, 각 지부장의 지시에 의하여 군자금의연요건서류가 전국의 부호에게 서면으로 발송되었다.[84] 광복회에서 전국적으로 발송한 포고문은 중국

80) 朴孟鎭, 「固軒實記略抄」, 『朴尙鎭資料集』, 앞의 책, 5～6쪽.
81) 朴敬重, 「固軒 朴尙鎭先生 略歷 : 軍資金 募集內容 · 光復會 資金募集 內容 一」, 위의 책, 347쪽.
82) 위와 같음.
83) 朴孟鎭, 「固軒實記略抄」, 『朴尙鎭資料集』, 앞의 책, 6쪽.

에서 작성되었는데, 포고문 원안 작성자가 일제 기록에 근거하여 신채호로 알려져 있으나,[85] 화사는 박동흠이라고 정확히 기록했다.[86]

(2) 광복회 서북 지역의 전술

광복회가 결성되고서, '일본인의 세납금을 탈취하여 독립운동비로 사용'하고,(「행사」 1항) '친일악도배 숙청'(「행사」 6항) 등을 위한 목적으로 무기구입에 주력하였는데,[87] 이는 화사가 전담했던 것으로 보인다.[88]

화사는 평안도지부장 조현균의 차남 조중석을 중국 베이징으로 데려가서 유학시키고, 조현균 자신도 베이징을 수차례 왕래하며 중국 정가와 의견을 교환하였다.[89] 화사는 최정현이 작성한 '袁世凱를 說하는 文'을 전하여 중국인들로부터 찬송을 받은 일도 있었다.[90]

그러나 1916년 6월 6일 원세개가 사망하자 중국은 공화제만 유지한 상태에서 북양北洋군벌시대로 들어가게 되는데, 그 뒤 화사는 더

---

84) 위와 같음.

85) 신용하, 「申采浩의 光復會 通告文과 告示文」, 앞의 논문, 229～232쪽.

86) "李華史가 第二次擧義 時에 倭總督에게 送하는 檄文과 同胞에게 布告文은 다 海山이 作之書之하얏다"(『의용실기』, 「朴東欽」); 광복회 통고문 및 고시문의 내용을 살펴보면, 중국의 한무제・복식의 일화나 『주역』을 인용하는 점 등에서 국수주의 성향이 강한 신채호를 그 작성자로 단정하기 곤란하다.

87) "武器가 不足함으로 幹部를 派遣하야 露領及 海外諸國으로 붓허 武器를 購及하엿는대"(朴孟鎭, 「固軒實記略抄」, 『朴尙鎭資料集』, 앞의 책, 4쪽).

88) "武器는 外地에 在한 華史을 通하야 買來하야 가지고"(『의용실기』, 「朴尙鎭」).

89) 『의용실기』, 「趙賢均」.

90) 『의용실기』, 「崔正鉉」.

욱 불평심을 품고 난징, 상하이, 홍콩, 서 · 북간도, 러시아로 돌아다니며 백방으로 거사할 동지를 구하고자 하였다.[91]

1916년 7월부터 10월 사이에는 중국 무순撫順에서 곡물상 경영 준비를 위해 체제하면서 윤래경尹來卿을 교사로 초빙하고, 동지방의 고학생 조송헌曺松軒 외 10여 명을 소집하여 강습회를 개최하여 독립사상을 고취시켰다.[92] 1916년 9월 안동현에서는 문응극 · 강응오와 모의하여 5천원을 투자(2천원은 화사가 투자)받아 곡물상 삼달양행三達洋行을 경영하였다.

1916년 9월 9일(양력 10월 5일)에는 이진룡이 조맹선, 이근영, 이문성과 함께 6명의 부대원을 이끌고 평양으로부터 평북 운산군 북진읍으로 돌아오던 운산금광 송금마차를 평북 영변군 팔원면 용성동에서 기습공격하여 금광 지배인의 동생인 미국인과 호위 순사, 중국인, 영국인 등 6명을 사살했으나 습격이 실패로 끝나 일제의 추적을 따돌리고 전원 무사히 만주 기지로 귀환하였다. 영변 팔원면 용성동은 북쪽으로 운산군과 경계선 가까이 위치하며, 박천군에서 영변군을 거쳐 운산군으로 향하는 교통로 상에 있다. 송금마차가 다니는 시각 등 기타 세세한 정보는 평안도의 지리와 주변 정황 파악하고 있던 자의 긴밀한 협조가 아니면 어려웠을 것이다.

1916년 11월 조선환 외 2명은 황해도 해주 장곡리 거주자 최봉식에게 군자금 제공을 권유였으나 오히려 반항하므로 권총을 발사하여 최봉식 외 1명을 상傷하게 하고 도주하였다.[93]

---

91) 『의용실기』, 「自敍傳」.

92) 「고제23808호」, 『화사유고』 4, 533, 537쪽.

1917년 3월에는 손우청孫宇廳과 모의하여 북간도(용정)에서 화사가 경영하는 광제병원廣濟病院 확장비로 4천원을 투자받았고, 간도, 통화 · 관전 · 탕해 · 요원 및 러시아 우수리스크지방에 거주하는 약 30명의 조선인과 곡물창고 및 학교건설의 건에 대해 교섭을 한 바 있다.[94]

1917년 5월에는 중국 장춘에서 함북 명천 출신인 채수일蔡洙一, 명문흡明文洽과 모의하고 3천원(2천원은 화사가 투자)으로 곡물무역상 상원양행尙元洋行을 경영하며 상하이에 거주하는 한진교韓鎭教, 1887~1973(해송양행海松洋行 운영)와 독립운동 목적으로 연락을 하였다.[95]

1917년 9월에는 중국 산동성山東省 청도靑島에 병원건설을 위해 서울에 갔다. 서울 체류시에 "최익현 · 유인석 · 송병선 3인을 합사하면 전국 양반 유생의 뜻이 합하여 동지를 규합하기 쉽다"는 이태의의 권고에 따라 삼현묘를 건설하고자 기획했다.[96]

1917년 9월 경 화사는 성낙규 · 조선환 · 박원동과 조선총독암살대를 조직하여 중국 안동현에서 회합하고 서울에서 총독암살 기회를 노렸으나 실패로 돌아갔다.[97] 당시 조선총독은 데라우치의 뒤를 이어 제2대 하세가와長谷川好道, 재임 1916.5.10~1919가 무단통치를 시행하였다. 일경은 조선총독암살음모계획에 대한 혐의를 발견하지 못했으나, 암살을 지시했던 신채호는 화사에게 총독을 암살하면 각국이

---

93) 위의 책, 535쪽.
94) 위의 책, 534, 539쪽.
95) 위의 책, 533~534, 539쪽.
96) 위의 책, 534쪽.
97) 위와 같음.

독립을 인정한다는 암시를 주었다.[98] 화사 자신은 암살대를 조직했던 회고를 남겼다.[99]

한편 광복회 군자금모집 통고문은 1917년 10월 10일 평북 정주군 읍내에서 처음 발견되었는데, 통고문의 발신처는 중국 안동현, 신의주, 북하, 남시, 안주, 정주, 평양, 금천, 상주, 경주, 대전, 경성 등이었다.[100]

평안도지부의 양봉제는 교제술이 능하여 외면으로 일본과 가까이 하는 듯 해도 내면으로 국가를 위하여 많은 일을 했는데, 당시 일본의 경찰망이 조밀한 때 화사의 회원 다수가 양봉제 집에 출입해도 일경에게 발각되지 않게 협조했다.[101]

박동흠은 조선총독에게 발송할 '격문'과 동포에게 발송할 '포고문布告文'을 작성해 주었으며, 지모와 계략이 많아 대한독립군단 조직시에 평·남북의 지사를 다수 환기시키고 화사를 지도해 주었다.[102]

1917년 11월 화사는 이석희를 시켜 '光復會', '新韓國寶', '財務總長' 등의 도장을 조각케 하였고, '국권회복취지서'를 만들었다.[103]

---

98) 위의 책, 538쪽.

99) "安東縣서 倭政府의 要人를 暗殺하랴고 暗殺隊을 組織"(『의용실기』, 「自敍傳」); "(成樂奎는) 申采浩氏와 親하야 安東縣에서 倭總督 暗殺을 密議하고 武器을 携帶하야 가지고 나와서 曺善煥 朴元東에게 武器를 주어서 京城에 來留하며 機會을 엇보게 하였다"(『의용실기』, 「成樂奎」.) "(曺善煥은) 李華史을 相遇하야 拳銃 幾柄을 携帶하고 申采浩의 勸告을 밧아 가지고 朝鮮의 倭總督을 暗殺하고자 하야 成落奎 等과 同히 京城에 來留하다가 事를 果치 못하고"(『의용실기』, 「曺善煥」).

100) 姜德相, 『現代史資料』 25, 東京 : みすず書房, 1990, 33쪽, '國權恢復ヲ標榜スル不穩團體員發見處分ノ件(高第一七四一號)'

101) 『의용실기』, 「梁鳳濟」.

102) 『의용실기』, 「朴東欽」.

(3) 광복회의 위기

1) 이진룡과 화사의 체포

1917년 5월 25일 중국 관전현에 정착해 있던 부사령 이진룡은 일본의 앞잡이 임곡林谷의 밀고로 일본경찰대의 습격에 의해 체포되고 12월 25일 평양복심법원에서 사형선고를 받아 1918년 5월 1일 순국했다. 광복회에서는 손일민의 추천으로 이진룡의 후임에 김좌진을 임용하여 다수의 훈련받은 청년으로 구성된 군대를 총관하고자 했다.[104)]

1918년 6월 18일, 해주군 미율면 석정리 거주자 조하동이 "오찬근 외 21명이 이화사가 기획하는 국권회복을 목적으로 하는 광복회에 가입하여 운동을 한다"는 밀고를 하여 화사가 체포되었는데,[105)] 일제의 참혹한 고문을 받아 끝내 화사의 광복회 사건 전말이 드러나게 되었다.

일경의 심문시 야마시타山下次節가 "그대의 재주와 학문才學으로써 솔선하여 일본 정치에 동화되면 영광과 부귀榮貴를 길이 누릴 수 있을 진데, 어찌하여 일본을 반대하고 조선독립을 도모하려하다가 스스로 이와 같은 고초를 겪는가?"라고 말하자, 화사는 "그대가 말한 것은 부귀영화이고 내가 지키는 것은 충성과 충의다. 일본의 고사高士들은 영귀를 얻으려고 죽지만 조선의 고사들은 충의를 지키려고

---

103) 「고제23808호」, 『화사유고』 4, 534쪽.
104) 朴孟鎭, 「固軒實記略抄」, 『朴尙鎭資料集』, 앞의 책, 357쪽.
105) 「고제23808호」, 『화사유고』 4, 532쪽.

죽소"라고 했더니 야마시타가 부끄러운 기색을 보이고 문제를 돌려서 다른 사안에 대하여 물었다 한다.[106] 화사는 보안법위반, 강도교사 죄명으로 10년 징역의 언도를 받고 수감되었다가 6년의 옥고를 치르고서 1924년에 석방되었다.[107]

2) 동지들의 위기와 저항

화사는 1918년에 체포되었지만, 화사를 통해 단결된 서북 지역 광복회 회원들은 1919년 서간도에서 창립한 무장항일단체 대한독립단 평안도 · 황해도 지단의 요직－평북총무감, 평안남도총지단장, 황해도총지단, 구월산대 등－이나 대한중홍단 소속으로서 대일항쟁을 지속하였다.

① 평안도 인맥

박동흠은 망명지인 중국에서 노환으로 세상을 떠났다.[108]

조현균은 화사 체포시 함께 경찰서에 불려가 욕을 보았으나 투옥되지 않았다.[109] 그 뒤 1920년 5월 김기한의 권유로 대한독립단에 가입하여 정주군지단장으로서 항일투쟁을 재개하였다.

1918년 6월 화사의 광복회 사건에 평안도지부의 주요세력이었던 양봉제도 연루되었다.[110] 양봉제는 비록 일제에 협력한 혐의가 있으

106)『언행록』, 7~8쪽.
107) 박영석,『화사 이관구의 생애와 민족독립운동』, 앞의 책, 185쪽.
108)『의용실기』,「朴東欽」.
109)『의용실기』,「趙賢均」.
110)「고제23808호」,『화사유고』4, 536쪽.

나,[111] 1926년 임종을 앞두고 자손들에게 유언을 남기기를, "나는 조선의 독립을 보지 못하고 죽으나 너희들은 나의 뜻을 이어 나라에 헌신하라"고 하였다.[112]

위병식은 1920년 5월 20일 양기탁과 함께 통천교를 창시하고, 세상을 초월하겠다는 생각을 가지고 선학仙學을 깊이 연구하며 지내다가 해방을 맞이하여 화사와 함께 서울에서 신민당을 창당하고 이에 참여하였다.[113]

최정현은 화사의 거의로 인해 일제의 주목을 받았으나 증거가 없어서 체포를 면했다.[114]

윤헌은 이관구의 체포시에 누차 재판정에 불려 간 일이 있었으나 징역형을 당하지 않았다. 일경의 감시가 심하고 시운이 불리하여 친일파를 가까이 하는 등 혹 변절자로 오명을 받기도 했으나, 화사는 그를 끝까지 신임하였다.[115]

② 황해도 인맥

성낙규는 화사의 거의로 인해 체포되어 7년 형을 받고 만기출옥되자 일경이 미행을 따라 다니기에 보는 사람이 없을 때 일경을 죽도록 격타하기도 했다.

---

111) 정욱재, 『한말 · 일제하 유림 연구 : 일제협력유림을 중심으로』, 한국학중앙연구원 박사학위논문, 2009, 73~74쪽.

112) 『의용실기』, 「梁鳳濟」.

113) 『의용실기』, 「韋秉植」.

114) 『의용실기』, 「崔正鉉」.

115) 『의용실기』, 「尹𨬟」.

조용승은 체포되었다가 귀환조치 되었고,116) 조백영은 악형을 당하면서도 시종 뜻을 굽히지 않았기에 세상 사람들이 그 기강을 칭하여 제2의 조용승이라 한 바 있으며 출감 뒤에도 일편심으로 지내다가 마침내 해방을 맞이하였다.117)

이근석은 1919년 음력 12월 경 중국 길림성 통화현 8도구에서 대한중흥단의 참모로 활동하였다. 1920년 음력 4월 경 중흥단 해산 이후 황해도 신천 등지에서 군자금 모금 활동하다 1921년 1월 경 체포되어 징역 15년형을 선고받았다.118) 만기출옥 후에도 다시 독립운동에 착수하고자 했으나 일경의 감시가 너무 심하여 활동할 수 없음을 자각하고 끝내 종교에 입교하여 산중에서 수도생활을 하였다.119)

조선환은 7년 형을 언도받고 옥중에서 병사하였다고 기록돼 있으나,120) 『동아일보』에 따르면 8년 형을 언도 받고 1925년에 만기출옥 되었다.121)

한성근은 이근석과 함께 대한중흥단에서 군자금 모집 활동으로 징역 7년형을 선고받았다.122)

박원동은 만기출옥 후 일경의 미행조사가 항상 있어도 눈을 피해가며 뜻을 굽히지 않고 비밀리에 독립운동을 계속하였다.123)

---

116) 『의용실기』, 「趙鏞昇」.
117) 『의용실기』, 「趙百泳」.
118) 『동아일보』, 1921.9.8, '獨立을 運動하든 李根奭, 상고를 기각 결국은 십오년'.
119) 『의용실기』, 「李根奭」.
120) 『의용실기』, 「曺善煥」.
121) 『동아일보』, 1925.5.29, '曺善煥氏出獄'.
122) 『동아일보』, 1921.6.25, '中興團 控訴公判'.
123) 『의용실기』, 「朴元東」.

이화숙은 1년 넘게 미결수로 감옥에서 세월을 보내다가 법정에서 검사의 유죄론이 있었으나 판사가 무죄 판결을 하여 석방되었다.[124)]

이학희는 화사의 독립운동에 직 · 간접적으로 협조하던 중 체포되어 1918년 10월 15일 29세의 젊은 나이로 요절했다.[125)]

이종문은 동생 이종성李種成, 1871~1925과 함께 대한독립단에 가입하여 해주지단 자의장諮義長으로 활동하였다.

양택선은 화사의 2차 거의 사건이 발각되자 중국을 거쳐 러시아로 망명한 뒤 유인석 의진에 합류했다.[126)]

오찬근은 1년 넘게 감옥에서 미결수로 있다가 역형을 받지 않고 출감되었으나 노쇠한 몸에 참병慘病이 되어 고생을 했다 한다.[127)]

이석희는 일경에 체포되어 악형을 받았음에도 불구하고 자신의 뜻을 굽히지 않았다.[128)]

변동환은 노령으로 1년 미결로 있다가 복역을 면하고 귀가하였으나 다시 3 · 1운동에 참가하였고, 대한독립단 황해도총지단 설치에 관여하였다.[129)]

변동식은 출감 후 대한독립단에 가입하여 선전부장으로 활동하다가, 1921년 국내에 파견되어 황해도 평산을 중심으로 군자금 모집 활

---

124) 『의용실기』, 「李和淑」.

125) "鶴熺는 其後에도 獨立運動을 直接間接으로 많이 하다가 享年이 不久에 世을 永別하니라.…{중략}…不幸 短命 死한 것은 朝鮮社會로서 可謂有爲의 人物을 失하았다 하니라"(『의용실기』, 「李鶴熺」); 『덕수이씨세보』, 앞의 책, 709쪽.

126) 『의용실기』, 「梁擇善」.

127) 『의용실기』, 「吳瓚根」.

128) 『의용실기』, 「李錫熹」.

129) 『의용실기』, 「邊東煥」.

동을 전개하던 중 일경에 다시 체포되어 징역 1년 형을 받고 옥고를 치렀다.

이근영은 화사의 광복회(대한독립군단) 사건으로 5년 형을 받고 평양감옥에서 복역하다가 신의주감옥으로 이감되었는데, 이문성과 함께 탈옥하여 대한독립단에 가입했다.[130] 그는 악질 일제 관리와 일제 주구 처단을 목적으로 대한독립단 산하의 '구월산대'를 조직하여 이명서 · 민양기 등 20여 명을 이끌고 압록강을 건너 의주와 용천 해안의 일본주재소를 습격하고, 정주의 경찰서에 단신으로 들어가 일경의 간담을 서늘하게 하였고, 진남포에 도착하여 도처에서 일경을 사살하였다. 황해도 신천군 초리면 도명리에 본영을 두게 된 구월산대 제1대는 친일파 고학륜을 처단하고, 제2대는 일경주재소를 습격하며, 제3대는 부일배 은율군수 최병혁을 응징하기로 분담하여 일경주재소를 일시 점령했고, 최병혁을 사살하는 활동을 폈다. 이근영 등은 남부면 개원리로 피신하였다가 산중 근거지가 발각, 포위되어 일본군과 최후의 격전을 벌이다 장렬하게 전사하였다.

Ⅲ. 맺음말

화사는 출옥 후 1927년에 여연수呂連壽, 1908~1997와 혼례를 치렀고 고향 안농리에서 인근 송화군 풍해면 풍천읍으로 이주하여 과수원을 경작하였다. 풍천에 정착하면서 2남 3녀를 두었다. 1932년에

130) 『의용실기』, 「李根永」.

가옥과 과수원 등 전재산을 읍내 오한근에게 저당 설정하여 독립자금을 마련하고 다시 국외로 탈출해 항일투쟁을 재개하였다. 1933년에 남은 가족은 재산 압류로 인해 쫓겨나 상리면의 여연수 친정으로 가서 더부살이를 하였다. 1934년, 화사는 일경에게 또 한 차례 체포되어 강제 압송당해 상리면에서 살았다. 1936년부터 다시 일경의 감시를 피해 각지를 돌아다니면서 민족운동을 전개하고자 노력했다.

1944년에 이르러 1945년 5월에 광복이 된다고 하여 서울로 가서 서울시 성북구 성북동 5번지 의친왕 이강1877~1955 별장에 머물면서 광복을 준비하고, 광복이 되자 건국을 위해 분주하게 활동했다. 1950년에 부산으로 피난을 갔다가 이듬해에 서울로 돌아왔다. 1952년에 아내가 군산으로 피난을 가서 화사는 1953년 3월에 아내를 상면하러 갔다가 병이 났다. 이로 인해 군산 개정병원開井病院에 입원해 치료를 받던 중 4월 21일에 서거했다. 묘소는 충남 천안시 불당동 부엉공원 내에 안장되어 있다.

화사는 광복 후 1949년까지 4년 간 정치 활동신민당 · 민일당 당수, 단족통일당 총재, 군사 활동대한광복의용군 사령, 북로군판사처장, 건군협진회 비서장, 사회 활동전재동포구제회 회장, 육충사보호유림회 회장, 광복회 외무국장, 성도중학교후원회 이사을 활발히 하였으나 기대만큼의 성과를 이루지 못하였다.

그리하여 화사는 마음을 학문연구에 두고 사학연구협회를 통해 적지 않은 저술을 남겼다. 비밀결사 성격상 드러나기 힘들었던 사건과 일화, 고락을 같이 했던 동지들에 대한 기록이 그의 말년 저술을 통해 세상에 드러날 수 있었다. 『의용실기』가 바로 그 저술 중 하나다. 비록 광복 후의 기록이긴 하지만 일제강점기 황해도 · 평안도지역 비밀결사와 항일지사의 실제 행적을 확인할 수 있는 자료로서 학술적 가치가 높다.

【참고문헌】

<원사료>

『동아일보』, 『매일신보』, 『황성신문』. 『서북학회월보』, 『서우』.

『정주군지』, 『철산군지』, 『태천군지』.

『강화위씨화수지』,『교하노씨세보』, 『나주임씨족보』, 『덕수이씨세보』, 『백천조씨대동세보』, 『양씨대동보』, 『한산이씨세보』.

『松菴先生文集』(진남포 : 최송암문집발행소, 1937), 『宋子年譜』(해주 : 은병서재, 1919), 『朝鮮紳士寶鑑』(조선문우회, 1913)

<단행본>

김희곤 편, 『박상진자료집』, 독립기념관 한국독립운동사연구소, 2000.

박영석, 『화사 이관구의 생애와 민족독립운동』, 선인, 2010.

이관구/이충구・김병헌 편역, 『화사 이관구 자료집(1) : 언행록』, 화사선생기념사업회. 2003.

화사이관구선생기념사업회, 『화사유고』(전4권), 경인문화사, 2011.

<논문>

권오영, 「고석로의 위정척사사상과 구전심수의 교육」, 『백범과 민족운동연구』 3, 백범학술원, 2005.

박민영, 「의암 유인석의 위정척사운동 : 『소의신편』을 중심으로」, 『청계사학』 3, 한국정신문화연구원 청계사학회, 1986.

박중훈, 「고헌 박상진의 생애와 항일투쟁활동」, 『국학연구』 6, 국학연구소, 2001.

박중훈, 「(자료소개)의용실기」, 『국학연구』 6, 국학연구소. 2001.

박 환, 「대한광복회에 관한 새로운 사료 : 의용실기」, 『한국학보』 44, 일지사, 1986.

박 환, 「화사 이관구의 민족의식과 항일독립운동」, 『숭실사학』 23, 숭실사학회, 2009.

이성우, 『광복회연구』, 충남대학교 박사학위논문, 2007.
이충구, 「화사 이관구의 생애와 학문」, 『한중철학』8, 한중철학회, 2002.
정욱재, 『한말・일제하 유림 연구 : 일제협력유림을 중심으로』, 한국학중앙연구원 박사학위논문, 2009.
정욱재, 「한말·일제하 양봉제의 활동」, 『한국인물사연구』 16, 한국인물사연구소, 2011.
조동걸, 「대한광복회 연구」, 『한국사연구』42, 한국사연구회, 1983.
조준희, 「해산 박동흠의 항일민족운동」, 『숭실사학』24, 숭실사학회, 2010.

의용실기義勇實記

I. 의용록중람서義勇錄重覽序

화사 이관구

이 책에 기재된 선배 여러분의 사적과 동지 여러분의 역사는 나와 직접 관계된 것이 많으나 세월이 물 흐르듯 하여 여기에 기입된 여러분 중에서도 서거한 분이 적지 않을 것이다.

하물며 공산군이 두 차례나 서울시에 침입하여 남선南鮮, 남한을 유린하였고, 미군의 비행기가 도시와 시골 마을을 돌아보지 않고 참혹한 폭격을 감행하였으니 국가로서 파손 당한 것은 물론이고 개인의 가정도 완전하게 하여 있는 것이 적다. 참으로 조선인은 무슨 죄악이 있어서 이와 같은 비참한 폭탄 세례를 받았는지 알 수 없다.

세상에서는 인도人道 · 정의正義도 없고 강자의 세력 발동이 바로 정의가 되고 인도가 되어 지고 만다. 약자는 옳은 이도 없고 자기의 소유물도 없다. 옛날 개인영웅 시대에 있어서는 개인영웅을 중심하고 전쟁을 일으키더니, 오늘날 국가주의 시대에 있어서는 국가를 중심하고 전쟁이 일으켜서 전쟁의 참혹한 것과 인도에 정의가 없는 것이 지난날보다 백배 천배나 더하여 졌다. 오늘날 이른바 문명이라 하는 것은 살인을 많이 하는 무기를 많이 만들어 가지고 약소국을 위협하는 것뿐이다. 세계에 불쌍한 나라는 약소민족국가다.

우리 조선은 약소민족국가다. 자기 실력이 없으니 국내는 진공상태로 되어 있다. 공허한 곳에 다른 세력이 스며들어오는 것은 물리학적 원칙이다. 그러므로 우리 조선에는 여러 세력이 몰려들어 제 마음대로 사람을 죽이게 되었다. 조선의 남북정권은 외국 정부에 아첨하는 것이 유일 정책이다. 바꾸어 말하면 외국 군대를 불러 들여 동족을 살해하려 하는 것이 훌륭한 정치라고 생각하게 되었다. 참으로 통탄할 과거에도 없고 뒤에도 없을 추악한 상태이고 참혹한 일이다.

지난날 내가 독립하자는 그것은 오늘날과 같은 모욕을 당하는 모양새의 독립이 아니요, 우리의 실력으로 우리의 조상 땅에 독립 국가를 설립하고 자유스럽게 영광스럽게 생활하여 보자는 취지다. 오늘날과 같이 독립이라는 헛된 이름 아래 생명을 죄 없이 많이 죽이고 건물을 무수히 폭파하고 전체 사람을 다 도적화하고 무산화無産化하게 만들 것 같으면 이와 같은 독립은 원치도 아니하고 운동도 하지 아니 하였을 것이다. 이런 독립, 이런 정치 등은 모두 소멸되고 신성한 독립과 신성한 정치가 실행되기를 기다리고 있다. 이것이 나의 소원이요, 선배 여러 선생의 소원이요, 동지 여러분의 소원이니, 빨리빨리 돌아오기를 기대하여 마지 아니 한다.

II. 자서전自叙傳

내가 과거 일을 스스로 기록하려 하니 친부모가 제 자식을 중매하는 것과 비슷하여 자세히 기록할 수 없다. 그러나 어쩔 수 없이 약간 말을 하고자 한다.

나는 일찍 유학자 집안에서 학업을 닦고 청운에 뜻을 두고 서울[京城]에 와서 머물며 당시의 지사 박은식朴殷植[1] · 양기탁梁起鐸[2] · 신채호申采浩[3] · 장지연張志淵[4] 등 여러 선배와 동시에 언론계에서 교류하

---

1) 박은식(1859～1925): 호는 백암(白巖). 황해도 황주 태생의 언론인 · 역사가 · 독립운동가로서, 대한민국임시정부 2대 대통령을 역임했다. 26세 때 평안도 유림 거두 박문일 · 박문오 형제를 사사했고, 상경하여 황성신문 초대 주필을 지낸 뒤 황성신문 사장·대한매일신보 주필을 역임하면서 언론인으로서 두각을 나타냈다. 1962년 건국훈장 대통령장이 추서되었고, 묘소는 국립서울현충원(임시정부요인묘소 1)에 안장되어 있다

2) 양기탁(1871～1938): 호는 우강(雩岡). 평양 출신 언론인·독립운동가. 1904년 영국인 베델과 영자신문 『코리아타임즈』를 발간하였고 같은 해 『대한매일신보』를 창간, 주필이 되어 항일사상을 고취하였다. 1911년 '105인 사건'에 연루되어 4년간 복역했다. 만주로 망명하여 독립운동을 전개하였고, 1933년부터 1935년까지 대한민국임시정부 국무령을 지냈고, 1938년 중국 강소성에서 병사했다. 1962년 건국훈장 대통령장이 추서되었고, 묘소는 국립서울현충원(임시정부요인묘소 7)에 안장되어 있다.

3) 신채호(1880～1936): 호는 단재(丹齋). 1906년 『대한매일신보』 주필, 1907년 비밀결사 신민회와 국채보상운동에 참가했고, 1908년 민족 정통성과 자부심을 일깨우기 위해 「독사신론」을 발표했다. 1910년 중국 청도로 망명 후 다시 러시아 블라디보스토크로 건너가 『권업신문』 주필로 활동하다가, 1913년 신규식의 초청으로 상해에 머물렀다. 1914년 윤세용 · 윤세복 형제의 초청으로 동창학교 교사로 재직하면서 조선사를 집필했다. 1915년 북경으로 가서 1919년까지 체류했다. 1923년 무정부주의 사상에 주목했고, 1927년 신간회 발기인, 1928년 동방무정부주의자연맹에 가입했다. 1928

다가 신학문이 부족함을 자각하고, 안창호安昌浩[5] 선생을 따라 평양에 가서 대성학교大成學校를 나오고, 평양 숭실대학崇實大學에 입학하여 3학년에서 수학하다가 한일합병 시기를 당하여 조선에 머물 생각이 없었다.

년 잡지 『탈환』을 발간하고 동지들과 합의하여 외국환을 입수, 자금 조달차 대만으로 가던 중 기륭항에서 체포되어 여순감옥에서 복역 중 1936년에 옥사했다. 저서에 『을지문덕』, 『조선상고사』, 『조선상고문화사』 등이 있다. 1962년 건국훈장 대통령장이 추서되었고, 묘소는 충북 청원군 낭성면 귀래리 305번지(충북기념물 제90호)에 안장되어 있다.

4) 장지연(1864～1921): 호는 위암(韋庵). 경북 상주 출신 언론인. 황성신문 사장, 경남일보 주필 등으로 활동했다. 1962년 건국훈장 국민장이 추서되었으나 친일 글을 남긴 행위가 밝혀져 비판받은 바 있다. 묘소는 경남 마산시 합포구 현동에 안장되어 있다.

5) 안창호(1878～1938): 호는 도산(島山). 평남 강서 출신 독립운동가·교육자. 1903년 미국 샌프란시스코에서 공립협회를 창립했고, 『공립신보』를 발행해 교포들의 의식계몽에 힘썼다. 귀국 후 1907년에 이갑·양기탁·신채호 등과 비밀결사 신민회를 조직, 『대한매일신보』를 기관지로 하여 민중운동을 전개했고, 평양에 대성학교를 설립했다. 1911년 미국으로 망명해 이듬해 샌프란시스코에서 대한인국민회 중앙총회를 조직하고 초대 총장에 취임했으며, 『신한민보』를 창간했다. 1913년 로스앤젤레스에 흥사단을 창설했다. 1919년 중국 상해에서 대한민국 임시정부 내무총장 겸 국무총리 대리직을 맡았다. 1924년 미국으로 건너가 각지를 순행하며 국민회와 흥사단 조직을 강화했으며, 1928년 상해에서 이동녕·이시영·김구 등과 함께 한국독립당을 결성했다. 1932년 윤봉길의 상해 홍구공원 폭탄사건으로 일본경찰에 붙잡혀 서대문형무소와 대전형무소에서 복역하다가 1935년 2년 6개월 만에 가출옥하여 평남 대보산 송태산장에서 은거했다. 1937년 수양동우회사건으로 일경에 붙잡혀 수감되었다가 병보석으로 석방된 뒤 이듬해 작고했다. 1962년 건국훈장 대한민국장이 추서되었고, 묘소는 도산공원(서울시 강남구 신사동 649－9, 등록문화재 517호)에 안장되어 있다.

백암 박은식　　　　우강 양기탁　　　　단재 신채호

위암 장지연　　　　도산 안창호

일본의 불평당不平黨, 불평을 품은 사람을 연락하기 위하여 동경東京에 반년 남짓을 머물며 각종 공작을 하여 보았으나, 일본인과 성질이 '기름과 물을 그릇에 같이 담을 수 없는[水油不同器]' 형세이므로 도저히 일본인과 '같은 하늘 아래 살지 못할 원수[不共戴天之讎]'는 될지언정 마음을 함께 하며 일을 함께 할 수 없다고 스스로 깨달았다. 그 후로 곧 일본을 떠나 중국에 가서 임시로 남경南京 상강실업학교上江實業學校에 입학하였다가 그 뒤에 북경北京 회문대학匯文大學에 입학하였다가 명륜대학明倫大學으로 전학하였다.

북경 회문대학 터

그 동안에 북경의 정객 · 문인들을 많이 교류하였는데, 그 중에 정객으로는 탕화룡湯化龍, 1874~1918, 문학으로는 양계초梁啓超, 1873~1929와 가장 친하였다.

탕화룡(탕후아룽)　　　　　　　양계초(량치차오)

내가 외국에 이와 같이 멀리 나돌아 다니는 본래 뜻은 문자를 배우려는데 있지 아니하고 국가를 중건하고자 하는 의도에 있었다. 그러므로 무략도 학습하기 위하여 절강성浙江省 항주부抗州府 군관속성과軍官速成科를 단시일에 졸업하였다. 남경 제2차 혁명전쟁[6]에 참전하였으나 그 때 남군南軍이 불리하여 중국 판도는 원세개袁世凱[7]의 천하가 되었다.

---

6) 남경 제2차 혁명전쟁: 중국 신해혁명(1911.10월～1912.2월)에 이어, 1913년 6월 9일부터 9월까지 손문[쑨원] 등 국민당 세력이 '원세개 타도'를 명분으로 일으킨 군사봉기를 말한다.

7) 원세개(袁世凱[위안스카이], 1859～1916): 중국 하남성 양성현(襄城县) 출생. 청나라 말기 무관, 군인, 중화민국 초기 정치가.

원세개(위안스카이)

원극문(위안커원)

나는 또 중국에 머물 형편이 되지 못하여 러시아를 경유하여 구주歐洲 여러 나라에 유람의 길을 떠났으나 불과 1년 만에 다시 중국으로 돌아왔다. 중국은 손문孫文의 신혁명 기풍이 사라지고 원세개의 제왕帝王 욕심이 발동되어 죄 없는 신혁명가가 많이 살해되었다. 그러나 나는 진퇴유곡進退維谷으로 할 수 없이 북경에 머물면서 원극문袁克文[8]과 정의情誼[9]가 서로 통하여 한 때 북경정부北京政府에 한 관직을 지낸 일도 있었다. 그러나 원세개의 제왕 주의는 원세개의 사형으로 바뀌게 되고 말았다.

그 뒤로 나는 더욱 불평심을 품고 남경·상해·홍콩·서북간도·노령으로 돌아다니며 모든 방법으로 거사할 동지를 구하여 얼마만치 많은 동지를 구하였다. 그리고 지하공작을 많이 하여 오는 동안에 비상한 고통을 당하여 온 것은 아래 기록한 동지들의 사적에서도 찾아볼 수 있겠기로 나로서는 일일이 기재하지 아니하고 또 기재할 생각도 없다.

그러나 대략 거의한 것을 들자면, 평양平壤에서 시작하여 해주海州에서 발각된 것이 제1차요, 서간도西間島에서 일을 일으키다가 발각된 것이 제2차요, 경상도 박상진朴尙鎭 등과 광복회光復會를 조직한 것이 제3차요, 황해도서 독립군단獨立軍團을 조직한 것이 제4차요, 안동현安東縣에서 왜정부倭政府의 요인을 암살하려고 암살대暗殺隊를 조직한 것이 제5차요, 오동진吳東振, 1889~1930·나석주羅錫疇, 1892~1926 등의 동창생들로부터 무명의 혁명가가 되기를 서로 약속한 것이 제6차요, 황해도에서 뜻이 있는 청년들을 권하여 가지고 다시 의기義旗를 들다가 미연에 발각된 것이 제7차다.

---

8) 원극문(袁克文[위안커원], 1889~1931): 원세개의 차남으로, 모친은 조선인 안동 김씨.
9) 정의(情誼): 서로 사귀어 친해진 정(情).

오동진

나석주

이와 같이 누차 일어났다가 누차 실패하였으므로 그 동안에 왜인의 총검을 맞아 죽은 동지도 많고, 옥중에서 고생하다가 혹은 죽고 혹은 기간 만료로 감옥에서 나온 사람도 있다. 나도 일찍 감옥에서 6년 시간을 허비하고 출옥하였다.

출옥 후에는 왜경倭警이 미행하므로 조선에 머물기가 싫은 생각이 나서 미국에 유학할 평소 뜻을 품고 미국 어느 대학에 입학시험을 쳐서 그 시험에 합격하여 입학허용서入學許容書가 나온 뒤에 그 학교에 가려고 왜총독부倭總督府 외사과外事課에 미주여행권美洲旅行卷을 신청하였다. 그러나 필경은 왜정에서 고등비밀高等秘密 3조에 의하여 각하한다고 하였다. 그러므로 나는 더욱 불평하여 각처로 부질없이 나돌며 방랑생활을 하였으나 왜경의 주목이 너무 심하여 어느 곳에 가면 해당 경찰서에서 퇴거명령까지 한 일도 한 번이 아니다.

왜인倭人들은 나를 역사力士요, 특별 술법術法과 수단手段이 있는 줄 알기 때문에 저들의 말이 "이화사李華史는 조화造化가 무궁한 사람"이라 하며, 반드시 내가 어떠한 곳에 가서 홀로 머물 때에도 왜경이 7~8명씩 처음에는 총을 잡고 조사하러 온다. 왜경의 행장을 보면 어떠한 적군과 전쟁하러 가는 모양과 같고, 왜인뿐만 아니라 황해도 해주 등지의 사람들과 경상도 경주 등의 사람들은 지금까지도 나를 큰 장사壯士라 하고 구전하여 온다. 그것은 내가 6~7차 거의하다가 발각되었다고 할지라도 왜경에게 한 번도 나포되지 아니한 까닭이다.

세월이 물 흐르듯 하여 이 고통의 시기가 지나가고 해방이 되므로 나는 서울에 와서 머물러 신민당新民黨을 조직하고 위원장으로 있다가 이 박사 우남雩南[10]의 의향을 따라 당을 합당하였다. 그 뒤에 한국광복의용군단韓國光復義勇軍團을 조직하였으나 미군정이 실시됨에 따라 이를 합법적으로 해체하였다.

아처 러취

미군정 장관 러취Archer L. Lerch, 1894~1947가 누차 미군정하에서 벼슬을 하라고 권하였으나, "일본 때에도 관식의 노예가 되지 아니한 몸으로 미군정에서 몸을 오염시키는 것이 도인道人의 행동이 아니라." 하고 우선 사절하였다. 러취가 조선 사람으로서 실로 관작官爵에 뜻이 없는 사람은

10) 이승만(1875 ~ 1965): 호는 우남(雩南). 황해도 평산 출신 독립운동가·정치가·대한민국 임시정부 초대 대통령, 대한민국 초대 대통령. 대표 저서에 『독립정신』이 있다. 1949년 건국훈장 대한민국장을 수여받았고, 묘소는 국립서울현충원(이승만대통령 묘소)에 안장되어 있다.

화사 등 몇몇 사람뿐이라고 했다는 말을 들었다.

그 후로 사회사업을 하기 위하여 어느 구호기관도 조직하여 보았으나 금전이 허락하지 않음으로 목적을 달성하지 못하였다. 그 뒤에는 마음을 또 학문연구에 두고 수십 권의 책을 써서 지금 출판 중에 있다. 이에 이르러 간략히 기록한다.

화사 이관구 약기

Ⅲ. 의용록義勇錄

1. 이근영李根永

이근영[11]은 황해도 해주 운산면雲山面 사람이다. 본관은 전주全州다. 어렸을 때부터 용감하며 힘이 남보다 뛰어나므로 당시 사람들이 별호를 '운산장사雲山壯士'라고 일컬었다. 평산의병장平山義兵將 이진룡李鎭龍과 같이 서ㆍ북간도를 왕래하며 왜적과 이르는 곳마다 혈투하고, 임자년壬子, 1912 봄에 이진룡과 같이 중국 안동현 사하자沙河子의 왜경주재소倭警駐在所를 습격하여 단총短銃, 권총과 탄자彈子, 총알를 탈취해 가지고 높이 나르듯 멀리 떠났다.

이화사가 황해도에서 의기를 들 때에 다수 의사가 봉기하는 중에 이근영이 선두 전선에 서서 대한독립군단의 선봉이 되어 다수의 동

---

11) 이근영(1871~1920): 대한독립단 국내 파견부대인 구월산대 소속으로 이명서를 대장으로 하여 황해도 지역에서 무장활동을 전개했다. 은률군수인 친일파 최병혁을 처단하고, 주재소를 포위·습격하는 등 전과를 올리며 구월산록 신천군 초리면 도명리에 은거하다가 9월 10일 일경과 전투 중 전사했다. 1990년 건국훈장 애국장이 추서되었다.

지와 함께 해주 왜진倭陣을 습격하려다가 일을 이루지 못하고, 평안도와 경상도 동지 등을 다수 연결할 때에 박상진 · 김좌진金佐鎭 등과 간담상조肝膽相照, 간과 담을 비출 만큼 가까움의 사이가 되어 서북에서 오동진 · 나석주와 마음을 합하여 왜적과 직접 · 간접으로 누차 서로 전투하였다.

세력이 강하지 못한 단체로 이화사 거의사건에 다수 인물들이 왜경에게 체포되어 결국 왜법정에서 이근영도 5년 징역의 판결을 받고, 그 울분한 협기俠氣를 억지로 누르고 붉은 옷을 입고 평양감옥에 복역한지 1개월 남짓에 죄수의 몸으로 신의주감옥으로 이감되었는데, 당시는 겨울철이었다. 얼마 뒤 양력 1월 초하루가 되어서 감옥 죄수들을 부역賦役시키지 아니하고 감방에 가두었다. 협기 충천衝天한 이근영은 그 울분에 떠오르는 협기를 견딜 수가 없어서 간수 등 7~8명이 문을 열어 점검하는 시간을 기다려 있다가 맹호猛虎 같이 용감하게 나오며 발로 간수를 걷어차니 간수가 엎드러졌다. 즉시 달려들어 간수의 칼을 탈취하여 왜간수부장을 찔러 죽이고 또 왜간수장을 쳐 죽이고 감옥 열쇠를 탈취하여 가지고 신의주감옥 죄수가 있는 방 전부를 활짝 열고 죄수들을 다 출옥하게 하니 7백여 명의 죄수가 일시에 홍수 같이 터져 나오게 되었다. 감옥소장 및 간수 등은 도피하고 신의주 일대가 수라장이 되었다. 왜인이 시급하여 수비대를 풀어서 도주하는 죄수를 추격해 체포하였다. 이때에 이근영은 간수의 복장을 빼앗아 입고 압록강 철교로 천천히 건너가서 안동현에서 하룻밤을 자고 즉시 서간도로 들어갔다. 그 때에 조맹선趙孟善이 서간도에서 군정부軍政部를 설립하고 있을 때에 찾아가서 이화사의 부하라 하고 전후 일을 환하게 고하자 조맹선이 역시 믿고 아꼈다.

불과 수개월 만에 다시 조선으로 나가서 손닿는 대로 왜적과 친일반역분자를 쏘아 죽여 조선의 정신을 다시 깨우겠다고 하고 이명서李明瑞[12] · 민양기閔陽基 등 20여 명을 이끌고 압록강을 건너면서 의주義州 어느 마을의 왜주재소倭駐在所를 맹렬히 공격하고, 용천龍川 해안의 왜주재소를 공격하였다. 그리고 대낮에 정주定州 경찰에게 단신單身으로 들어가서 왜경의 간담을 서늘하게 하고, 진남포鎭南浦에 도착하여 방해하려는 왜경을 쏘아 죽이고 도처에서 왜경을 만나는 대로 쏘아 죽이니 당시에 왜경이 매우 공포를 느껴 편히 잠들지 못하였다.

그 때에 황해도 은률군殷栗郡에 최군수崔郡守[13]가 당시 그 군수 직책으로 있으면서 곳곳으로 다니면서 연설하기를, "조선 독립은 몽상夢想에도 안 될 것이니, 인민들은 일선日鮮, 일본과 조선 친목을 주로 하고, 조금도 경망한 행동을 하지 말라."고 하였다. 이 일을 들은 이근영 · 민양기는 곧 은률군수 집에 곧바로 들어가서 그 죄를 공개 성토하고 쏘아 죽였다.

그리고 황해도 구월산九月山에 본영本營을 두고 독립운동을 힘차게 하여 인심人心을 일깨우게 하였다. 이 구월산 본영을 발견한 무장 왜경 수백 명이 힘을 다하여 접전接戰한 지 3일 만에 왜경은 이십 여명

12) 원문에는 김명서(金明瑞)로 되어 있으나, 「이명서(李明瑞) 포상자 공적조서」에 의거해 바로 잡았다.

13) 최군수: 이름은 최병혁(崔炳赫)으로, 처단된 날짜는 1920년 8월 15일이다(『동아일보』, 1920.8.20, 「殷栗郡守 被殺」).

의 사상자를 내었고, 결국 이근영은 진지陣地에서 탄환이 다하고 또 중과부적衆寡不敵으로 전부 전사하였다.[14] 왜경이 이근영 등의 죽은 시체만 보고도 공포감이 있어서 총 3발을 더 쏘고 가서 보니 온몸에 총 탄환을 아니 맞은 곳이 없다고 한다. 지금까지 그 전사한 시체는 구월산 전쟁터에 묻혀 있다.

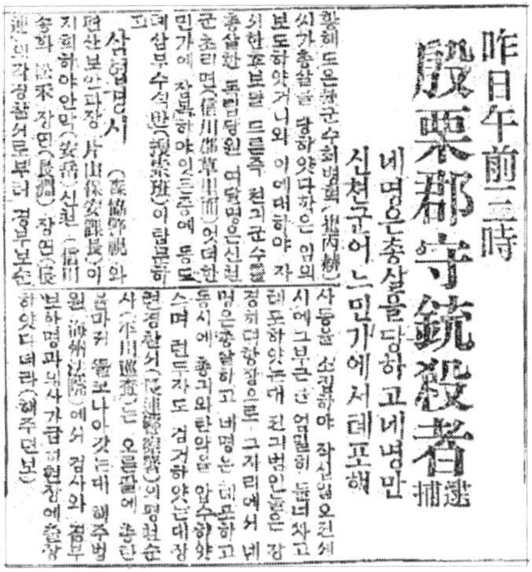
昨日午前三時
殷栗郡守銃殺者逮捕
네명은총살을당하고네명만
신천군어느민가에서데포해

이근영 등 순국 기사(『동아일보』, 1920.9.11)

2. 이문성李文成

이문성은 해주 운산雲山 사람이니, 전의全義가 그의 본관이다. 어렸을 때부터 아이들을 데리고 진陣치기를 일삼았다. 성장하고 나서는 의병장義兵將이 되어 우동선禹東善 의병장과 같이 고탄苦灘에서 왜병과 접전하여 왜병 수십 명을 쏘아 죽이고 이근영과 같이 평산의병장 이진룡과 마음을 함께 하여 평북 운산 양인洋人의 황금수거궤黃金輸去

14) 최병혁 처단에 가담한 이는 8명으로 알려져 있고, 당시 신천군 초리면의 한 민가에 잠복해 있다가 1920년 9월 10일 새벽 3시에 일경과 전투가 벌어져 이근영 등 4명이 전사하였고 4명은 체포되었다(『동아일보』, 1920.9.11, 「昨日午前三時 殷栗郡守 銃殺者 逮捕」).

櫃, 황금 수송 궤짝를 습격해 획득하였다.

이화사가 황해도에서 거의할 때에 이근영과 같이 화사의 독립군단에 참여해 들어와서 평안남·북도와 서간도로 다니며 전선에서 악전고투惡戰奮鬪하였고, 왜경주재소를 습격한 것도 한 두 차례가 아니다. 문성의 성격은 무인武人이면서도 문인文人의 기풍이 있다. 항상 동료의 불평을 융화시키는 감화력이 있었다.

역시 화사의 거의 사건으로 체포되어 5년의 징역을 받고 평양감옥에서 이근영과 같이 신의주 감옥에 이르러 이전되었다. 이근영의 신의주 감옥 돌파 때에 힘을 합쳐 신의주 감옥 죄수를 다 나가게 하고 자기도 도망가다가 일본 수비대가 추격할 때에 돌아서서 간수에게서 탈취한 총으로 일본 군병에게 총을 쏘았다. 일본 군병이 의외의 총탄을 당하여 30여 분 간에 한해 지체하게 된 그 사이에 도주하는 죄수들은 국경을 넘어 생명을 완전히 보존한 자가 많았다. 그러므로 그 죄수들이 이문성의 공을 칭찬하는 자가 많았다.

그 후에 문성은 서간도로 들어가서 왜적과 누차 전투하며 동포를 위하여 풍찬노숙風餐露宿, 바람 속에 먹고 이슬 맞으며 잠하며 조맹선과 함께 국가에 몸을 희생하였다. 문성이 죽을 때에 한을 남겨 말하기를, "내가 죽는 것은 한이 없으나, 독립되는 것을 못보고 죽으니 황천黃泉에 돌아가서라도 독립을 위하여 일 하겠다." 하였다고 한다.

3. 박근원朴根元

박근원은 황해도 장연長淵 사람이니, 본관은 밀양密陽이다. 젊었을 때부터 큰 뜻을 품고 중화中華에 유람한 일이 있다. 합병 당시에 이완용李完用·박제순朴齊純 등을 암살하려고 동지를 구하며 이재명李在明과 기맥氣脈을 서로 통하고 있었다. 합병 후로는 불평을 품고 이화사를 북경까지 찾아 와서 사생死生을 같이 하자는 서약까지 하고 다시 서간도로 들어가 이진룡과 같이 전선에서 왜적과 분전고투奮戰苦鬪하였다.

임자년(1912) 봄에 이진룡·조맹선 등과 같이 안동安東의 왜경찰서를 돌파하다가 왜적의 탄환에 맞아 절명絶命하게 되니 이진룡이 등에 업고 도망갔다. 그러므로 왜적은 어디서 온 사람인지 알지 못해 조사도 못해 보고 왜경도 중상자가 2인이라 한다.

그 모친은 누이 없는 외아들 근원의 사망 소식을 듣고 조금도 슬픈 기색을 드러내지 아니 하며 장렬히 말하기를, "내 아들이 국가를 위하여 왜적에게 죽었으나, 정신은 사라지지 않으니 뒷날 밝게 드러날 날이 있을 것이다." 하였으니, 이러한 어머니가 있은 뒤에 이러한 아들이 있다고 말할 수 있을 것이다.

4. 성낙규成樂奎

성낙규는 황해도 해주 사람이다. 어렸을 때부터 영웅의 기개가 있어서 집안사람들의 살림하는 작업을 일삼지 아니하고, 사해四海의 영준英俊을 교제하며 큰 뜻을 품었다. 말이 적고 한문과 서법이 능하고 언변言辯이 능하여 사람들을 감동시키는 힘이 많았다. 매일신문사에서 기자 생활을 얼마 한 턱으로 신채호 씨와 친하여 안동현에서 왜총독倭總督 암살을 밀의密議하고 무기를 휴대하여 가지고 나와서 조선환曺善煥 · 박원동朴元東에게 무기를 주어서 경성에 와서 머물며 기회를 엿보게 하였다.

이화사가 제1차로 해주에서 기의起義할 때에 이학희李鶴熺 · 오순구吳淳九 · 박순흥朴淳興 · 박행일朴行一 · 박태원朴泰遠 · 이종규李宗珪 · 이명식李明植 · 김우상金遇常 등과 같이 참여하였다가 일이 발각되어 해주경찰서에서 2개월을 고생하다가 이화사가 외국으로 망명하기 때문에 별로 큰 재앙은 당하지 아니하였으나, 그 후에도 이화사와 연락이 있어서 늘 국내에서 혁명운동을 하고 있었다. 그러므로 성낙규의 몇 만 재산을 다 혁명에 소비하였다. 이와 같이 영준을 많이 연결하고 있었기 때문에 이화사가 재차 거의하는 때에 몇 개월이 안 되어 경상도의 협사俠士 및 의사(김좌진이 그 대표)와 함경도 · 평안도 의사 등과 다 연락이 된 것은 모두 성낙규의 활동력이 많은 까닭이었다.

화사의 독립군단 사건으로 왜경에게 체포되어 왜법정에서 7년 징역을 받았다. 그 때에 왜판사가 묻기를,

"너의 직업은 무엇이냐?"

하니 성낙규의 답이

"본업은 조선독립이고, 부업은 항일이다."

하였다. 왜판사가 또 묻기를,

"네가 국어國語, 일본어를 잘 안다 하니 통역할 것 없이 직접 국어로 답하라."

하니 성낙규는

"나는 조선어가 즉 국어이고, 너희들의 말은 왜말로 안다."

하고 대답하였다. 판사는 노하며 말하기를,

"나는 천황 폐하의 대리로 네게 대하여서는 절대권을 가지고 있는데, 네가 피고로서 어찌 하여 우리 판사에게 '네'라고 하며 낮은 천박한 말을 감히 쓰느냐?"

하였다. 성낙규는 엄숙한 모습으로 답하기를,

"너는 너의 천황 폐하의 그림자에 불과하고, 나는 너의 천황 폐하의 상대자다. 천황 폐하의 그림자가 되는 너희들이 너의 천황 폐하의 상대자 되는 나에게 대하여 공손하지 않은 말을 쓰는 것이 크게 공손하지 않은 것이다. 나에게 공손하지 않은 것이 곧 너의 천황 폐하에게 공손하지 않은 것인 줄을 알아야 되느니라."

하였다. 판사가 말하기를,

"너는 어떤 학교를 졸업하였느냐?"

하니 성낙규의 대답이

"나는 하나님으로 교장 삼고, 세계로 대학교 삼고, 만물로 과학科學을 삼고, 실지로 배워 터득한 학력이 있으므로, 너희들과 같은 칠판 앞에서 배운 잔달은 학식과는 천양지차天壤之差, 하늘과 땅의 차이가 있느니라."

하였다. 판사가 묻기를,

"네가 그렇게 학식이 많고 크면 왜 이와 같이 실패할 내란 음모를 하였는가?"

하니 성낙규의 답이

"일의 성공함과 성공하지 않는 것이 눈앞의 직관直觀으로 판명되는 것이 아니다. 내가 하는 일은 지금부터 30년 뒤에야 완성이 되리라. 너희들의 학식으로는 이와 같은 신비의 장래 일까지는 잘 모를 것이니라."

하였다. 판사가 또 묻기를,

"네가 꼭 그렇게 확실히 아느냐?"

하니 성 씨의 답이

"꼭 30년 후에 너희들은 너의 본국으로 서자鼠子, 쥐새끼와 같이 되어서 돌아가리라."

하고 크게 꾸짖었다. 왜판사 등은 눈이 휘둥그레져서 아무 말도 못하고

"너의 징역이 7년이니 억울하면 공소控訴하거라."

하고 모두 다 들어갔다.

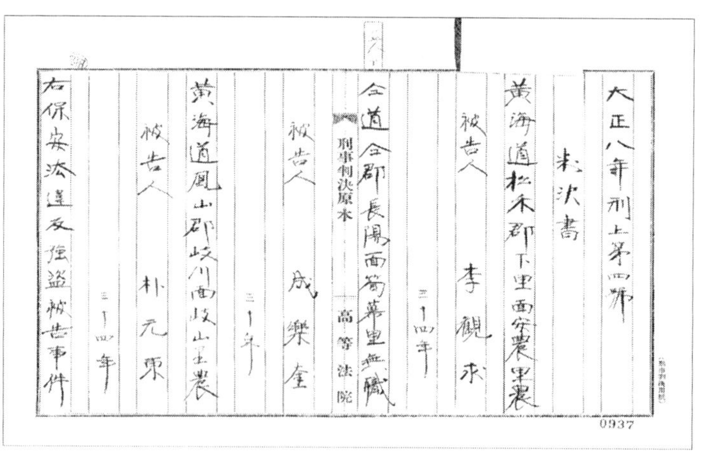

大正八年刑上第四號

判決書

黃海道松禾郡下里面安農里 農

被告人 李觀求 二十四年

仝道仝郡長陽面葛幕里 無職

刑事判決原本 高等法院

被告人 成樂奎 二十年

黃海道鳳山郡岐川面岐山里 農

被告人 朴元東 二十四年

右保安法違反強盜被告事件

0937

성낙규 판결문(1919)

성낙규는 왜판사 · 검사 보기를 개 · 양과 같이 보았다. 이로부터 성낙규에게 조선 간수는 얼씬도 못하게 금하고 왜간수가 감시하였다. 7년 만기 출감 후에 왜경이 미행으로 따라 다니는 것을, 어떤 사람이 없는 곳에서 왜경을 죽도록 패고 왜경에게 고소를 아니하겠다는 다짐 글을 받아 둔 일이 있었다.

늘 병서兵書를 읽으며 말하기를,

"조선 독립 후에 외국과 전쟁하게 되면 반드시 내가 책략을 기획하여야 큰 승리가 되리라."

고 말하였다.

5. 이근석李根奭

이근석[15]은 황해도 신천信川 사람이다. 법학교法學校를 졸업하고 법률을 전공하여 변호사 시험에 합격되고 법학사法學士라는 명예까지 얻었다. 일찍 안중근安重根과 친하여 천주교의 홍신부洪神父[16]도 관계가 깊었다.

---

15) 이근석(李根奭, 1888~?): 1918년 1월부터 4월까지 황해도 해주 읍내에서 군자금 모금활동을 했으며, 1919년 음력 12월 경 중국 길림성 통화현 8도구에서 중흥단의 참모로 활동하였다. 1920년 음력 4월 경 중흥단 해산 이후 황해도 신천 등지에서 군자금 모금 활동하다 1921년 1월 경 체포되어 징역 15년형을 선고받았고, 2010년 건국훈장 애국장이 추서되었다.

16) 홍신부: 조제프 빌렘(Nicolas Joseph Marie Wilhelm, 1860~1938). 파리 외방전교회 출신 조선교구 선교사. 한국명은 홍석구(洪錫九).

안중근 의사　　　　홍석구(빌렘) 신부

안의사安義士가 왜인에게 죽음을 당한 후로 더욱 불평심不平心이 많아 중국과 러시아를 돌아다니며 애국지사와 의협남아義俠男兒를 많이 결연하였으니 이진룡 · 조맹선 · 김좌진 · 안병찬安秉讚 등이 그 동지다.

다시 귀국하여 국내의 의사를 서로 결연하다가 이화사의 대한독립군단을 조직할 때에 중요 역할을 하였다. 또 경상도의 광복단장光復團長 박상진과 남북이 호응하여 경주慶州를 공격해 함락할 계획을 하다가 일이 수행되지 않고, 북경에 가서 중국정부의 요인과 장차 조선독립의 원조를 받기를 구하였다. 다시 조선에 돌아와서 비밀리에 다수의 동지를 통합하기에 노력하다가 일이 발각되어 왜법정에서 15년 징역의 판결을 받고 철창생활로 장구한 세월을 보냈다.

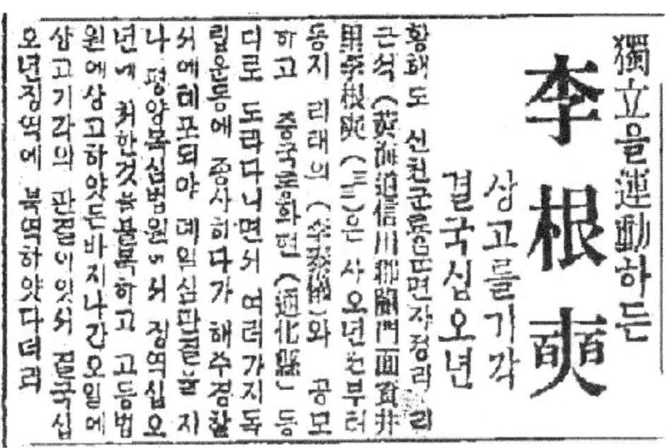

獨立을運動하든
李根奭
상고를기각
결국십오년

황해도 신천군룡문면자정리 리근석(黃海道信川郡龍門面紫井里李根奭)(三一)은 사오년전부터 동지 리태희(李泰熙)와 공모하고 중국통화현(通化縣) 등디로 도라다니면서 여러가지독립운동에 종사하다가 해주경찰서에 톄포되야 뎨일심판결을 지나 평양복심법원에서 징역십오년에 처한것을 불복하고 고등법원에 상고하얏든바 지나간오일에 상고기각의 판결이 잇서 결국십오년징역에 복역하얏다더라

이근석 판결 기사(『동아일보』, 1921.9.8)

만기 후 출감하여 다시 독립운동에 착수하고자 하나 일경의 주목이 너무 심하여 활동할 수 없음을 자각하고, 그 불평심을 품고 수치를 품어 참고 어느 종교에 들어가서 산중에서 수양하고 있었다. 이근석의 특기는 사람들과 교제가 능하고 시주詩酒를 잘 하며 장기와 바둑도 즐기므로 세상 사람들이 '오능 선생五能先生, 5가지에 능한 선생'이라고 일컬었다.

6. 박원동朴元東

박원동은 황해도 봉산鳳山 사람이다. 어릴 때부터 활쏘기와 사냥을 좋아하였다. 평산平山에서 이진룡과 같이 의병을 일으키는 역할을 하였으나 무명장無名將이 되어서 세상 사람들의 두루 아는 바가 되지 못하였다. 경술년1910 한일합병 때에 7적七賊,이완용 · 임선준 · 조중응 · 송병준 · 이재곤 · 이병무 · 고영희을 사살하려고 권총을 가지고 경성에 1개월 남짓을 와서 머물렀으나 일을 이루지 못하였고, 안중근 의사와 상통함이 많았다. 그 뒤 불평을 품고 서 · 북간도를 다니면서 왜적과 정면충돌이 되어 생사生死를 걸은 것도 한 두 차례가 아니었다.

그리하다가 이화사가 제2차 의기를 들을 때에 와서 참여하여 조선 전국을 두루 다니며 많은 활동을 하다가 일이 발각되어 왜법정에서 5년 징역의 판결을 받고 철창생활을 하였다. 만기 후에 출감하여서도 왜경의 미행 조사가 늘 있을지라도 그 혹독한 왜경의 눈을 피하여 가며 끊임없이 비밀리에 독립운동에 노력하였다.

박원동의 특징은 인성이 질박質朴 순후純厚하여 한번 결심한 일을 종신토록 변하지 않고, 모험을 잘하고 힘이 세었고, 기사騎射, 말 타기와 활쏘기가 훌륭하므로 별호를 '주몽장군朱蒙將軍'이라 하였다.

의암 유인석

7. 양택선梁擇善

양택선은 해주 사람이다. 일찍 한학에 유명한 유의암柳毅菴, 유인석 선생을 따라 선생으로 모시며 그 매형[17] 되는 진사 변동식邊東植[18]과 지기지우知己之友가 되어 늘 국가

---

17) 변동식의 후처는 남원양씨(1892～?)로 양순습(梁淳習)의 딸이다(『원주변씨세보』 권15(辛編下), 6면).

18) 변동식(1878～1948): 원주변씨 전서공파 26세손. 자는 춘경(春卿), 호는 충와(充窩).

충와 변동식

를 걱정하였다.

유의암의 거의 후에 곳곳에서 의병이 일어날 때에 양택선도 평산의병장의 1인이 되었으나 별다른 이름도 얻지 못하고 늘 마음속에 독립사상을 품고 유림의 의사를 많이 연결하여 가지고 있다가 이화사가 제2차 거의하여 대한독립군단을 조직할 때에 중요 역할을 하였다. 유림의 유지有志가 그 때에 다수 참가된 것은 양택선의 활동력에 의한 것이 적지 않다.

일이 발각되자 중국을 거쳐 러시아 지역으로 망명하였기 때문에 왜경에게 체포되지 아니 하였다. 그 뒤에 서 · 북간도로 와서 유의암의 다수 제자들과 서로 결연하여 독립 사업에 직접 · 간접으로 허다한 노력을 하다가 풍찬노숙風餐露宿한지 여러 해에 이국 지역에서 세상을 작별하였다. 그 사망할 때에 "남은 한이 죽어서 혼魂이라도 조선 독립을 원한다."라고 하였다.

황해도 연백 출신으로 1895년 황해도 평산에서 거의한 뒤 유인석 의진에 참여하여 항일투쟁을 하다가 이듬해에 중국으로 망명하여 독립운동을 계속했다. 대한독립단 선전부장 등으로 활동하다가 1921년에 체포되어 징역 11년형을 언도받고 복역중 1927년 병으로 가출옥 하였다. 1963년 대통령표창(1990년 건국훈장 애국장)이 추서되었고, 묘소는 국립대전현충원(애국지사 제1묘역 189)에 안장되어 있다.

8. 조선환曺善煥

조선환[19]은 황해도 신천 사람이다. 일찍이 유림 문하에서 충의忠義의 도道를 배웠고 안중근 의사와 정의情誼가 두터웠고 유의암 · 최면암崔勉菴, 최익현 문하에도 있었다. 해주 석담을 중심하고 의병이 일어날 당시에 거의 일에 많은 노력을 하였다. 더욱 유의암의 제자들이 결합하여 가지고 북경의 원세개에게 조선독립을 찬조하여 달라는 건의문建議文을 제출한 일이 있었다. 그 건의문의 내용은 "중국과 조선은 역사와 지리상으로 떨어질 수 없을 형제국이니 '입술이 없어지면 이가 시리다'는 격으로 조선이 망하면 중국도 위태하니 아울러 서서 서로 도우며 서로 의지하는 형세가 되기를 바란다."고 하였다.

그 후로 조선에 돌아와서 다방면으로 애국의 지사를 연결하며 많은 활동을 하다가 이화사를 만나서 권총 몇 자루를 휴대하고 신채호의 권고를 받아 가지고 조선의 왜총독을 암살하고자 하였다. 성낙규 등과 같이 경성에 와서 머물다가 일을 수행하지 못하고, 해주 성안을 공격하여 볼 경륜經綸으로 다수의 의사를 규합하였으니 이것이 이화사의 제2차 거의 운동의 초보다. 역시 중과부적衆寡不敵으로 착수하지 못하고, 각처로 다니면서 동지를 많이 구하는 중에 경상도에 가서 광복단총사령光復團總司令 박상진과 결탁하여 가지고 남북 호응의 형세로 독립운동을 하기로 맹약하고 활동하다가 일이 발각되어 왜법정에서 7년 징역의 판결을 받고 기나긴 세월을 철창에서 지내다가 옥중에서 병사하였다.[20]

---

19) 조선환(1889～?): 광복회에서 군자금 모집, 총독암살 모의 등으로 활약하던 중 체포되어 옥고를 치렀다. 2011년 건국훈장 애국장이 추서되었다.

조선환 출옥 기사(『동아일보』, 1925.5.29)

조선환의 특징은 외교에 능숙하고 모험을 잘하고 임시변통의 술법이 민활하고 동지들에게 감정을 잘 사지 않고 항상 웃는 얼굴을 가지고 있으므로 당시 사람들이 '팔방미인외교가八方美人外交家'라고 별칭하였다.

9. 한성근韓聖根

한성근[21]은 황해도 신천 사람이다. 의약을 전공하였고 음양서陰陽書를 잘 알고 차력借力을 하고 마술을 하므로 인기를 많이 끌었다. 일찍 이근석과 동지가 되어 청림교青林教의 교주教主가 되어 교도를 많

20) 옥중에서 병사: '만기 출옥 후 병사'의 착오. 조선환은 징역 8년형을 선고받고 1925년 5월 8일에 출옥하였다(『동아일보』, 1925.5.29, 「曹善煥氏出獄」).

21) 한성근(1889～?): 이근석과 함께 대한중흥단에서 군자금 모집 활동 등으로 징역 7년형을 선고받았고, 2011년 건국훈장 애국장이 추서되었다.

이 이끌고 조국 광복에 노력하였다. 다수의 교도들이 한성근의 말을 믿고 곧이들으므로 따르는 무리가 매우 많아 서로 말하기를, "조화가 있어서 총 구멍으로 물이 나오게 할 수도 있고 비행기가 공중에서 고정되어 움직이지 않게 하는 도술道術이 있다."고 한다.

이와 같은 술법으로 전국에서 신자를 많이 얻어 가지고 이근석 등과 서 · 북간도에 가서 독립운동의 기초를 세우고자 하다가 수행하지 못하고, 조선으로 돌아와서 이화사 제2차 거의 때에 동참하여 많은 활동을 하였다. 교도가 수천 명이라고 말하였다.

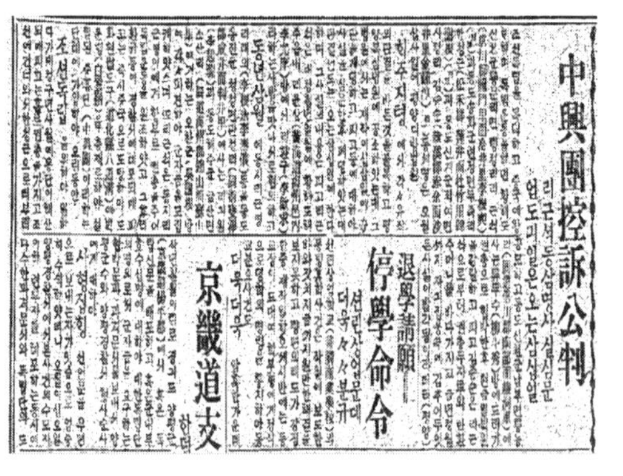
中興團控訴公判

退學請願

停學命令

한성근의 중흥단 활동 재판 기사
(『동아일보』, 1921.6.25)

조선 전체적으로 이화사가 각 방면을 망라하여 가지고 활동할 때에 한성근도 극력 활동하다가 일이 발각되어 왜법정에서 10년 징역의 판결을 받았다. 철창생활을 오래하는 동안 왜경에게 국문訽問[22] 받을 때에 악형을 당한 독毒이 일어나서 병사病死하게 되었으므로 그 가족이 보석保釋 운동을 하여 출감하여 귀가하였으나 얼마 안 되어 악형의 여독병으로 세상을 영원히 이별하였다.

---

22) 국문(訽問): 국문(鞫問). 관아에서 형장(刑杖)을 가하여 중죄인을 신문하던 일.

10. 변동환邊東煥

변동환[23]은 평산 사람이다. 당시 유림의 거유巨儒로 명망이 높고 재산이 부유하고 유의암 제자 중에도 손꼽히는 큰 제자로서 과거에 유의암이 거의할 때에도 물심양면으로 공로가 많았다. 또 의병 당시에도 물심物心으로 많은 찬조를 하였으므로 왜인들도 거유로 지칭하고 머리를 굽혀 공경하여 왔다.

이화사의 제2차 의거 때에 참가하여 역시 물심양면으로 많은 노력을 하여 독립 사업에 도움이 된 일이 적지 않았다. 결국 일이 발각되어 왜경에게 체포되어 노인의 쇠약한 몸으로 감옥에 미결로 1년이나 있다가 복역은 겨우 면제되고 귀가하였으나, 그 뒤 3·1운동에 또 참가하였다. 변동환도 일생을 조선독립에 바친 한 분의 의열사義烈士다.

11. 오찬근吳瓚根

오찬근은 황해도 해주 사람이다. 유림의 한 분 거유로 당시 큰 이름이 있는 명망이 무거운 한 사람이다. 그의 아버지 봉영鳳泳 씨는 고 최면암의 수제자로 최면암이 대마도對馬島에서 일본산 곡물을 먹지 않고 굶어 죽을 결심을 한 때에 봉영이 급히 조선 쌀을 배에 싣고 대

---

23) 변동환(1871～?): 원주변씨 전서공파 22세손. 자는 원춘(元春). 처 남원양씨 사이에서 3남(文圭·偰圭·佖圭) 1녀를 두었고, 2남 설규의 장인이 최응선(崔膺善)이므로 최응선과 사돈 간이다(『원주변씨세보』 권12(庚編上), 25면). 광복회 재정을 평안도에서는 양봉제가, 황해도에서는 변동환이 담당했던 것으로 보인다. 변동환은 광복회 활동 이후 대한독립단 황해도총지단 설치에 관여하였다. 1990년 건국훈장 애국장이 추서되었다.

면암 최익현

마도에 가서 조선 쌀로 밥을 지어 최면암께 공양하였다. 면암이 절사節死, 절의 지켜 죽음한 후에 그 신체를 조선에 반장返葬, 죽은 이의 고향에 옮겨 장사지냄하고 초중종初中終, 상이 나서 졸곡까지 일제도의 비용을 전부 담당하였다. 그 동리 뒤에 면암의 영당影堂을 짓고 춘추로 향사享祀하니 선비들의 서로 연락이 수천 명에 달하였다.

찬근이 그 아버지의 뜻을 이어서 선비를 잘 양성하니 선비들의 내왕이 더욱 빈번하여 사림회士林會에서 비밀리에 거의할 의론이 자주 있었다. 이화사의 제2차 의거 때에 무리를 거느리고 동참하여 조선의 전 유림계를 통하여 서 · 북간도의 유림까지 맥락을 서로 이었으나, 일이 발각되어 이화사와 같이 왜인에게 체포되어 역시 1년 남짓 미결로 감옥에서 고생하다가 징역형은 받지 아니하고 출감하였으나 노쇠한 몸에 더친 병이 되어 더욱 고민을 더하였다고 한다.

오찬근 부자父子는 일생을 국가에 희생하였으므로 조선 유림 중의 거유가 되기에 부끄럽지 아니하다.

12. 이화숙李和淑

이화숙은 황해도 옹진甕津 사람이다. 본시 경성 사람으로 옹진에 가서 살고 거액의 금전을 저축하였으므로 당시 부유한 명성이 이웃 고을까지 넘쳐 나왔다. 화숙은 천성이 인후仁厚하고 애국심이 많은 지사로서 조선독립의 시기를 고대한 지 날짜가 오래 되었다.

이화사의 제2차 거의 때에 해주 서촌西村 거부巨富 6~7인을 합하여 가지고 물심으로 원조하여 주기로 결심하였다. 시기가 아직 일렀으므로 목적한 것을 달성하지 못하고 일이 발각되어 역시 화사와 함께 감옥에 미결로 1년 가깝게 있다가 왜법정에서 검사檢事는 유죄로 논고論告를 하였지만, 판사는 무죄 판결을 하였다. 화숙도 일생을 조선독립에 바친 한 사람이다.

13. 이학희李鶴熺

은병정사(이이가 세운 해주 석담의 서원)

이학회[24]는 해주 석담石潭의 율곡栗谷 제사를 받드는 후손이다. 어렸을 때부터 뜻과 기개가 많은 무리들에서 빼어나서 일찍이 큰 뜻을 품고 중국에 유람하며 조선에서도 의열사義烈士를 다수 연락하여 장차 기회가 있는 대로 조선 독립운동을 할 준비를 하고 있었다. 그 세력에 삼남三南 유림 대가大家들과도 상호 연락을 취하게 되었다.

이화사가 러시아로부터 비밀리에 입국하여 제1차 해주에서 거의할 때에 주요 역할을 하였다. 그러나 그 때에도 일이 미연에 발각되어 50여 명의 동지자가 왜경찰서에 갇혀서 특수한 악형을 받으며 몇 개월을 경과하였으나, 주체가 되는 화사가 외국으로 멀리 망명하였다는 사실이 드러나서 왜관원이 이 50여 명에게 대하여 "화사와 같은 위험인물을 다시 따르지 말라." 하고 훈계 방송放送, 죄인을 감옥에서 나가도록 풀어 줌하였다고 한다.

학회는 그 뒤에도 독립운동을 직접 · 간접으로 많이 하다가 누린 나이가 오래 되지 않은 채 세상을 영원히 이별하였다. 그 사람됨이 풍채가 좋고 수염이 아름답고 언변을 잘 하고 의협심義俠心이 많고 큰 뜻이 있어 당시 청년의 중견 인물이 되었더니 불행히 명이 짧아 죽은

---

24) 이학회(1890～1918): 황해도 해주 석담의 율곡가 종손으로, 본관은 덕수(德水)다. 자택은 황해도 해주군 고산면 석담리 213번지. 1901년 유인석이 석담을 방문할 때 부친 이종문의 부탁으로 관례(冠禮)를 행하였다. 화사가 1913년 음력 12월부터 1914년 음력 5월까지 독립운동 지사 규합 목적으로 황해도 해주에 잠입하자 이종문과 함께 화사의 독립운동(1차 거의)에 동참했다가 일경에 체포되어 악형을 받은 뒤 훈계 방면되었다. 1915년 음력 7월 화사가 광복회 황해도지부장으로서 황해도・평안도 등지에서 활동할 당시 광복회에서 재차 활약하다가 1918년 화사와 함께 체포된 뒤 10월 15일 29세의 나이로 순국하였다.

것은 조선사회로서 일할 만한 인물을 잃었다고 말할만하다.

14. 조현균趙賢均

조현균[25]은 평안도 정주定州 사람이다. 대대로 대가거족大家巨族으로 부유한 이름을 얻고 생활하는 재산가다. 일찍이 진사과進士科를 오르고 벼슬이 참의參議, 정3품 육조의 당상관에 이르렀으나, 그 성품이 특이하여 조선독립 사업을 하는데 물심을 경주傾注하였으므로 평안남북도의 지사는 그의 집에 내왕하지 아니하는 이가 적었다.

이화사를 만나서 그의 맏아들 중석重錫[26]을 북경에 같이 가서 유학하게 하고, 자신도 북경에 몇 차례 와서 중국 정객과도 의견을 서로 교환하였다. 화사가 봉변하는 날에 현균도 해당 경찰서에 불려가서 많은 욕을 보았으나 구류까지는 안 되고 3 · 1운동에 참가하여 필경 복역이 되었다.[27]

---

25) 조현균(1871～1949): 호는 경재(敬齋), 본관은 배천(白川)이다. 평북 정주군 덕달면 덕달리(후에 덕언면 덕성동으로 개칭) 태생이며, 만석꾼으로 불렸다. 1907년 7월 유인석이 러시아 망명 시에 수행한 김형전(金衡銓, 1881～1913, 자는 권옹(權翁))은 사촌매부다. 그는 1908년에 향리에 덕달학교를 설립(6월 26일 개교)하고 교장으로 활동했고, 대한독립단 정주군지단장으로 활동하다가 일경에 체포되어 옥고를 치렀다. 1990년 건국훈장 애족장이 추서되었고, 묘소는 국립대전현충원(애국지사 제2묘역 160)에 안장되어 있다.

26) 조중석(1895～1926): 조현균의 장남은 조중석이 아닌 조주석(趙疇錫, 1889～1913)이다. 조주석은 충남관찰부주사를 지내다가 25세인 1913년 5월 19일에 요절했다. 그렇기 때문에 1913년 5월 이후 차남 중석이 장남 역할을 하게 된 것이다.

27) 1919년 3 · 1운동으로 일경에 체포, 징역 8월형을 선고받은 이는 조현균이 아니라 조형균(趙衡均, 1873～1948)이다. 조현균은 1920년 5월 김기한의 권유로 대한독립단에 가입하여 정주군지단장 및 평북총지단 총무감으로서 항일투쟁을 계속하다가

이에 앞서 경상도 광복단光復團과도 긴밀한 연락이 있었고 이진룡·조맹선과도 긴밀한 연락이 있었지만은 물심을 많이 경주한 곳은 이화사의 제2차 거의 때이니 일생을 국가에 바친 애국자의 한 사람이다.

조현균의 2남 조중석(사진 좌)과 3남 조성석
ⓒ조준희 제공

1921년 3월에 대한독립단 활동으로 체포, 징역 3년형을 구형받고 투옥되었다가 1922년 7월에 출옥하였다. 1921년 사건 당시 조현균이 피신을 하자 이름이 비슷한 조형균이 3·1운동 때 정주의 만세시위를 주동했던 전력이 있어서 일경한테 오인·체포되어 매를 맞은 사건이 있었다(『경향신문』, 1956년 8월 2일자, 「역사인물일화(186) 손병희 편」).

경재 조현균 ©조준희 제공

15. 오순구吳淳九

오순구는 해주 사람이니, 어렸을 때부터 그 글씨 재주가 있으므로 신동神童이라 일컬었다. 조선의 판세가 점점 쇠퇴함을 보고 이를 만회할까 하여 다방면으로 운동하였다. 이화사 제1차 해주 거의 때에 동참하였다가 역시 일이 발각되어 왜경찰서에서 특수한 고통을 받고 나와서 곧 러시아 지역으로 가서 백방으로 유지들을 연락하고 있었다. 이화사가 유럽을 갈 때에 다시 만나서 옛 회포를 서로 풀고 다시 뒷 기일을 약속하고 외국에서 쓸쓸히 서로 이별하였다. 그 후로 피차 서로 만나지 못하고 지기지우의 서로 그리워하는 것으로 지내는 것뿐이다.

16. 이종규李宗珪

이종규는 해주 서촌西村에서 제일 부호대가로 지내며 한국시대에 군수와 관찰부 예방비장觀察府禮房裨將을 지낸 사람이다. 사람됨이 명민하여 시대 기미를 미리 살피고, 벼슬길을 사절하고 귀가하여 자기의 재산을 기울여 청년교육에 종사하며, 조선독립을 이상으로 여기고, 다방면으로 경영하여 본 사업이 적지 아니하였다.

이화사 제1차 거의 때에 동참하였다가 일이 발각되어 이화사와 함께 러시아로 망명하였다가 러시아에서 세상을 영원히 이별한 진애국자眞愛國者의 한 사람이다. 그는 그 큰 재산을 독립운동에 내놓고도 조금도 후회하지 아니 하였다고 한다.

17. 박상진朴尙鎭

고헌 박상진 의사 ⓒ박중훈 제공

박상진[28]은 경상도 경주 사람이다. 경주읍 최준崔浚, 1884~1970의 매형으로 그 부유와 권세로 온 도道를 움직일만한 부호가 자제의 한 사람이다.

일찍 건국의 뜻을 품고 러시아와 중국 지방을 돌아다니며 영준들을 많이 교제할 때에 이화사를 만나서 문경지교刎頸之交, 죽음을 대신할 막역한 교제를 맺고 귀국하여 광복단을 조직할 의론을 숙의하였다. 고향인 경주에 돌아가서 수백 명의 의병장을 결합하여 광복단을 조직하고, 무기는 외지에 있는 화사를 통하여 사와 가지고 일본인의 세납금稅納金도 탈취하여 독립운동비로 쓰고 친일 악도배惡徒輩를 숙청하기에 착수하였다.

그러나 너무 시급히 실행하다가 얼마 안 되어 발각되어 왜경에게 체포되어 왜법정의 판결로 사형 및 징역형을 받은 이가 많아 삼남의 근래 제일 격렬한 무력 독립단이라 한다. 해방 후에 광복회와 광복단이 모두 그 후신이라고 한다.

---

28) 박상진(1884~1921): 호는 고헌(固軒). 울산 출신으로 평리원판사로 있던 허위 문하에서 수학하였다. 1909년 양정의숙 전문부 법률경제과를 졸업하고, 1910년 판사시험에 합격하여 평양법원에 발령되었으나 사퇴하고 독립운동에 나섰다. 1912년 대구에 상덕태상회를 설립해 독립운동의 연락 본부로 삼고, 1915년 음력 7월 15일 이관구 등과 함께 광복회를 조직하고 총사령에 추대되었다. 박상진은 공화주의와 무장혁명 노선을 표방하면서 곳곳에 곡물상을 설립해 연락 거점으로 삼고, 일제 타도를 추진하는 행동 강령으로 비밀·폭동·암살·명령을 시달하였다. 1917년 11월 칠곡부호 장승원을 처단하였고, 1918년 1월 아산 도고면장 박용하를 처단하는 과정에서 광복회 조직이 드러나 일경에 체포된 뒤 사형선고를 받고 1921년 8월 11일 대구형무소에서 순국했다. 1963년 건국훈장 독립장이 추서되었고, 묘소는 경주 내남면 노곡리 백운대에 안장되어 있다.

18. 김우상金遇常

김우상은 해주 사람이다. 어렸을 때부터 의협심이 풍부하여 타인이 죄 없이 남의 압제 받는 것을 보면 분忿을 참지 못하고 그의 대신 분투하였다. 그러므로 당세當世 사람들이 '까닭 없이 웃고 즐기며 까닭 없이 슬퍼하는 김협사[無故笑樂無故悲의 金俠士]'라는 명칭이 있었다.

이화사의 제1차 거의 때에 우상이 전선에 모험冒險하여 결사決死를 자원하였다. 우상은 타인보다 신체 조직이 특이하였다. 그 신체는 곤봉으로 때려도 아픈 것을 느끼지 못하고, 심지어 칼날로 신체의 어떤 부분을 찔러 피가 흐르게 될지라도 별로 아픈 것을 느끼지 아니하고, 약 30분 간 호흡을 하지 아니할 수도 있고, 팔 힘이 남보다 뛰어나서 늘 말하기를, "자기는 평생에 두려워할 만한 일이 없다."고 하였다. 그러므로 왜인도 김우상을 만나기를 좋아하지 아니하고 피하여 가는 일이 많았다.

우상이 또 시를 잘 한다. 어떤 때 시회詩會에,

> 강바람이 배를 보낼 때 버들이 유유히 흔들리고 江風送棹餘掀柳
> 산속 달빛 창 비출 때 매화에 반이나 있네. 山月橫窓半在梅

라고 하여서 장원壯元한 일도 있었다.

이화사가 제2차 거의를 하다가 일이 발각되어 10년 징역의 판결을 받아서 감옥에 갔다는 말을 듣고 양광객陽狂客, 거짓 미치광이이 되어 곳곳으로 다니면서 원수 갚을 운동을 하다가 역시 왜경에게 체포되어 특수한 악형을 받았으나 복역까지 되지는 아니하고 입산하여 종적을 감추었으므로 전설에 산승山僧이 되었다고 한다.

19. 박동흠朴東欽

박동흠[29]은 평북 태천泰川 사람이니, 호는 해산海山이다. 그의 백부 운암雲菴 선생의 수제자로 명망이 높고 도를 확립하여 관직이 직각直閣, 규장각의 주임 또는 판임 관직[30]에 이르렀다.

조선 합병 직전에 의병을 조직하려고 다수의 동지를 규합하였으나 일을 수행하지 못하고, 합병 후에는 조선을 떠나서 중국에 떠나가 사니 따라간 사람이 많았다.[31]

운암 박문일(박동흠의 백부)
ⓒ조준희 제공

29) 박동흠(1854~?): 성암 박문오의 장남으로 박문일・박문오 사후 가문을 이끌며 평안도 유림의 종장으로 추앙받았다. 박은식의 유교구신 운동에 영향 받아 양명학을 받아들이고, 서북학회에 가입했으며, 가산군에 '육영학교'를 설립하여 신학문의 습득과 신교육 등 교육운동으로 유림계를 계도하고자 했다. 그러나 일제강점으로 인해 기로에 서게 된 박동흠은 중국 망명을 선택했다. 그는 중국 안동현으로 망명하여 광복회의 활동을 적극 지원했다.

30) 박동흠은 1910년 2월 2일부로 규장각직각(奎章閣直閣)에 임명되었는데, 곧 사임의 뜻을 밝히고 1910년 6월 15일자로 본인의 청원에 의하여 관직이 해면(解免)되었다(『황성신문』, 1910.2.6, 「叙任及辭令」; 동신문 1910.4.7, 「閣啣辭免」; 동신문 1910.6.19, 「叙任及辭令」).

또 지모와 계략이 많아 이화사의 제2차 거의 때에 평남·북의 지사를 다수 불러일으키고 이화사를 지도하여 주었다. 일찍 이화사에게 시를 주어 이르기를,

고국에 글 없으나 여전히 인물 있으니	故國無文尙有人
조용히 활발하게 두 사람 새롭구나.	從容活潑兩相新
바다 같은 의기에 산이 보배 감춘 듯	汪洋意氣山藏寶
맑은 정신 닭 울음이 새벽을 알리노라.	洒落精神鷄破晨
말과 행실 부절 같아 험한 길도 지나가고	言實如符行險路
진실 거짓 즉시 판가름 내서 나루터를 건너네.	眞僞立判涉要津
다시금 보조자로 남는 힘을 더하면	更將羽翼加餘力
필경 큰 명예가 홀로 봄빛 띠우리.	畢竟雄名獨帶春

라 하였다.

해산은 일생을 조선독립에 헌신하였고 이화사가 제2차 거의에 왜 총독에게 보내는 격문과 동포에게 하는 포고문布告文은 모두 해산이 짓고 썼다. 그러므로 화사를 왜법정에서 내란음모內亂陰謀, 흉도취소兇徒吹嘯, 흉악한 무리를 불러 모음, 총독암살수비總督暗殺手備 등의 죄명을 붙였다. 해산은 나이가 많아 중국 지방에서 별세하시니, 후인이 해산을 자로子路, 공자의 용감한 제자와 같다고 하였다.

31) 박동흠은 중국 안동현 접리수에 망명했다가 봉성현으로 이주했다(조준희, 「해산 박동흠의 항일민족운동」, 『숭실사학』 24, 숭실사학회, 2010, 66쪽).

20. 허혁許爀

허혁[32]은 경상도 선산善山 사람이니, 호는 성산性山이다. 삼남에서 의병장으로 유명한 왕산[33] 허위許偉의 숙씨叔氏, 셋째 형[34]다. 그의 아우 왕산[35]이 왜적에게 패하여 죽은 후로 울분한 마음을 억제치 못하여 역시 의병을 조직하려다가 일을 수행하지 못하고 가족 2식구를 데리고 중국으로 망명하는 길에 이화사를 찾아서 그 가족을 서간도에 살게 하고, 경상도에서 중국에 옮겨 사는 유지 신사紳士와 서로 결연하여 백방으로 조선 광복 운동을 하므로 당시 사람들이 황충黃忠, 유비劉備 휘하의 장군이라고 일컬었다.

성산은 역시 일생을 조선독립에 바쳤으니 가히 허왕산[36]의 숙형[37]이 될 만하다. 한문을 잘 하고 의약醫藥 · 방술方術에 능한 한학자요, 충의를 존중히 여기는 거유다.

---

32) 허혁(1851~1939): 이명은 허겸(許蒹). 경북 선산(현 구미시)에서 허조(許祚)의 4남 중 3남으로 태어나, 맏형 허훈과 아우 허위를 도와 의병운동에 참가했으며, 국권상실 뒤에는 허위의 유가족 일가를 이끌고 만주로 망명해 경학사를 계승한 부민단 단장을 역임하는 등 10여 년 동안 남・북만주와 노령들을 전전하며 항일운동을 전개했다. 1991년에 건국훈장 애국장이 추서되었고, 묘소는 국립대전현충원(애국지사 제1묘역 27)에 안장되어 있다.

33) 원문의 '방산'을 바로 잡음.

34) 원문의 '백씨'를 바로 잡음.

35) 원문의 '방산'을 바로 잡음.

36) 위와 같음.

37) 원문의 '백형'을 바로 잡음.

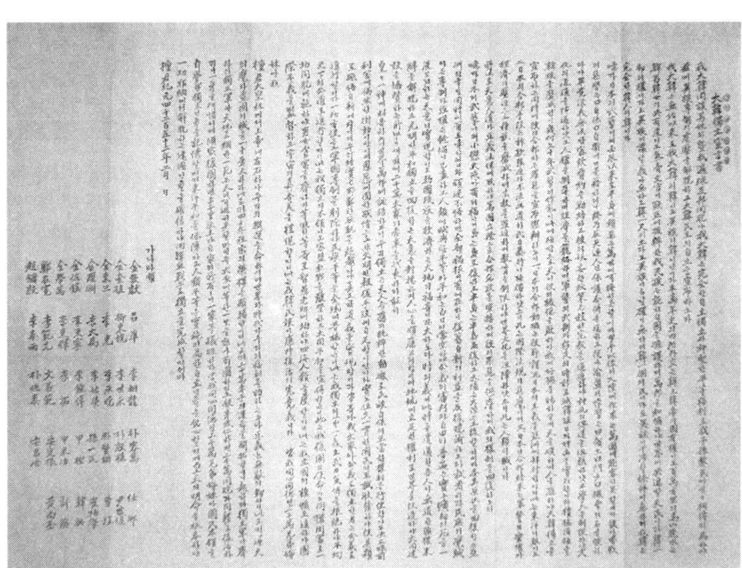

허혁이 서명한 「대한독립선언서」

왕산 허위(허혁의 동생)

21. 조용승趙鏞昇

조용승은 황해도 풍천豊川 사람이니, 당시에 해서海西, 황해도의 대학자다. 일찍 송연재宋淵齋, 송병선宋秉璿의 문하생으로 이학理學을 숭상하니 제자가 꽤 많았다.

합병 후로 그의 서재 앞에,

> "삼천리강산은 빼앗을 수 있으나 한 사람의 의로운 뜻은 빼앗을 수 없다[三千里江山可奪 一人之義志不可奪]"

연재 송병선(1836~1905)

하고 써서 현판을 걸고 왜인을 지극히 반대하였다.

이화사의 제2차 의거 때에 해주 석담 이종문李種文[38] 등과 같이 의거하기로 하고, 이화사의 의거 일을 직접 · 간접으로 많이 찬조하였다. 일이 발각되어 왜경에게 잡혀가서 조금도 굴하지 않고 왜경에게 호령을 추상秋霜, 가을의 찬 서리같이 하니 왜경도 그 위풍에 눌려서 경어敬語로,

"여보시오, 조선생! 당신의 주의主義가 옳고 당신의 말이 다 옳지만은 시대가 이미 늦었으니 마음을 바꾸시오."

---

38) 이종문(1868~1945): 장남 이학희의 사망 후 동생 이종성(李種成, 1871~1925)과 함께 대한독립단에 가입하여 해주지단 자의장(諮義長)으로 활동하였다. 1990년 건국훈장 애족장이 추서되었다.

하였다. 용승호는 사재泗齋은 더욱 호령하며 꾸짖기를,

"나는 나의 서재 앞에 일인이 '삼천리강산은 빼앗을 수 있으나 한 사람의 의로운 뜻은 빼앗을 수 없다'라고 비석을 세웠다. 우리 조선 사람이 다 일본 신민이 된다고 할지라도 나 조사재만은 조선 신민 그대로 있다 죽겠다. 이놈들아! 죽이려면 죽여라. 나에게 무슨 말을 묻느냐? 이화사와 같은 당당한 의기남아를 너희들이 죄 없이 잡아다가 악형을 하니 그런 악행을 하는 놈들은 오래지 않아 망하는 법이다. 나를 죽여서 나의 눈을 뽑아서 높은 나무 위에 걸되 일본을 향하고 달아라.[39] 내가 죽어서도 일본이 망하는 것을 보겠다."

하고 호령하니 일본인이 "광노狂老, 미친 늙은이"라 하고 돌려보냈다.

사재는 한문이 능하고 예문禮文을 잘 알고 도학道學을 숭상하므로 사방에 제자가 많고 삼남 등지의 사람들이 자기의 부조父祖의 행장行狀과 묘갈문墓碣文을 지여 달라고 천리를 멀다하지 않고 오는 사람이 많았다. 공자묘孔子廟, 공자 사당를 그가 거주하는 동네 남쪽에 세우고 초하루와 보름으로 분향焚香하고 봄과 가을로 제사를 지내니 그 동네는 추로鄒魯, 공자와 맹자의 고장의 기풍이 있다고 한다.

---

39) 오자서(伍子胥)의 고사에 의거한 것임. 춘추(春秋) 오왕(吳王) 부차(夫差)가 오자서에게 촉루검(屬鏤劍)을 내리며 자결을 명하자, 오자서는 "나의 눈알을 뽑아서 오나라 동문에 걸어 두어, 월나라가 오나라를 멸망시키는 것을 보게 하라[抉吾眼, 置之吳東門, 以觀越之滅吳也]"고 유언하였다. 뒷날 부차가 월왕(越王) 구천(句踐)에게 망하게 되었을 때 부차는 오자서를 볼 면목이 없다고 하였다(『史記』卷31, 吳太伯世家).

22. 양봉제梁鳳濟

양봉제[40]는 평북 박천博川 사람이다. 지조志操가 견실하고, 한문을 잘 하고, 서법이 능하고, 음양서陰陽書를 잘 알고, 부유함을 이루는 재략才略이 있다. 일찍 구한국 시대에 벼슬길에 서서 운산 · 박천 · 선천宣川 · 영변寧邊 등 7군 군수를 역임하고 평북관찰사平北觀察使를 지냈으므로, 평북의 권위자다.

일찍 박운암朴雲菴, 박문일 선생 문하에서 배웠으므로 박해산朴海山, 박동흠과 동창의 정의로 지기知己 중에 지기가 되어서 늘 조선 광복을 경영하고, 비밀리에 노소 동지를 규합한 것을 이화사에게 소개해 주었으므로 화사가 의거할 때에 많은 물심의 힘을 얻었다. 사람됨이 중후하고 경제의 재략이 있으며 교제가 능하므로 당시 왜적의 경찰망

---

40) 양봉제(1851～1926): 자는 대용(大用), 호는 벽서(碧捿), 본관은 남원(南原)이다. 1851년 1월 30일 평북 박천군 덕안면에서 생원 양우준(梁禹濬)과 경주김씨 사이에 차남으로 출생하였다. 일찍이 기묘식년 병과로 급제하고, 의정부사록, 기린도찰방, 사헌부감찰, 사간원정언, 서영군사마에 올랐고, 선천, 숙천, 운산, 영변, 박천 등 7군의 군수와 평북관찰사서리를 지낸 인물로 평안북도의 권위자였다. 1906년 11월 서우학회에 입회하였고, 그의 신식행정은 『대한자강회월보』를 통해서도 높이 평가되었다. 양봉제는 유신학교(維新學校) 설립과 발전을 위하여 각 면장들을 설득하여 각 면리에 있는 사숙의 자본을 모아 교비로 충당할 수 있게 하였다. 그의 노력으로 1908년 7월 4일 서북학회 영변군 지교가 될 무렵에는 학생이 150여명에 달했으며, 졸업식 때 지회 임원, 회원들과 함께 참석해 축하와 격려를 잊지 않았다. 1908년에는 거주지인 박천군 덕안면 동사동에 덕명학원(德明學院)(뒤의 덕안공립보통학교)을 설립하고 후학을 양성하였다. 일제강점 후 총독부에 의해 1912년 10월 30일 평북 경학원강사로 임명되어 1926년 12월 13일 사망 시까지 직함이 있었다. 최근 친일시를 남긴 행위가 밝혀진 바 있다(정욱재, 「한말·일제하 양봉제의 활동」, 『한국인물사연구』 16, 한국인물사연구소, 2011).

이 조밀한 때에 이화사의 무리들이 다수 양봉제 집에 출입하여도 왜경에게 발각이 되지 아니하게 하며, 외면으로는 일본을 가까이 교제하는 듯하여도 내면으로는 참으로 국가를 위하여 많은 일을 하였다. 더욱 평남 · 북의 부호가를 다수 교제하여 결연하였으므로 이화사에게 늘 말하기를,

"재정은 내가 당하여 볼 터이니, 귀군은 충렬 인사를 다수 연락하였다가 기회를 보아서 전국이 일시에 거의하게 하라."

고 하였다. 범증范增, 항우項羽의 노련한 책사策士과 같아서 노년에도 기계奇計를 좋아하였다. 그러므로 타인이 생각해 내지 못하는 계모計謀를 많이 화사에게 말하여 주었다.

일생을 조선광복에 바쳤으므로 그 임종에 자손[41]에게 훈계하여 말하기를,

"나는 조선독립을 보지 못하고 죽으나, 너희들은 나의 뜻을 이어 조선에 헌신하라."

고 하였다.

23. 조백영趙百泳

조백영은 풍천 사람이다. 조사재趙泗齋, 조용승의 문하생으로 일찍이 한문과 서법이 능하고 관후寬厚한 장자長者의 기풍이 있었었고, 특별

41) 양봉제는 동형(東衡, 1873~1910) · 동행(東洐, 1878~?) · 동하(東廈, 1888~1909) 3남을 두었으나, 장남과 막내아들이 요절하여 그의 임종을 지켜본 이는 차남 '양동행'이다.

히 조선광복에 뜻이 있어 애국자를 많이 사귀어 결연하였다. 이화사거의 때에 일차 동참하여 많은 역할을 하며 더욱 재산가를 많이 연결하여 화사의 광복운동비光復運動費를 조달하다가 일본 경찰에게 발각되어 왜경찰서에 잡혀가서 악형을 당하면서도 끝내 굽히지 아니하니 세상 사람들이 그 기개가 강함을 일컬어 '제2 조용승'이라 하였다. 평생 일편단심으로 지내다가 해방을 맞이하게 되므로 세상 사람들이 조백영을 칭찬 아니하는 이가 없었다.

24. 조명하趙明河

조명하[42]는 풍천 사람이니, 조백영의 친척이요, 이화사의 동지다. 젊었을 적부터 협기가 있더니 조선 합병 후로 불평을 품고 일본의 최고관을 다 암살하려고 결심하였다. 그러므로 일본어를 썩 잘하여 일본인인지 조선인인지 판별하기 어렵게끔 되었다. 동경東京에 있으면서 일본 정부 요인을 죽이려고 많은 애를 썼으나 기회를 얻지 못하였더니, 때마침 대만에 한원궁閑院宮[43]이 일본 황제의 대리로 관병식觀兵式을 하러 갔다.[44]

---

42) 조명하(1905～1928): 황해도 송화 출신 독립운동가. 본관은 함안이다. 1963년 건국훈장 독립장이 추서되었고, 묘소는 국립서울현충원(애국지사 묘역 44)에 안장되어 있다.

43) 한원궁(閑院宮, 간인노미야): '구이궁(久邇宮, 구니노미야)'의 착오. 구이궁은 일왕 히로히토(裕仁)의 장인인 구니노미야 구니요시(久邇宮邦彦王, 1873～1929) 육군대장.

44) 조명하 의사의 대만 의거 일자는 1928년 5월 14일이다.

조명하 의사

구니노미야 구니요시

명하는 이 소식을 미리 살피고 단총과 비수匕首를 준비하여 가지고 미리 대만에 건너가서 한원궁이 올 것을 기다리다가 한원궁이 탄 자동차가 지나가는 것을 보고 곧 권총을 발사하였다. 탄환이 제1발 나가기는 하였으나 적중하지 못하고 제2발은 나가지 아니하므로 권총을 땅에 버리고 비수를 손에 들고 한원궁이 탄 자동차에 뛰어 올라서 운전수를 찌르고 한원궁을 찌르려고 달려 붙는 때에 왜경대倭警隊가 달려 붙어서 자동차 안에서 격투하다가 단신으로 많은 경대警隊를 당하지 못하여 마침내 체포되어 왜법정에서 사형 판결을 받았다. 대만총독은 책임으로 사퇴 면직되고 일시에 일본 조야朝野를 경동驚動시켰다.

명하가 사형 당할 때에 담력을 크게 하여 말하기를,

"나의 손으로 우리 조선 합병한 왜적을 다 죽이자고 하였으나 천운을 만나지 못하여 목표를 달성하지 못하니 이것이 남는 한이요, 죽는 것은 조금도 원통하지 아니하노라."

하고 웃는 얼굴로 사형장에 나아갔다고 한다.

25. 이석희李錫熹

이석희李錫熹는 해주 사람이니, 율곡의 후손이다. 일찍이 한학을 공부하여 충효예절을 알고 조선 광복에 뜻이 있어 애국지사를 많이 사귀어 결연하였다.

이화사 제2차 거의 때에 동참하여 많은 역할을 하다가 일이 발각되어 왜경찰서에서 특수한 악형을 받았으나 끝까지 굴복하지 아니하였으니 의사의 한 사람이라고 일컬을 것이다.

26. 최정현(崔正鉉)

최정현[45]의 호는 송암松菴이니, 평남 용강龍岡 사람이다. 어렸을 때부터 총명이 여러 사람들보다 뛰어나서 사리事理를 능히 이해하더니 독서하는 데에 이르러 진리를 해득함이 글을 잘 하는 이와 비슷하였

45) 최정현(1862～1931): 화서학파 김평묵・유기일과 교류하였고, 평남 용강군 다미면(多美面) 소안리(小安里)에 살았다(정욱재 박사 정보 제공). 다미면은 노승룡 거주지 오신면의 인접 면으로 5km 거리다. 유고집으로 『송암선생문집(松菴先生文集)』(진남포: 최송암문집발행소, 1937)이 있다.

『송암선생문집』(1937)
ⓒ국립중앙도서관 소장본

다. 장성해서는 능히 대유大儒가 되어 관서關西, 평안도와 해서에서 엄지손가락을 꼽을만한 문인이 되어서 당시에 유명한 인사의 행장行狀과 묘갈문墓碣文이 다 그의 손으로 쓰이지 아니한 것이 없고, 또는 송암의 문자가 아니면 당세에 비문이 생색生色이 안 된다고 떠들썩하게 전하였다. 더욱 애국사상이 간절하여 항상 애국자를 찾아가고 정情을 통하면 가슴이 크게 열리는 듯이 생각하였다.

그 때에 이화사가 황해도 해주에서 독립운동을 하다가 일이 발각되어 수행하지 못하고 평안도를 중심하고 다시 지하운동을 할 적에 평남에서는 송암 · 노승룡盧承龍 · 윤자도尹子度 등 몇 사람이 책임을 맡아 비밀리에 동지를 많이 얻었나. 더욱 송암은 문장文章으로써 온 세상을 기울이게 되어서 더욱 동지를 많이 얻었다. 이화사가 지나支那, 중국 연경燕京, 북경에 가서 원세개를 설득하는 글을 송암을 통해 작성하였으므로 그 문세가 중국인에게도 찬송을 받은 일이 있다. 화사의 독립운동을 직접 간접으로 많이 찬조하였으므로 화사가 평남의 동지를 많이 연결한 것은 대개 송암의 끊임없는 노력으로 되었다.

그러나 시대 운수가 불리하고 왜경의 보는 눈이 너무 밝아서 화사가 또 일을 당하게 되어서 송암도 그 동류同類로 지목되어 특수한 주목을 받았다. 그러나 화사는 외국으로 피해 가고 따라서 정확한 증빙문과 증거가 없어서 간신히 그 재앙의 그물을 벗어났다.

그러나 항상 왜경의 주목이 있으므로 말년에는 고의로 경학원經學院 강사講師라는 명목까지 가지고 여생을 힘써 보내다가 고종명考終命, 명대로 살다 죽음하였다. 송암의 생각 속에는 1일 24시간에 애국심을 잊을 적이 없었으니, 실로 문인文人 중의 사상가요 애국자다.

27. 노승룡盧承龍

노승룡[46]의 호는 송곡松谷이다. 어린 나이 때로부터 우뚝한 재주가 있고 더욱 서도書道에 능하여 당시 사람들이 늘 말하기를, "문최필노文崔筆盧[47]"라고 하였다. 사람됨이 기개가 드높아서 장부의 기상氣象이 있고 더욱 남과의 교제가 능하여 서울에 머물 때에도 서울의 동지가 용강군 사람 중에 가장 많았다.

---

46) 노승룡(1862～1915): 본관은 교하(交河)(신양군파 31세손), 자는 무백(武伯), 호는 송곡(松谷)으로 1862년 8월 22일에 노경설(盧敬卨)과 울진임씨 사이에서 장남으로 태어났다. 1889년 사마시에 입격하여 진사가 되었고, 1905년 최정현과 함께 북간도공립소학교(北墾島公立小學校) 부교원(副教員)에 임명되었으나 사임했다. 1906년 10월에 서우학회 창립 즉시 가입하고, 이듬해에 노의룡(盧義龍)으로 개명한 뒤 『서북학회월보』에 청년의 신학문과 신교육을 장려하기 위하여 노년층의 만학을 독려하는 논설을 기고했다. 서북협성학교를 졸업했고, 1908년 서북학회 평의원직을 사임했으나, 1909년 봄 용강군 다미면 지동에 설립한 광동학교(光東學校) 교사로 활동하고, 같은 해 서북학회 평남 용강・강서군 학사시찰위원에 피선되었다. 광복회 결성 과정 중 1915년 5월 21일에 작고했다. 동생은 노하룡(盧河龍), 노응룡(盧應龍), 손자는 노동구(盧東求, 1940～?)로 윤보선 대통령 비서를 지냈다고 한다.

47) "문장은 최정현, 글씨는 노승룡"이라는 의미.

일찍 상사上舍, 생원·진사 대열에 이름이 기록되고 경향京鄕 사이에서 필명筆名, 글씨 명망이 있으므로 원근의 선비들이 책가방을 메고 서체를 학습하러 오는 이가 꽤 많았다.[48] 이 송곡 가문은 송곡 뿐만 아니라 그 조고祖考 희길羲吉[49] 공은 필법이 신묘함에 들어서 김추사金秋史, 김정희와 함께 이름이 비등하고, 그 아버지 경설敬卨[50] 공도 필명이 있었고, 그 종백부從伯父 오산梧山[51] 공은 해법楷法, 해서 글씨에 능하여 필명이 경향에 떨쳤고, 이러므로 그 노문盧門, 노씨 집안을 '필법대가筆法大家'라고 일컬었다.

그 당시에 이화사가 평양 숭실대학을 마치고 잠시 휴양할 시간을 얻어서 송곡 문하에 가서 서법을 연습하였다. 화사는 황해도에 있을 때에 당시 명필이라 일컫는 임종식林鍾植·임기선林基先 두 선생에게 서법을 배워서 "글씨 잘 쓰는 사람[善書者]"이라 일컬을만한 필력을 가지고 송곡 문하에서 3개월간 서법을 연습할 때에 다른 학생들보다 열심 공부를 하여 희길 공의 큰 글자와 오산 공의 해서楷書 글자 및 작은 글자와 송곡의 주련珠聯·병장屛障, 병풍 서법을 배워 너득하여 보는 사람들에게 스승과 제자의 서법을 분별하지 못하게 할 만큼 모사하였다. 어떤 날 송곡이 오산 공의 쓴 글자와 화사의 쓴 글씨를 보고

---

48) 노승룡의 자택은 평남 용강군 오정면(吾井面) 내동(內洞)(1914년부터 오신면 내덕리로 개칭)에 위치했는데, 이 지역에는 교하노씨 집성촌인 노촌부락이 있었다.

49) 노형규(盧亨奎, 1806～?): 자는 희길(羲吉), 호는 옥림(玉林). 노승룡의 조부다. 추사 김정희에 버금가는 신묘한 필법으로 평양 대동문 현판을 썼다고 전한다.

50) 노경설(1847～1908): 호는 소림(小林). 생부는 노정규(盧正奎, 1803～1855)인데, 아우 형규의 후사로 출계하였다.

51) 노경열(盧敬悅, 1855～1902): 노경설의 친동생이나 경설이 출계하여 노정규의 장남이 되었다.

어느 것이 누구 글씨인지 분별하지 못하고 또 어느 것이 희길 공의 글씨인지 화사의 글씨인지 알지 못하게 서로 비슷하여서 화사를 찬양 감탄하여 "내 글씨가 서쪽으로 갔다[吾筆西矣]"라고 한 적이 있었다. 이와 같이 3개월을 지내는 동안에 송곡과 화사 사이에 정의가 서로 통하여 조선독립의 일들을 수시로 상의하고 서로 나누었다.

그 뒤 화사가 독립운동할 때에 송곡은 타인보다 더 열심히 독립사상을 가진 신사紳士를 많이 연락하여 가지고 일반 민중에게도 독립사상을 고취하니 그 때 송곡의 동지 중에 거두는 홍기주洪箕疇 · 나석기羅錫璂 등이 그 사람이었다.

화사 글씨

송곡은 교제술이 능한 수완으로 사업의 편의를 취하기 위하여 '용강군龍岡郡 참사參事'[52]라는 명의를 가지고 있으니, 당시에 용강 · 강서江西 · 함종咸從 · 증산甑山 등지의 선비들이 다 송곡을 경앙함으로 해서 송곡 문하가 번영하였다.

송곡은 화사의 제2차 거의 이전에 별세하여[53] 화사의 독립을 오래 찬조치 못하였다고 할지라도 송곡의 공로가 화사에게는 많다고 아니할 수 없으니, 송곡은 실로 진정한 애국지사의 한 사람이다.

52) 참사: 정확히는 군참사(郡參事)로, 군수 자문역이다.
53) 노승룡은 광복회 결성 과정 중 1915년 5월 21일에 작고하였다.

隙徵倖旁熠燿於一時者其輕重多寡果何如哉上舍君嘗經紀阡表竇志沒世墓草已再宿矣其弟河龍
繼其事而要余銘曰兄志定鉉雖欲辭獲乎銘曰
姿挺而特性厚且直雅尙謹敕恥彼邊飾贍學耤墨一世矜式家政有則六行備極推宜乎國屈時爍嘽人
滋其惑曰報胡嗇豈有力穡不收黍稷天不終食椒䝰衍殖嗇者努力無怠其或幽宅有侐于鳳之翼樹玆
顯勒永垂不泐

成均進士盧公墓碣銘 幷序

盧上舍承龍以甲寅五月二十一日卒凡一鄕聞者無間識與不識莫不惕然相惜曰斯人逝矣靡吾井社
內洞德秀峰南麓共同兆而原向坤焉越再翌年丙辰其弟河龍應龍採海之長速石謀表阡道屬銘乎海
城崔定鉉定鉉投涕曰余忍銘余友也然若要求知上舍者於上舍之友宜莫若余詳余安敢辭也上舍字
武伯初諱義承號松谷上祖護軍諱穗在唐天寶中驗世將乱與九子航海而東其次塢食采交河後孫仍
籍焉至王麗朝有諱康弼以統合勳封宣城府院君世有令德寔采昭載史乘後淪落關右之熬山有諱碩
龜至孝哲廟賜食物典寔爲上舍六世祖有諱棐斗通經義究易理諱亨奎以字羲吉聞於世號玉林書肆
冠絶一世諱敬高號少林亦以詩藝著於時授箕陵寢郎此上舍曾祖稱三世毋蔚珍林氏鎭奎其考也以
乙丑八月二十二日擧上舍恭奉公嘗夢有人遺一物如蚕繭者曰此杜子美詩胞公卽吞之旣而生上舍
以承宇有子美樣而命名焉受經史通大義聰力甚强過耳便記聽詞調遒麗淡宕能逼唐人趣味人謝某
驗詩胞夢且工書長於楷草常志古人觔體遠近携卷求墨玅者甚衆少遊漢師一時名碩皆器重之尤爲

노승룡 묘갈명

28. 윤헌尹鑢

윤헌의 자는 자도子度이니, 평남 중화中和 사람이다.[54] 재주가 특별

54) 윤헌(1871 ~ ?): 평남 중화 출신의 유인석 문인인데, 1910년대에 황해도 해주로 이거한 것으로 보인다. 『갑오식년 사마방목』과 『의용실기』에는 평남 중화 출신으로 언급돼 있으나, 1918년 일제 기록(고제23808호)에는 '해주군 해주면 상정'(구 주내면 옥계동 – 편역자 주)으로, 1919년에는 '황해도 해주군 고산면 석담리 213번지'(윤자도, 『송자년보』, 해주 : 은병서재, 1919)로 기록돼 있다. 참고로 석담리 213번지는 이종문의 자택이다.

하고 더욱 서도에 능하여 최송암崔松菴, 최정현 · 노송곡盧松谷, 노승룡 · 윤자도 세 사람이 문한文翰, 문학도 서로 비슷하고 사상도 서로 같아 서로 이와 같을만한 지기지우로 지내더니 마침내 이화사를 얻어 네 사람이 동지同志가 되었다. 더욱 평북의 박해산朴海山, 박운암의 장조카, 양봉제梁鳳濟, 조선시대에 선천 등 7군 군수를 지내고 영변 관찰사까지 역임한 정객이다, 임용암林庸菴, 박운암의 수제자로 평북에서 제일 이름을 독점하였다[55] 여러 동지를 합하여 우익羽翼이 서로 이루어져서 사업의 맹장猛將을 규합하게 되었다.

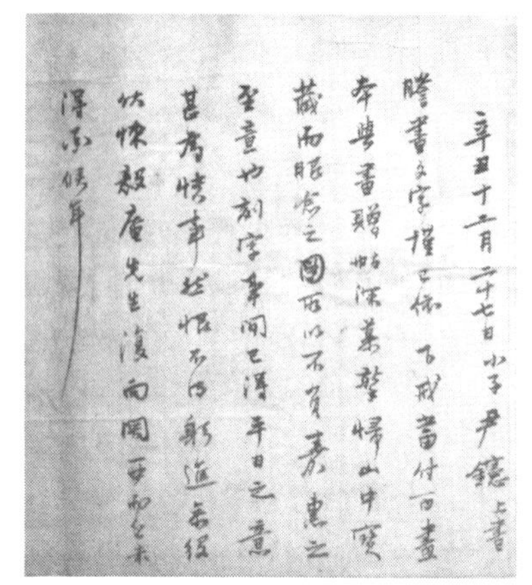

윤헌의 친필

자도는 손재주가 있어서 기계 발명을 많이 하고 더욱 선전술宣傳術이 능하여 이화사가 제1차 해주에서 거의할 때에도 해주 석담 이율곡李栗谷의 봉사손奉祀孫 종문 씨와 동참하였고, 제3차 거의 때에도 동참하였고, 화사와 같이 연경燕京, 북경까지 갔던 일도 있었고, 제1차

---

55) 임용암: 본명은 임치민(林寘民)(1853～1925)으로 자는 회중(會中), 호는 용암(庸菴)이다. 평북 철산군 부서면 장송동 출신의 화서학파 박문일 문인이다. 그는 1899년에 성균관박사를 역임했고, 평북 용천(압강숙), 철산(남성재), 평남 순안(평원군 옛지명)(중회재)에서 강의를 하였고, 유인석과 교류하면서 국권회복에 관한 계획을 도모하였으나 뜻을 이루지 못했다. 합병이 되자 장남 임대손과 중국으로 망명했으나 토비가 성행하여 향리로 돌아온 뒤 두문불출하고 은둔생활을 하였다.

화사와 마음을 함께 하여 모사謀事하였다는 혐의자로 일경에게 주목을 받아 3일 왜경찰 유치장에 구류된 일도 있었다. 자도는 끊임없이 화사와 같이 독립운동을 계속하다가 화사가 왜경에게 체포되어 10년 징역형을 받을 때에 누차 재판정에 불려 간 일도 있었다. 그러나 자도는 징역형까지 당하지 아니하고, 화사의 애국열성과 활동능력을 많이 찬성하였다.

용암 임치민 ⓒ 『임자유서』(1929)

그 뒤에 왜경의 주목도 심하고 또 조선독립의 시기가 아직도 먼 듯하여 친일파를 가까이 하며 혹은 일을 의논하는 일이 있으므로 세상 사람들이 "자도는 심사心事가 변해 옮겨졌다" 하고 갖가지 악선전을 하는 이도 적지 아니 하였다. 그러나 실로 자도의 마음 쓰는 것과 정도가 그렇게 용이하게 변하지 아니할 것은 여러 가지 사실이 증명하는 바요, 화사도 의심하지 아니하는 동지다. 소년에 사마과司馬科, 생원 · 진사과에 합격한 한 명의 아름다운 선비[一美士]다.

윤헌이 지은 『송자연보』(1919)

29. 감익룡甘益龍

감익룡(뒷줄 맨 왼쪽)(1946)

감익룡[56]의 호는 ○암○菴이니, 황해도 송화松禾 사람이다. 사람됨이 커서 훤칠한 장부의 기상이 있고 기쁨과 즐거움을 얼굴빛에 나타내지 아니하며 큰 뜻이 있어서 집안

---

56) 감익룡(1887～1946): 한자 본명은 甘翊龍. 황해도 송화 출신 독립운동가로, 신민회(新民會) 황해도 지회에서 활동하다가 1911년 '양기탁 등 보안법위반사건'으로 경성형무소에서 옥고를 치렀다. 1990년 건국훈장 애족장이 추서되었고, 묘소는 국립대전현충원(애국지사 제2묘역 69)에 안장되어 있다.

사람들의 생계 수단의 작업을 일삼지 아니하고 일찍 영걸들을 사귀어 결연하였다. 백범白凡 김구金九, 1876~1949 옹과 의거를 일으켰다가 일이 발각되어 왜정 아래에서 5년 징역형을 감수甘受하였다. 감옥에서 나온 이후로 역시 조선 독립운동을 하느라고 사방으로 두루 다니다가 지나支那 봉천奉天에서 이화사와 서로 만나 간담상조 지경으로 친하고 독립의 계획과 의사意思를 서로 교환하고 비밀리에 지하운동을 하여 왔다.

이화사가 강서 대보산大寶山 도산수양원島山修養院[57]에 가서 안창호 선생의 명命을 맡아 가지고 자아혁신운동自我革新運動을 선전하며, 또 풍천의 석도席島, 대동강 어구에 있는 섬 전부를 사서 가지고 목축업을 모범적으로 실행하였다. 또 실업학교와 기술학교를 많이 설립하여 실업자와 기술자를 많이 양성하여 장래에 유용한 시기를 대비하려고 할 적에 화사와 같이 실업을 힘써 도모하기로 서로 약속하고 지하운동을 한 적도 있었다.

대보산 송태산장

그러하다가 을유년1945 8월 15일의 해방의 희소식을 맞이할 때에 화사와 같이 서울에 와서 신민당이라는 정당을 조직할 때에 화사는

57) 안창호가 평남 강서군 대보면 대보산 기슭에 지은 송태산장(松笞山莊).

당수黨首가 되고, 익룡은 사업부장事業部長이 되어 많은 활동을 하였으므로 당시에 신민당의 인명수와 세력이 한국민주당韓國民主黨과 서로 대응할 정도였다. 그 뒤에 이승만李承晩 박사가 미주美洲로부터 와서 조선의 정당이 우후죽순과 같이 빽빽하게 서게 됨을 근심하여 이 화사를 청하여 여러 당의 합당合黨으로 1개 당으로 하는 공작工作을 하라고 권하였다. 화사가 이박사의 말을 따라 솔선하여 합당 공작을 힘써 도모하여 모두 20여 당을 합하여 1개 민족당民族黨을 만들 적에 익룡이 집행위원執行委員의 한 사람이 되고, 화사는 합당 후에 탈당하고 대한광복의용군사령大韓光復義勇軍司令으로 되어 갔다. 익룡은 민족당에 몇 차례 출석하여 일을 토의하다가 의견이 서로 틀려서 역시 탈당하였다.

화사는 미군 억제의 의용군義勇軍을 해산시킬 때에 합법적으로 해산시키고, 이강李堈[58] 공, 이시영李始榮[59] 선배와 위병식 · 최장렬崔璋

---

58) 이강(1878~1964): 호는 오산(吾山). 평남 용강 출신 독립운동가. 1902년 하와이를 거쳐 1903년에 샌프란시스코로 이주했다. 1904년 동지들과 공립협회를 창립, 1905년에 기관지『공립신문』주필이 되었다. 1907년 러시아 블라디보스토크로 건너가 신민회 블라디보스토크 지회를 설치했다. 1908년『해조신문』을 창간하여 편집·논설기자로 활동하고, 1909년 정재관과 함께 재로대한인국민회와 각 지방 지회를 조직해 독립사상을 고취시켰다. 1912년 치타로 가서『대한인정교보』를 발행해 주필로 활동했다. 1919년 강우규의 폭탄 투척 사건 연루자로 지목되어 투옥당한 뒤 석방되었다. 1919년 말 대한민국 임시정부에 참여, 의정원 의원·부의장·의장을 역임했다. 1928년 복건성 샤먼(廈門)에서 강연을 하다가 일경에 체포되어 징역 3년형 언도를 받고 옥고를 치렀다. 광복 후 재대만 동포들의 무사귀환을 위한 선무단(宣撫團) 단장으로서 임무를 마치고 1946년에 귀국했다. 1947년 도산안창호선생기념사업회 상무위원, 1953년 서울 남산고등학교 교장을 역임했다. 1962년 건국훈장 국민장(독립장)이 수여되었고, 묘소는 국립서울현충원(임시정부요인묘소 19)에 안장되어 있다.

烈 등과 함께 사학연구회史學硏究會[60]를 조직하고 각종 과학을 연구했다.

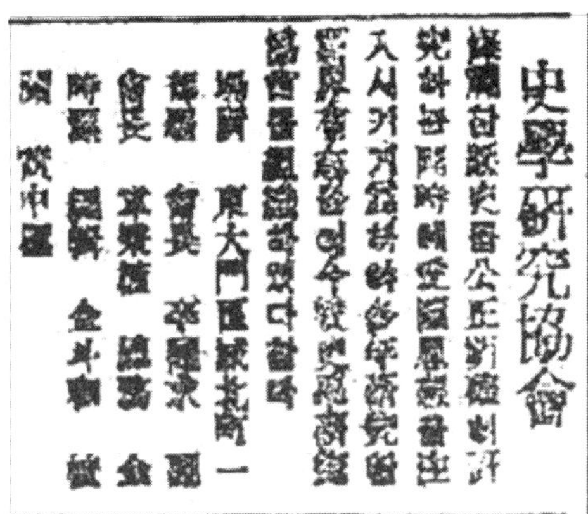
史學硏究協會

사학연구협회 창립 기사(『동아일보』, 1946.9.6)

---

59) 이시영(1869 ~ 1953): 호는 성재(省齋). 서울 출신 독립운동가·정치가. 안창호·전덕기·이동녕·이회영 등과 비밀결사 신민회를 조직, 국권회복운동을 전개하다가 1910년 말 서간도 유하현 삼원포 추가가로 망명한 뒤 1911년 신흥강습소 설립을 주도했다. 1919년 대한민국 임시정부 초대 법무총장에 선임, 재무총장을 거쳐 1926년까지 국무위원으로 재임했다. 광복 후 1948년 대한민국 초대 부통령에 당선되었다. 저서에 『감시만어』(1934)가 있다. 1949년 건국훈장 대한민국장이 수여되었다. 묘소는 북한산 수유지구 독립유공자 묘역(서울시 강북구 우이동 127 ‒ 1번지, 등록문화재 516호)에 안장되어 있다.

60) 정식 명칭은 사학연구협회(史學硏究協會). 화사는 1946년 9월에 "찬란한 역사를 공정 명확히 연구하는 동시에 애국사상을 주입시키기 위하여 다년 연구할 관계 유지들이 사학연구협회를 조직"했다고 하였다(『동아일보』, 1946.9.6, 「史學硏究協會」). 임원은 공식적으로 회장 이관구, 부회장 위병식, 총무 김시표, 편집 김두화(1884~1967), 교열 황중극(1887~1952)이었으며, 협회 장소를 제공한 이강을 비롯하여 이시영, 최장렬, 유준희도 활동한 것으로 보인다.

그 때에 익룡은 백범 김구 옹과 함께 앞날을 서로 논의하며 황금을 많이 준비하라는 책임을 지고 항상 화사에게 와서 문의하며 금전 축적에 매우 몸으로 애쓰고 마음을 태워서 그 계획한 것이 범위가 광대할 뿐만 아니라 보통 사람의 생각으로 미치지 못할 곳과 일까지 미친 일이 있었다.

그러나 시운時運이 불리하여 호사다마好事多魔, 좋은 일이 장애를 많이 받음로 목적한 일을 달성치 못하고 건국이 완료되지 못한 심회心懷를 그대로 흉중에 가득히 품어 가지고 중도에서 죽을 때에 자기의 묘비에 '신민당 사업부장 감익룡新民黨事業部長 甘益龍'이라고 써 달라는 유언을 하고 서거하였다고 한다. 익룡의 전후 경력 사항을 거슬러 올라가 살피면 실로 애국지사가 되기에 부끄럽지 아니한 몸과 마음[身心]을 가졌다.

감익룡 묘소

30. 유준희柳準熙

유준희의 호는 평천平泉이니, 평북 영변 사람이다. 평소 학업을 쌓고 글을 널리 한 지사의 신분으로 일찍이 경성에 부쳐 살며 금융조합이사金融組合理事를 역임하고 금융조합이사장金融組合理事長까지 역임하였으므로 계산이 숙달되고 사리에 명확하였고 경성에서 금융계의 유지를 많이 교유하므로 실로 금융계에서는 유력有力하게 지냈다.

이화사가 박상진 등과 함께 광복단을 조직하기 위하여 경주를 가게 되었을 때에 평천이 화사를 경성에서 서로 만나 의기意氣를 서로 부치고 간담상조하여 기탄없이 조선독립의 일을 서로 논의하고 장차 독립운동을 같이 하기로 서로 서약하고 이 사이에 연락이 끊이지 않았더니 화사가 변變을 당한 후로 평천이 일을 논할 곳이 없어서 매우 적막하게 지냈다.

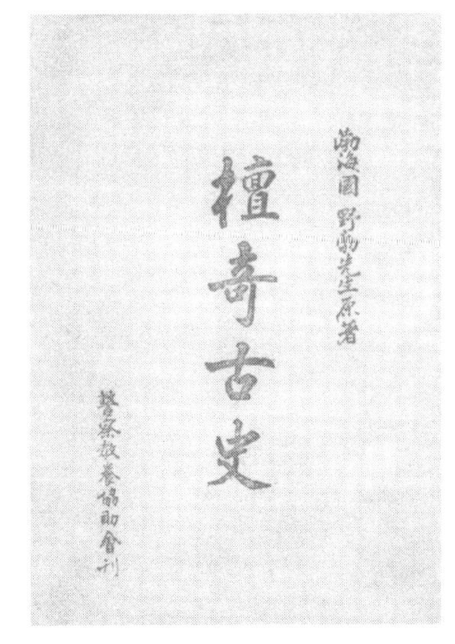

『단기고사』(1950)

세월이 물 흐르듯 하여 화사가 감옥에서 나온 이후로 다시 맥락을 서로 통하더니 8 · 15 해방 이후 화사가 신민당수로 피임된 때에 선전부장宣傳部長의 임무를 담당하여 많은 활약을 하여 왔다. 신민당이 합당된 후로 화사와 같이 역사 연구에 종사하였고, 화사가 『단기고사檀奇古史』를 번역하여 출판한 후로 그 서책을 사방에 전파하기에 몰두하였으며, 단 · 기[61]의 옛 강역을 자세히 고찰하여 고시대의 판도를 문자로써 범위와 윤곽을 그려 놓았고 역사의 애매한 곳을 많이 밝혔으니 실로 역사와 지리상의 공이 적지 아니하였다.

시운이 비색하여 기원(紀元) 4283년(1950) 6월 25일에 북선(北鮮 : 북한)의 공산군이 경성을 침입하니 정부의 각원(閣員 : 내각 구성원) 등은 인민을 버리고 자기 생명만 애석히 여겨서 남선(여기서는 남한 남쪽-편역자 주)으로 도피하였다. 경성에 머물러 있는 백성 등은 여지없이 유린을 받게 되고 쌓여 있든 물품은 다 공산군의 소유물이 되어 공산군이 주야로 북선에 실어 가기를 일삼으며 민주주의 사상을 가진 사람을 사냥하듯이 수색 체포하니 그 참혹한 정상은 눈물이 눈을 가리므로 차마 다 말할 수 없었다. 그럼에도 불구하고 정부는 부산에 망명하여 있으면서도 감투 다툼, 세력 다툼으로 정치상의 일을 삼으니 참으로 이웃 나라에 들려질까봐 부끄러울 일이 많았다.

요행으로 연합군이 와서 구원하기 위하야 공산군을 반격하는데 유럽과 미국 군대는 원래 지상 작전이 서투르므로 공중에 날며 비행기로 공산군을 격멸하기 위하여 읍(邑) · 부(府) · 시(市)를 무차별하게 폭격하니 경성을 위시하여 남북 여러 읍 · 시에 유명한 건물은 모두 다 폭파되어 다시 건설할 계획이 오유(烏有 : 어디 있겠는가)에 귀결되었다. 색깔 좋은 하늘타리와 같이 연합국의 보조로 복구된다고 떠들썩하게 선전하나, 로마가 하루에 건설된 것이 아니라는 것과 같이 경성의 큰 건물과 기타 부 · 시에 높은 건물이 일조일석에 건축된 것이 아니요, 길다면 4천여 년 짧다면 1백여 년 시간을 가지고 차츰차츰 건설된 것이니 어찌 어지간한 외국의 보조 물자로 건축을 복구할 수 있으랴! 황차 인민이 미군 폭격에 사상자가 매우 많고 공산군 침탈에 아사자(餓死者 : 굶어 죽은 사람)가 파다하니 실로 경륜이 있는 정치가가

61) 단 · 기 : 단군과 기자.

각원 중에 한 사람만 있다고 할지라도 금일 정부의 각원의 태도는 취하지 아니할 것이다.

미군이 인천에다 함포사격을 감행하고 상륙하여 경성을 참혹하게 폭파하고 적군(赤軍 : 공산군)을 추격하여 갔다. 이때에 남선 정부가 경성으로 환도(還都)하였으나 인심의 신망을 많이 잃어 공으로 죄를 대신함이 되지 못할 것이다. 그럼에도 불구하고 재류파(在留派 : 머물러 있던 파)와 남하파(南下派 : 남쪽으로 내려간 파)를 분별하여 가지고 남하파만 관리로 등용하게 하고 재류파는 외국인처럼 여겨 등용치 아니한다 하니, 어찌 인민의 신앙을 받으랴! 참으로 멀리 큰 탄식할만한 일이다. 정부는 '파리가 천리마 꼬리에 붙어 천리를 가는[蒼蠅付驥尾]'[62] 격으로 연합군을 따라서 환도한 후에도 아무런 선후 대책이 없고 다만 정치의 주요 안건은 인민군을 찾아 잡는 것과 기타 부역자(附逆者 : 반역 동조자) 이름이 붙은 자를 체포 처벌하는 것과 박래미(舶來米 : 배에 실려 온 쌀)를 몇 부분만 인민에게 배급 주고 대부분의 분량은 관할자의 개인적 배를 채우려고 하며, 인민 생활을 도외시하므로 백성의 생활난이 날로 겹치고 날로 심하여 이보다 심한 것이 없어 다시 난리를 생각하며 '이 해[是日 : 이 정권]는 언제 망할까!'[63]하는 탄식을 이구동성으로 부르짖게 되니 어찌 평안하기를 기다릴 것이오!

계획이 없이 공산군을 추격하든 연합군은 한기(寒氣)를 견디지 못하고 또 지상전이 서툴러서 압록강까지 갔다가 중공군(中共軍 : 중국 공산군)의 반격을 받아 생명 재산에 치명상을 당하고 자라 걸음으로

---

62) 큰 인물을 따라서 잘됨을 말함. '파리가 천리마 꼬리 뒤에 붙어서 멀리 치달릴 수 있는 것처럼, 안회(顔回)가 비록 학문에 독실하였다 하더라도 결국은 천리마와 같은 공자 때문에 후세에 더욱 이름을 전할 수 있게 되었다[附驥尾而行益顯]'는 고사에서 유래한 것이다(『史記』 卷61 伯夷列傳).

63) 폭정에 시달린 사람들이 위정자와 함께 망하기를 원하는 말임. 하(夏)나라의 마지막 임금인 걸(桀)이 매우 무도하였는데 그가 일찍이 말하기를, "내가 천하(天下)를 가진 것은 마치 하늘이 태양을 가진 것과 같으니, 저 태양이 망해야 내가 망할 것이다." 했으므로, 당시에 그의 학정(虐政)을 원망하던 백성들이 "이 태양은 언제 망할까! 내가 너와 함께 망하겠다[時日曷喪, 予及女偕亡]"고 한 데서 온 말이다(『書經』 湯誓).

후퇴함에 따라 남선 정부는 또 자라 걸음으로 물러나게 되었다.

그 때에 인민들도 다 남으로 피난 가는데 날씨 추워 얼음 얼고 또 폭격이 심하여 폭격으로 죽는 자, 동사자(凍死者 : 얼어 죽는 자), 기사자(飢死者 : 굶어 죽는 자), 병사자(病死者)는 그 수를 알지 못하였다. 원성(怨聲)이 하늘에 가득한 중에 중공군과 인민군은 경성에 입성하여 주민의 가택에 침입하여 곡물과 소 · 말 · 닭 · 개를 다 탈취하여 가져다가 포식난처(飽食煖處 : 배불리 먹고 따듯이 살음)하고 주민은 다 아사에 임박하게 되니 애국지사의 안목으로는 차마 이 참 모습을 보지 못하게 되었다.

이때에 평천의 처자도 또한 피난 가서 어느 곳에 있는지 소식이 묘연하였다.

공산군은 끊임없이 민가에 침입하여 곡물을 탈취하여 가고 피난하여 간 빈 집의 물품은 남김없이 다 공산군이 가져가서 피난 갔다가 돌아온 사람들도 모두 무산자가 되고 말 것이다.

우리 반도 삼천리강산은 남북 두 정권이 병립하여 가지고 북선은 소련과 중공군을 청하여 남선의 동포를 쳐 죽이려 하고 남선은 미국 · 영국 · 불란서 군대를 청하여 북선의 동포를 격멸하려 하니 이른바 주의와 행동의 선악은 차이가 있다 할지라도 다른 민족을 청하여 동족을 살해하는 행동은 같다. 두 정권의 목적과 행동이 다 이와 같고 이와 같으니 조선은 국가만 망할 뿐 아니라 민족까지 망할 시기가 왔다.

한양 1백 리에 사람 그림자가 끊기고 닭 · 개 소리가 들리지 않게 되고 임진강(臨津江) 이북은 거듭 오랑캐 땅이 되고 산과 들 곳곳에 쌓인 시체가 산과 같고 스님들의 피가 내를 이룬다는 정감록(鄭鑑錄) 예언이 꼭 맞았다. 우리는 살면 살수록 고생할 것뿐이다. 차라리 죽어서 외적(外敵)의 모욕 받기를 당하지 아니하는 것이 청절고사(淸節高士 : 맑은 절개 고상한 선비)의 일이다.

라 하고 이 세상을 이와 같이 비관하고 무인공방無人空房, 사람 없는 빈 방에 홀로 눕고 자살하였다. 이 평천의 자살한 실지 처지를 생각하면 그 시대의 정치와 인민의 국난國難이 어떤지는 추측할 수 있을 것이다. 이것은 다 자살한 평천의 기록을 베껴 쓴 것이다(6 · 25 사변부터 외적의 모욕 받기를 당하지 아니하고 자살하는 것이 고사(高士)의 일이라는 데까지는 다 평천의 기록을 베껴 씀).

평천은 문학을 좋아하며, 시에 취미를 가졌고, 주역周易을 많이 연구하여 왔고, 정치와 법률 연구도 게으르지 아니하게 하였고, 더욱 병서를 많이 연구한 실력 있는 박사博士, 해박한 선비다. 참으로 이와 같은 일할 만한 인물이 세상을 영원히 이별하게 된 것은 뜻이 있는 선비[有志士]로 하여금 눈물을 금하지 못하게 되었다.

31. 최응선崔膺善

최응선의 호는 운암雲菴이니, 평양 사람이다. 일찍부터 재주 명예가 있어서 문학에 숙달하고, 또 법률을 많이 연구하여 변호사 시험에 합격까지 되었다. 그러나 변호사의 개업은 하지 아니하고 이동초李東初 변호사의 신임자로서 그의 사무원으로 있었다.

동초는 천도교天道教의 두령 손의암孫義菴, 손병희의 제자로 십이단지학생十二斷指學生의 한 사람이다. 애국사상이 가슴에 가득한 지사로서 조선 시대에 검사와 판사를 지내고 한일합병 후에 변호사 사업을 열었으나 항상 그 뜻이 조선독립에 있어서 평양에 있으면서 사상이 같은 동지를 많이 교유하므로 이화사와도 간담상조하여 왕래가 빈번하였다.

그 때에 운암이 동초 변호사의 사무원으로 있으면서 이화사를 잘 알아서 심기心氣를 상통하여 왔다. 그러다가 8 · 15 해방 이후로 운암도 북선의 공산당 정치를 기피하여 남선으로 이주하게 되었다.

북선에서 남선으로 3 · 8선을 건너 올 적에 희망은 커졌었다. 막상 남선의 서울에 와서 정부 각원閣員의 행동을 보니 모두 다 탐관오리뿐이요 실로 정치가나 애국자는 다 종적을 감추고 다만 엽관獵官, 관직을 얻으려 애씀 운동자와 모리배謀利輩만 정부에 가득하여 남선 정부가 성립된 지 불과 1년에 이른바 정부 대관大官의 이름이 들어 있는 자 중에 배임背任 · 회뢰賄賂 · 독직瀆職 · 사기詐欺 · 횡령橫領 등 사건이 속출하여 대관으로서 재판소에 불려 다니는 자가 한 두 사람이 아니었다. 정책은 치민治民의 도道가 전무하고 다만 외국의 물자 원조를 받기 위하여 외국 정부에 아첨하는 것이 유일 정책이다.

운암은 이 정국政局을 볼 때에 지난날 희망하고 왔던 마음이 다 낙망落望이 되고 말았다. 조만간 이 정부는 외침을 받으면 죽도록 싸우기를 목적하지 아니하고 인민을 버리고 남선으로 피해 가리리라고 예측하였다. 또 공산군과 서로 전쟁하면 국군은 실패가 많으리라고 예측하고 북선에서 소련 · 중국 공산군을 초청하여 남선 동포를 살해하려 하고 남선에서 영국 · 미국 · 불란서 군대를 불러들여 북선의 동포를 살해하려는 정책을 심히 좋지 않게 생각하였다. 만일 그와 같이 동족을 살해하려고 남북 전쟁을 일으키면 조선 민족은 많이 죽고 건물의 큰 것은 다 폭파되고 조선은 퇴보되어 다시 암흑시대로 복귀하고 인민의 생활난은 극도에 달하여 곳곳에 도적이 횡행하고, 부자父子가 서로 재판하고 형제가 서로 싸워서 조선 천지가 수라장화修羅場

化하리라고 예측하고, 또 인민은 먹을 것이 없어서 장차 아사하리라고 예측하고 이와 같은 세상은 차라리 보지 않는 것이 좋겠다 하고 역시 자살하였다. 금일에 이르러 여러 가지 사실을 대조하여 보면 운암의 추측과 대개 다 서로 부합된다.

운암도 정치계로 출신出身하여 볼까 하고 화사가 단족통일당檀族統一黨 총재로 있을 때에 문화부장文化部長으로 있었다. 그러나 장래의 정국이 아름답지 않게 전개될 줄 알고 화사와 함께 탈당하여 아무 당에도 참여하지 아니하고 화사와 같이 조선지리朝鮮地理를 편찬하였으나 출간에 부치지 못하고 몸이 먼저 죽어 남긴 한탄이 조금 있을 뿐이다. 운암은 시를 잘하고 법률에 능하고 애국사상이 풍부한 지사로서 이와 같이 조선 사정을 비관하고 이 세상을 영원히 이별하는 데에 이르렀다. 이와 같은 뜻이 있는 인사를 손실하는 것이 우리의 조선에 큰 불행으로 생각된다(이는 대개 운암의 기록에서 보고 기록함).

근산 이창구

32. 이창구李昌求

이창구李昌求[64]의 호는 근산槿山이니, 이화사의 세 번째 친동생이다.

사람됨이 건장하여 대장부의 기상이 있

64) 이창구(1914~1950): 화사의 막냇동생. 화사의 동생은 동구·만구·창구로, 4형제다. 이창구는 6·25 전쟁 때 참전하여 육군 중령으로서 금강방어선 전투 중 1950년 7월 25일에 전사하였다. 묘소는 국립서울현충원(33묘역 1073)에 안장되어 있다.

고 재주가 보통을 넘어서 남이 못할만할 생각을 능히 하고 남이 못할 만한 일을 능히 행하므로 세상 사람들이 헌헌대장부軒軒大丈夫라고 일컬었다. 항상 기쁨을 얼굴에 나타내지 아니하며 의지가 견고하고 의협심이 있어서 자기와 관계가 없는 다른 …{낙장됨-편역자 주}… 하다면 화사의 우익羽翼만 될 뿐 아니라 화사 집안에 큰 복이요 국가에 큰 행복이 될 것이요, 만일 서거하였다면 화사 집안에만 불행이 될 뿐만 아니라 국가의 큰 불행이 될지니 속히 그 생사의 소식 알기를 돌아보아 기다려 마지않는 바다.

33. 이장규李長珪

이장규李長珪는 이화사의 당숙堂叔이다.[65] 어려서부터 거인巨人의 뜻이 있어 나무 심기를 좋아하며 놀이를 할지라도 예법을 습련하며 9세부터 한문을 능히 글짓기하고 더욱 서법과 화공畵工에 타고난 재주가 있어서 나는 새와 노는 나비를 실물과 꼭 같이 그리고 대자大字와 주련을 다 12세 때부터 남 보기에 싫지 않게 썼으므로 신동이라 칭하였다. 13세에 백일장에 장원을 하였고 20세 때에는 그 면장의 중망衆望이 있어서 면장 직에 잠시 있다가 교편을 들고 소학교 교장[66]으로 있으며 아동교육에 종사하였고, 22세 경에는 군청의 직원으로

65) 이장규(1901~1935): 화사 조부(이영직)의 아우인 이근직(李根稙, 1855~1917)의 장남이다. 화사의 둘째 동생 만구(1895~?)는 출생 이듬해에 모친이 작고하여 당숙 이장규에게 출계하였다.

66) 송화군 운유면 조항리에 있는 '진명학당'(후에 광석학교로 개칭, 1943년에 폐교)을 지칭한다(『송화군지』, 군지편찬위원회, 1992, 444쪽).

도 있었더니 장당질長堂侄 화사가 국사범國事犯으로 감옥에 들어갔다가 출감 후에는 화사를 대신하여 독립운동을 비밀리에 많이 하여 왔다. 그러므로 왜경에 주목도 특별히 받게 되었다.

월남 이상재

그러나 장규의 마음은 차라리 조선인의 독립심을 가지고 운동하다가 징역형을 받아 고초를 당할지언정 왜인에게 노예가 되어 고관으로 호화로운 생활을 원치 아니하였다. 그러므로 화사와 같이 안도산安島山 선생을 뵈러 갔던 일도 있었고, 박영효朴泳孝, 1861~1939 씨를 뵈러 갔던 일도 있었고 윤치호尹致昊, 1864~1945 씨를 뵈러 갔던 일도 있었고, 더욱 족조族祖되는 월남月南[67] 선생을 찾아뵙고 많은 부탁과 교훈을 받아서 그 행동이 지난날과 달라진 것이 고시高柴, 공자 제자가 공자를 본 후에 행동이 달라져서 발은 그림자를 밟지 않았고 길을 가는 데에는 지름길로 가지 않은[68] 것처럼 되어서 보는 이들이 다 특이하게 여기며 경앙景仰하리

---

67) 월남 이상재(李商在, 1850~1925). 충남 한산(지금의 서천) 출신 개화파 사상가, 교육자, 언론인, 독립운동가. 본관은 한산이다.

68) 공손한 행실을 말함. 고시(高柴)의 행실은 "발로는 그림자도 밟지 않았고, 땅속에서 막 나온 벌레를 죽이지 않았으며, 한창 자라나는 초목을 꺾지 않았고, 부모의 상을 당해서는 삼 년 동안 피나는 듯한 눈물을 흘리면서 한 번도 이를 드러내어 웃은 적이 없었으며, 피난길에도 지름길로 가지 않고 구멍을 뚫어 나가지도 않았다[足不履影, 啓蟄不殺, 方長不折, 執親之喪, 泣血三年, 未嘗見齒, 避難而行, 不徑不竇]"고 나타나 있다(『家語』 弟子行, 『論語』 季氏 '柴也愚' 集註).

만치 되었다. 화사와 순치보거脣齒輔車, 입술과 이, 광대뼈와 잇몸이 긴밀하게 서로 의지함가 되여 장래에 유망한 사업을 많이 하리라고 세상 사람들이 신중히 믿었고 장규 자신도 장차 큰 사업을 하여 보겠다고 굳은 결심을 하여 가지고 변치 아니하였다.

만사가 다 사람의 뜻과 희망대로 되지 아니하는 것은 이 세상의 일상 규례다. 장규가 이와 같이 실천하여 가는 중도에 병마의 침해를 받아 소년영준少年英俊의 아름다운 몸을 저승길[九原驛路]로 보내게 되었으니 그 애통함은 이루 다 말할 수 없었다. 이러한 장규가 청년 생기발랄한 시대에 일찍 죽는 것도 역시 화사의 가문에 불행이요, 국가에 큰 불행이라고 아니할 수 없다. 장규가 인간 세상에 드러낼만한 사업은 청년에 일찍 죽었기 때문에 성취하지 못하였다고 할지라도, 그 재능과 심법心法은 후인에게 모범이 될 만하였다.

34. 이무李茂

이무의 호는 기천杞泉이다. 일찍 혁명투사의 한 사람으로 이화사와 같이 러시아 지방을 두루 돌아다니며, 모스크바에서 김규식金奎植, 1881~1950을 만나서 장래에 할 일을 대략 상의하였다.69)

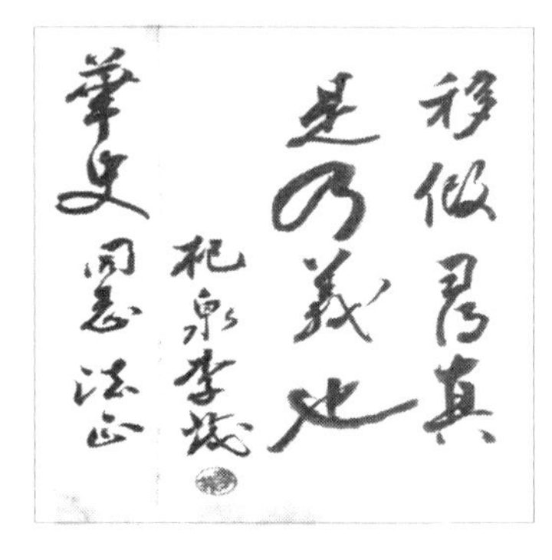

이무의 친필

69) 김규식이 러시아 모스크바 극동노력자대회에 참석한 해는 1922년이다. 이무(당시 나이 32세)는 서울 조선청년회연합회 소속으로 1922년 1월 30일부터 3일 간 모스크바

우사 김규식

그 후에 만주에 돌아와서 유지有志들과 같이 조선 독립운동을 많이 하며 있다가 이화사가 구주歐洲 열국으로 돌아다니고 돌아오는 길에 이화사와 다시 만나 아무쪼록 조선에 돌아가 독립운동을 하기로 서로 약속이 있었다. 그에 화사와 기천은 서로 헤어져서 여러 해 동안 피차간에 소식을 몰랐다.

그러하다가 8 · 15 해방 후에 화사가 서울에 와서 신민당수로 있을 적에 이무는 편덕렬[70] 등과 함께 일민당一民黨을 조직하고 당무黨務에 바빴다. 마침 당수黨首가 없어서 이화사가 임시 당수로 있었다. 이때에 우남 이박사가 미주로부터 귀국하여 합당을 주장할 때에 일민당도 역시 합당을 함께 허락하고 이박사와 종종 내왕이 있었다. 그러다가 대한민국이 된 후로 우남과 정견政見이 서로 달라 정부에 벼슬하지 아니하고 위병식 등과 함께 남북 양 정권이 있으면 민족전쟁이 전개되어 장래 외국 민족을 끌어들여 가지고 동족을 서로 해칠 날이 있으리라 하며 우남과 백범 김구 옹에게

에서 개최된 제1차 극동혁명청년대회에 한국대표단으로 참가했다(임경석, 『한국 사회주의의 기원』, 역사비평사, 2003, 540쪽).

70) 원문의 편득렬을 '편덕렬(片德烈, 1897~1976)'로 바로 잡음. 편덕렬은 1977년 건국포장에 이어 1990년 건국훈장 애국장이 수여되었다.

여러 번 불상사不祥事를 진달進達하였다. 또 남북협상도 찬성하지 아니 하였다.

기천의 주된 뜻은 외국인을 끌어들이면 죽고 사는 사이에 그 손해는 조선민족에 미칠 것뿐이라고 강경하게 주장하였다. 그러나 필경은 남북 양정권이 아울러 서서 북선 정권은 소련을 조국으로 섬기므로 소련 조종 밑에 공산 정치를 행하고, 남선은 미국 보호 밑에 명색名色이 민주정치라고 행하여 왔다. 그러나 소위 정부대관政府大官이라 하는 자의 부류들이 대부분 탐관오리이므로 국가 부흥에 힘을 쓰지 아니하고 개인 배만 채우는 데에 눈이 떠 있기 때문에, 정부가 아무 실력도 없고 더욱 단체력이 없어서 부패하기가 지난날 한일합병 당시보다 더 참혹하므로 인민의 생활난이 극도에 달하여 모두 난難을 생각하였다.

마침내 북정권의 인민군이 크게 일어나서 서울에 침입하니 남선 정부는 대항도 못하여 보고 대통령 이하 여러 각료가 모두 남방으로 도피하고 인민과 잔유 물자는 모두 인민군의 어육魚肉, 생선 고기의 먹이이 되고 소유가 되어 3개월간 몇 천 억의 물자를 다 북선으로 실어 가고 인민은 모두 다 기아飢餓를 당하여 죽을 지경에 이르렀다. 미군의 무차별한 폭격을 받아 서울이나 외방 읍 · 부 · 시에 유명한 건축물은 하나도 완전한 것이 없이 다 폭격을 당하여 불탔다. 남북전쟁이 벌어졌기 때문에 사상자가 남북 양방 통계가 1백 50만이 초과한다고 한다. 요행이 연합군이 승리하고 인민군이 실패하여 퇴거하므로 연합군이 승승장구하여 압록강까지 갔다가 중공군과 인민군이 합세하여 반격함에 연합군이 자주 패하여 대구까지 후퇴하고 남선 정부는 그 사이에 천리마 꼬리에 붙은 파리처럼 연합군의 뒤를 따라 서울에 들어와서 하는 것 없이 감투 싸움만하다가 또 서울을 포기하고 대구로 도피하였다.

인민군과 공산군이 재차 서울에 침입하니 그 인민을 유린하는 것과 재물을 빼앗아 간 것은 이루 다 말로 표현할 수 없었다. 연합군이 증원하여 가지고 다시 반격하니 중공군과 인민군이 퇴거하였으나 다시 들어올 준비를 하며 꿈틀거리고 있다. 만일 연합군이 또 후퇴하고 중공군과 인민군이 다시 서울에 침입한다면 조선민족은 전부 멸망할 지경에 이를 것뿐이다. 어리석은 이의 익힌 것이 믿는 사람 친척이라는 것과 같이 남선 정부는 아무런 자발적 방책이 없고 다만 연합군만 믿고 또 연합군에게 물품 보조받기만 기다리니 걸국乞國, 구걸하는 나라이라 할런지 보호국保護國, 보호받는 나라이라 할런지 알 수 없다.

이것이 모두 다 이무가 예상하고 자기가 입각入閣하면 이와 같은 일은 사전에 방비할 계책이 있다 하고 화사에게 크고 작은 일을 상의하여 왔으나 금번에 인민군에게 납치를 당하여 북선으로 가서 생사를 알 수 없다. 참으로 이무 같은 애국자는 경륜가經綸家가 그 포부를 시행하여 보지 못하고 까닭 없이 저들에게 끌려가게 되어 생명을 빼앗김은 천추에 유감이라고 아니할 수 없다.

35. 위병식韋秉植

위병식71)의 호는 해산海山이니, 평안도 영유永柔 사람이다. 어렸을

해산 위병식ⓒ위훈 제공

때부터 재주가 보통을 넘어 백가百家의 말을 다 열람하고 더욱 의술이 능하여 한방 의업을 열고 박애제博愛濟, 널리 아껴 구제함 사업을 하여 왔다. 한일합병 이후로는 조선독립을 뜻하고 서양의 전도傳道 차로 온 목사 등과 박영효 이하 여러 혁명가를 연결하여 가지고 지하활동을 많이 하여 왔다. 더욱 이화사와 지기가 서로 맞아 화사가 독립운동을 하려 평·남북 갈 때에는 반드시 해산을 찾아갔다.

그러나 왜정 하에서 효과를 이룬 것이 아무 것도 없었고 세상을 좀 비루鄙陋한 듯이 보고 이 티끌 세계를 초월하여 가지고 정신계에서 놀겠다는 생각이 있어서 양기탁 선생과 함께 통천교統天敎를 설립하였으나 종교 시대가 조선에도 이미 늦어서 뜻이 있으나 이루지 못하고 '온 세상이 모두 혼탁할 적에 나 혼자 깨끗하다'[72]는 격으로 자기

71) 위병식(1886~1972): 평남 평원군 영유면(1929년 평원면으로 개칭) 월정리 출신 한의사·종교인·독립운동가. 1919년 3월 19일에 3·1운동에 참가했다가 일경에 체포, 훈계 방면된 뒤 만주 등지에서 활동했다. 광복 후 월남하여 1947년 3월에 평원도민회를 조직, 초대회장을 역임했다. 묘소는 경기도 포천시 내촌면 신팔리 34번지 평원군민회 묘지에 안장되어 있다.

72) 전국(戰國) 시대 초(楚)나라 충신 굴원(屈原)이 지은 '어부사(漁父辭)'에서 유래한 말로, 굴원이 모함을 받고 쫓겨나 강가를 거닐 때 한 어부가 "어찌 이 꼴이 되었느냐"고

혼자라도 세상을 초월한 생각을 가지겠다는 의도 하에서 선학仙學을 매우 취미 있게 잠심潛心 연구하였다.

8 · 15 해방 때에 서울에 와서 이화사와 같이 신민당에 있었고 그 때 미군정 시대부터 벼슬의 뜻은 전혀 없었고 청고淸高한 마음만 가지고 있으니 솔직히 해산의 신분을 논하면 일대一代의 청고사淸高士라 하여야 옳을 것이다. 남선 정부가 설립되려 할 때에 해산은 우남 이박사에게 여러 번 조선 민족은 남북 정권으로 해서 스스로 멸망을 촉진하는 것이라 하며 우남에게 직접으로 맞대어 고하고 글로 이해를 갖추어 진술한 일도 한 두 차례가 아니다. 그러나 우남은 자기가 대통령을 하겠다는 생각이 국가와 민족을 위하겠다는 것보다 몇 배나 더 강해서 꼭 남선 정부를 세우게 하였다.

그 때에 해산은 스스로 한스러워하여 말하기를,

"일이 이미 글렀다. 우리 민족이 외국 민족의 농락에 들어서 동족상전(同族相戰 : 같은 민족 끼리 서로 싸움)으로 치명상을 당할 줄을 누가 먼저 알았으랴? 한 두 해를 넘지 않아 내 눈으로 조선 천하가 장차 어지러워질 것을 보리라"

하고 우남에게도 거래를 끊었다. 그 때에 서재필徐載弼[73] 박사가 미군

묻자, "온 세상이 흐려 있는데 나만 홀로 맑고, 뭇 사람이 다 취해 있는데 나만 홀로 깨어 있다. 그래서 쫓겨났다[擧世皆濁我獨淸, 衆人皆醉我獨醒, 是以見放]"고 답했다(『楚辭』, '漁父辭').

73) 서재필(1864~1951): 호는 송재(松齋). 전남 보성 출신 독립운동가 · 언론인 · 정치인 · 의학자. 1884년 김옥균 등과 함께 갑신정변에 적극 참가했다가 일본을 거쳐 1885년 미국으로 망명했다. 1895년 귀국한 뒤 1896년에 『독립신문』을 창간했다. 1989년 다시 미국으로 건너간 뒤 1921년 대한민국 임시정부 워싱턴회의 한국 대표단

에 최고의정관最高議政官으로 나와 있으면서 우남에 대한 성명서聲明書를 광고하였다. 그 성명서에 말하기를,

"이승만 박사는 미국에 있을 때도 존재가 없이 있었고 행동에 아름다운 일이 하나도 없으니, 나는 이승만을 믿지 않는 바로다."

하였다.

송재 서재필

이때에 어떤 청년이 이 성명서를 가지고 재필 박사에게 가서 취소하라고 강요한 일이 있었다. 서박사는 도미하게 되었다. 그 때에 해산 등 몇 명이 서박사에게 머물기를 원할 것으로 가서 만났다. 서박사는 조용한 말로 하기를,

"내가 조선에 있는 것을 제일 꺼리는 한 사람(이승만을 가리켜 말함)이 있으니 내가 미국에 가면 저 사람도 좋고 나도 평안하오. 당신네들이 머물기를 원하러 오신 것은 고마우나, 나는 사정과 입장이 그러하니 가겠습니다."

하였다. 해산 등은 더 머물기를 원할 수 없어서 돌아왔다.

또 백범 옹이 남북협상을 갈 때에 해산 등이 가서 만류하여 말하기를,

부대표로 임명되어 외교활동을 전개했다. 광복 後 1947년 미군정청 최고정무관으로서 귀국했다가 1948년 다시 미국으로 돌아가 1951년 필라델피아에서 작고했다. 1977년 건국훈장 대한민국장이 추서되었고, 1994년 유해가 봉환되어 국립서울현충원(애국지사묘역 219)에 안장되었다.

"선생 등이 남북협상을 한다고 소련이 말들을 일이 아니요, 또 김일성金日成이 그만한 이해를 알 사람이 못되니, 가서 말하여야 필경 빈 걸음 빈말[空行空言]에 불과할 것이요 도리어 선생의 신변에 위험을 가져올 터입니다. 성공하지 못하거든 장개석蔣介石이 있는 곳으로 가든지 그렇지 아니하면 자살하시던지 할 각오를 가지고 가십시오."
라고 역설하였다. 백범 옹은 그 말을 그다지 중요하게 듣지 아니하고 남북협상을 가서 성공하지 못하고 서울에 돌아와 있다가 얼마 안 되어 흉한兇漢[74]에게 피살되고 배후에 어느 사람[某人]이 있다고 외국 신문에까지 떠들었다.

정국은 이와 같이 어지러운 판국이 되어서 매일 개인 욕심만 채우는 관료만 권세를 향하여 등장하니 모두 망량魍魎, 귀신을 내는 세계가 될 줄 확실히 알고 있었던 사람 중에 해산도 한 사람이다. 해산은 이와 같이 명확한 감식력[明鑑]이 있으므로 금번 난리 중에도 완전한 피난처를 찾아 가서 무사히 편안하게 지냈을 것이다. 해산은 실로 지혜와 감식력이 탁월한 고사高士, 고상한 인사요 이화사의 유일한 지기지우知己之友다. 세상에 청고명사淸高名士를 구하려면 해산으로부터 시작하는 것이 넉넉할 것이라고 하겠다.

74) 흉한: 안두희(安斗熙, 1917~1996). 김구의 서거일자는 1949년 6월 26일이다.

위병식(맨 왼쪽)과 김구(가운데)(1949) ⓒ위훈 제공

36. 고후조高後凋

후조 고석로

고후조[75]는 해주 사람이다. 유림 중에 대학자로 당시 행실 검소가 세상 사람들에게 모범이 될 만한 충후忠厚한 군자다.

『소의신편』

조사재와 친하므로 이화사도 조사재의 소개로 처음 만나고 조선독립의 일을 말하니 후조 선생이 크게 찬양하고 유의암의 『소의신편昭義新編』[76]을 꺼내서 화사에게 보이며 말하기를,

"의암이 사업은 성공하지 못하였으나 의리는 밝은 사람이다. 사업을 하고자 하는 자가 반드시 사체事體가 옳으면 즉시 실행하여 보는 것이요, 최후의 승패까지 헤아릴 것은 아니다. 지금까지 조선이 일본에 합병된 이후로 조선 사람으로서 당연히 할 것은 독립운동뿐이다. 그러나 조선 천지에 너무도 혁명가가 없는 것을 나는 매우 유감으로 생각하더니 '많은 산 오래 된 나무에 한 잎 푸르다[萬山古木一葉靑]'는 격으로 화사가 이 왜경 법망이 치밀하고 엄격 음험함을 꺼림 없이 돌파하고 성심성의를 국가에 다하고자 하니 생각이 있는 사람이야 누가 동정하지 아니하랴! 내가 나이 늙었으나(당시 나이 85세[77]) 나의 능력이 미치는 곳까지 찬조할 터이니 화사는 천만

75) 고후조: 본명은 고석로(高錫魯, 1842～1922)이며, 자는 능선(能善), 호는 후조(後凋)다. 황해도 해주 나덕면(구 松羅 嘉村)의 유학자로 화서학파 유중교의 문인이며, 김구의 스승으로도 알려져 있다.

76) 『소의신편(昭義新編)』: 1902년에 유인석과 창의문도(倡義門徒)들의 격문 등 항일의 의의를 밝힌 책.

마음을 착실히 하여 성공하도록 하라."
하고 당시 유학자로서 명예가 많은 오찬근 진사를 소개하여 주고 또 몇 명의 어느 어느 사람을 소개하여 주었다.

찬근은 오봉영 진사의 둘째 아들이다. 봉영은 최면암의 수제자로서 면암이 왜인들에게 납치 가게 되어 대마도에 구금되어 있을 적에 왜국 정부에서 주는 쌀은 구금 중에서도 먹지 아니 하겠다 하고 먹지 않아 굶주린 중에 있을 때에 봉영이 조선 쌀과 식수를 배에 가득 싣고 대마도에 가서 굶주림에 당한 최면암에게 올렸다. 면암이 죽는 날까지 그 조선 쌀로 밥을 지어 자시고 생명을 유지하였다. 오찬근 집안은 이와 같이 역사 깊은 사상가다. 찬근이 화사를 만나서 한 번 보고 평생 친구의 정의로 물심양면으로 화사를 찬조하여 주어서 화사의 독립운동 사업에 적지 않은 힘을 주었고 또 이와 같은 사람을 소개하여 준 것이 많다.

실로 후조는 대학자만 될 뿐 아니라 애국사상이 간절한 사람이니 참으로 세상에서 보기 드문 노사숙유老師宿儒라고 아니할 수 없고, 그 실행은 뒷사람의 모범이 될 만하다.

77) 85세: 75세의 착오로 보인다. 고석로는 1842년 생으로 1922년에 81세로 작고했다. 만일 1916년에 만났다면 '75세'가 정확하다.

【원문】

義勇實記

義勇錄重覽序

<1>

此册에 記載된 先輩 諸位의 事蹟과 同志 諸位의 歷事는 余와 直接 關係된 것이 많으나 歲月이 如流하야 此에 記入된 諸位 中에서도 死者가 不尠할 것이다. 況且 共産軍이 二回나 서울市에 侵入하엿고 南鮮를 蹂躪하엿고 美軍의 飛行機가

<2>

都市와 村巷를 不顧하고 慘酷한 爆擊를 敢行하얏으니 國家로서 破損當한 것은 勿論이고 個人의 家庭도 完全하야 잇는 것이 적으니 참으로 朝鮮人은 무삼 罪惡이 잇어서 이와 같은 悲慘한 爆彈洗禮를 바닷는지 알 수 없다. 世上에서는 人道正義도 없고 强者의 勢力發動이 卽正義

<3>

가 되고 人道가 되어 지고 만다. 弱子는 올흔 이도 없고 自己의 所有物도 없다.

昔者 個人英雄 時代에 잇어서는 個人英雄를 中心하고 戰爭를 起하더니 至今 國家主義 時代에 잇어서는 國家를 中心하고 戰爭이 이러나니 戰爭의 慘酷한 것과 人道에 無正義한 것은 前日보다 百倍千倍나 더하여 젓다. 今日 所謂 文明이라 하는 것은 殺人 많이 하는

<4>

機械를 多造하야 가지고 弱小國를 威脅하는 것뿐이다. 世界에 불상한 나라는 弱小民族國家이다. 우리 朝鮮은 弱小民族國家이다. 自實力이 없으니 國內는 眞空狀態로 되엿 잇다. 空虛處에 他勢力이 透入하는 것은 物理學的 元則이다. 그럼으로 우리 朝鮮에는 衆勢力이 輻湊하야 제 마음대로 사람 죽이게 되엿다. 朝鮮의 南北政權은 外國

<5>

政府에 諂諛하는 것이 唯一政策이다. 換言하면 外兵를 招入하야 同族을 殺害하랴는 것이 善政이라고 생각하게 되엿다. 참으로 可痛한 空前絶後의 醜態요 慘事이다.

前日에 余가 獨立하자는 그것은 今日과 같은 受侮的 形飾의 獨立이 아니요, 우리의 實力으로 우리의 조상 따에 獨立國家를 設立하고 自由시럽게 榮貴시럽게 生活하야 보자는 趣旨이다. 今日과 같이

<6>

獨立이라는 虛名下에 生命을 無辜히 多殺하고 建物을 無數히 爆破하고 全人民를 다 盜賊化하고 無産化하게 맨들 것 같으면 이와 같은 獨立은 願치도 아니하고 運動도 하지 아니하엿을 것이다. 이런 獨立, 이런 政治 等은 다아 消滅되고 神聖한 獨立과 神聖한 政治가 實行되

기을 기다리고 잇다. 이것이 余의 所願이요 先輩 諸先生의 所願이요 同志 諸位의 所願이니 速히 速히 도라오기를 期待하기 마지아니하노라.

<7>

自敍傳

余가 過去事를 自記하랴 하니 親父가 其子를 仲媒하는 것과 相似하야 詳記할 수 없다. 그러나 不得已 若干語를 하고자 한다.

余는 일즉히 儒家門에서 學業를 修하고 靑雲에 뜻를 두고 京城에 와서 留하며 當時의 志士 朴殷植 梁起鐸 申采浩 張志淵 諸先輩와 同時에 言論界에 遊하다가 新學識이 不足함을 自覺하고 安昌浩 先生을 從하야 平壤에 往하야 大成學校를 出身하고

<8>

平壤 崇實大學校애 入學하야 三年級에서 受學하다가 韓日合併時를 當하야 朝鮮에 留할 생각이 없어서 日本의 不平黨을 連絡하기 爲하야 東京에 半年餘를 留하며 各種 工作를 하여 보왔으나 日本人과는 性質이 水油不同器의 形勢임으로 到底히 日本人과는 不共戴天之讎는 될지연정 同心同事할 수 없다고 自覺한 後로 곳 日本을

<9>

離하야 中國에 往하야 臨時로 南京 上江實業學校에 入學하얏다가 其後 北京 滙文大學에 入學하얏다가 明倫大學으로 轉學하야 가지고 잇는 동안에 北京의 政客과 文人을 많이 相從하얏는대 其中 政客으로 湯化龍 文學에는 梁啓超를 最親하얏다.

余가 外國에 이와 갖이 遠遊를 하는 本意는 文字을 學하랴는대 잇지 아니하고 國家를 重建하고자 하는 意

<10>

圖에 在하얏다. 그럼으로 武略도 學習하기 爲하야 浙江省 抗州府 軍官速成科를 短時日에 卒業하고 南京 第二次革命戰爭에 參戰하얏으나 그 時에 南軍이 不利하야 支那一叛圖는 遠世凱의 天下가 되엿다.

余는 또 中國에 留할 形便이 되지 못하야 露西亞를 經由하야 歐洲列國에 遊覽의 길을 떠낫으나 不過 一年에 다시 中國으로 도라오니

<11>

中國은 孫文의 新革命의 風氣는 消하야지고 遠世凱의 帝王欲이 發動되여 無辜한 新革命家는 많이 殺害되엿다. 그러나 余는 進退維谷으로 할 수 없이 北京에 留하면서 袁克文과 情誼가 相通되야 一時는 北京政府에 一官엇도 단여준 일도 잇엇다. 그러나 遠世凱의 帝王主義는 遠世凱의 死刑으로 轉化하고 마랏다. 그 後로

<12>

余는 더욱 不平心를 懷하고 南京으로 上海로 香港으로 西北間島로 露領으로 도라 다니며 百方으로 擧事할 同志를 求하야 얼마만치 많은 同志를 求하고 地下工作를 많이 하여 오는 동안에 非常한 苦痛를 當하야 온 것은 下記한 同志덜의 事蹟에서도 차자 볼 수 잇갯기로 余로서는 一一히 記載치 아니하고 또 記載할 생

<13>

도 없다.

그러나 大略 擧義한 것을 擧하면 平壤서 始하야 海州서 發覺된 것이 第一次요, 西間島서 起事하다가 發覺된 것이 第二次요, 慶尙道 朴尙鎭 等과 光復會를 組織한 것이 第三次요, 黃海道서 獨立軍團를 組織한 것이 第四次요, 安東縣서 倭政府의 要人를 暗殺하랴고 暗殺隊를 組織한

<14>

것이 第五次요, 吳東振, 羅錫柱[1] 等의 同窓生덜로부터 無名한 革命家되기을 相約한 것이 第六次이요, 黃海道서 有志靑年을 勸하야 가지고 다시 義旗을 擧하다가 未時에 覺發된 것이 第七次이다.

이와 갗이 累起累敗하엿음으로 그 동안에 倭人의 銃釼를 마자 죽은 同志도 多하고 獄中에서 苦生하다가 或은 死하고 或

<15>

은 滿期로 出獄한 者도 有하다. 余도 일즉 監獄에서 六年時間를 虛費허고 出獄하엿다. 出獄 後에는 倭警이 尾行함으로 朝鮮에 留하기 시른 생각이 나서 美國에 留學갈 素志을 抱하고 美國 某大學에 入學試驗를 처서 其試驗에 入格하야 入學許容書가 나온 後에 그 學校에 往하고자 倭總督府 外事課에

<16>

美洲旅行卷 申請를 하얐으나, 畢竟은 倭政에서 高等秘密 三條에 依하야 却下한다 하얏기로 余는 더욱 不平하야 各處로 漫遊하며 放浪生活을 하였으나, 倭警의 注目이 너머 甚하야 엇더한 處에 往하면

1) 羅錫柱: '羅錫疇'의 오기.

該警察署로서 退去命令까지 한 일도 한 번이 아니다.

倭人들은 나를 力士이요 別術法과 手段이 잇는 줄 알기 대

<17>

문에 彼의 말이 李華史는 造化가 無窮한 사람이라 하며 반듯이 내가 如何한 處에 往하야 獨留할 時에도 倭警이 七八人식 初也에는 擔銃하고 調査하러 온다. 倭警의 行裝을 보면 如何한 敵軍과 戰爭하러 가는 皃樣과 같으고 倭人뿐만 아니라 黃海道 海州 等地의 人과 慶尙道 慶州 等의 人等은 至今까지도 나를

<18>

큰 壯士라 하고 口傳하야 온다. 그는 我가 六七次 擧義하다가 發覺되얏다 할지라도 倭警에게 一次도 捕拿되지 아니한 所以이다.

歲月이 如流하야 이 苦痛의 時期가 지나가고 解放이 됨으로 나는 京城에 來留하야 新民黨을 組織하고 委員長으로 있다가 李博士 雩南의 意向대로 從하야 黨은 合黨하고 그 後에 韓國光復義

<19>

勇軍團를 組織하얏으나 美軍政이 實施됨에 依하야 이를 合法的으로 解體하고 美軍政長官 러취가 累次 美軍政下에서 벼살하라고 勸하나 日本 때에도 官의 奴隷되지 아니한 몸으로 美軍政에서 身를 汚染하는 것이 道人의 行動이 아니라 하고 姑辭하니 러취가 朝鮮 사람으로서 實로 官爵에 뜻

<20>

이 없는 사람은 華史 等 멧멧 사람뿐이라는 말를 聞하얏다. 그 後로

社會事業를 하기 爲하야 某某 救護機關도 組織하야 보왓으나, 다 金錢의 不許로 所的에 達치 못하고 後에는 心을 또 學文硏究에 留하고 數十卷의 冊子를 書하야 至今 出版中에 있다 此에 至하야 略記한다.

華史 李觀求 略記

<21>

義勇錄

李根永

李根永은 黃海道 海州 雲山面人이라. 貫은 全州이니, 幼時부터 驍勇하며 膂力이 過人함으로 時人이 別號를 雲山壯士라 稱하얏다. 平山義兵將 李鎭龍과 同히 西北間島를 往來하며 倭賊과 到處마다 血鬪하고 壬子 春에 李鎭龍과 同히 中國 安東縣 沙河子 倭警駐在所를 襲擊하야 短銃과 彈子를 奪取하야 가지고 高飛遠去하얏다.

李華史가 黃海道서 義旗를 擧할 때에 多數

<22>

義士가 蜂起하는 中에 李根永이 先頭 前線에 立하야 大韓獨立軍團의 先鋒이 되야 多數의 同志로 더부러 海州 倭陣을 襲擊하랴다가 事을 果치 못하고 平安道와 慶尙道 同志 等을 多數히 連結할 時에 朴尙鎭 金佐鎭 等과 肝臟이 相照하고 西北에서 吳東振 羅錫柱[2]와 合心이 되야 倭賊과 直接間接으로 累回 相鬪하얏다. 勢力이 强치 못한 團體

2) 羅錫柱: '羅錫疇'의 오기.

로 李華史 擧義事件에 多數人이 倭警에게 被捕되야 結局 倭法庭서 李根永도 五年役의 判決을 밧고 그 忿憤한

<23>

俠氣를 强抑하고 赤衣을 着하고 平壤監獄에서 服役하는지 一月餘에 囚人의 身으로 新義州監獄으로 轉監이 되엿으니 時는 冬節이다.

未幾에 陽曆 一月 元旦가 되어서 監獄 囚人덜을 役事식이지 아니하고 監房에 幽囚하니 俠氣衝天한 李根永은 그 忿憤하게 떠오르는 氣을 堪忍할 수가 없어서 看守 等 七八人이 開門 點檢하는 時間을 기다려 있다가 猛虎 갗이 勇出하며 足으로 看守을 蹴하니 看守가 顚倒하얏다. 卽 달녀드러 看守의 釼을 奪取하야 倭看守 部長을 刺殺하고 또

<24>

倭看守長을 擊殺하고 監獄 열쇠을 奪取하야 가지고 新義州監獄 罪囚 있는 房 全部을 洞開하고 罪囚로 하야금 다 出獄하게 하니 七百餘名의 罪囚가 一時에 洪水 갇이 터저 나오게 되얏다. 監獄所長 及看守等은 逃避하고 新義州 一版局이 修羅場이 되얏다 倭人이 時急하야서 守備隊을 푸러서 遁逃하는 罪囚을 追捕하니 此時에 李根永은 看守의 服裝을 奪着하고 鴨綠江 鐵橋로 緩緩히 渡去하야 安東縣에서 一夜 宿泊하고 卽 西間島로 入去하얏다.

그 때에 趙孟善이 西間島에서 軍政部를 設立하고 있

<25>

을 때에 往訪하고 李華史의 部下노라고 하고 前後事를 明告하니 趙孟善이 亦是 信愛하얏다. 不過 數月에 다시 朝鮮으로 나가서 손 닷는

대로 倭賊과 親日 反逆分子을 射殺하야 朝鮮의 精神을 다시 까우겠다 하고 金明瑞,[3] 閔陽基 等 二十餘人을 率하고 鴨綠江을 渡하면서 義州 某村에 倭駐在所을 猛擊하고 龍川 海岸의 倭駐在所를 擊하고 白晝에 定州 警察에 單身으로 入하야 倭警 肝膽을 서늘하게 하고 鎭南浦에 着하야 妨害하랴는 倭

<26>

警를 射殺하고 到處에서 倭警을 逢하는 대로 射殺하니 當時에 倭警이 非常히 恐怖을 感하야 安眠치 못하얏다.

그 時에 黃海道 殷栗郡에 崔郡守가 當時 그 郡守職으로 있으면서 處處로 단니며 演說하기를 朝鮮 獨立은 夢想에도 안 될 겄이니 人民덜은 日鮮親睦을 主로 하고 조곰도 妄動을 하지 말라고 하얐다. 此事를 聞한 李根永, 閔陽基는 곳 殷栗 郡守家에 直入하야 그 罪를 公鳴하고 射殺하얐다. 그리하고 黃海道 九月山에 本營을 두고 獨立運動을 有力하게 하야 人心을 警醒싀었다. 此 九月山 本

<27>

營을 發見한 武裝 倭警 數百人이 全力하야 接戰한지 三日에 倭警은 二十餘人의 死傷을 내이고 結局 李根永陣에서 彈丸이 盡하고 또는 衆寡不敵으로 全部 戰死하얐다. 倭警이 李根永 등의 死體만 보고도 恐怖感이 있어서 銃三發을 더 放하고 往觀하니 全身이 銃丸 아니 맞은 處가 없다 하니라. 至今까지 그 戰死한 身體는 九月山 戰爭墟에 埋在하니라.

---

3) 金明瑞: '李明瑞'의 착오.

李文成

李文成은 海州 雲山人이니, 全義가 其本貫이다. 幼

<28>

時부터 兒輩를 다리고 陣치기을 일삼더니 及長에 義兵將이 되야 禹東善 義兵將과 共히 苦灘서 倭兵과 接戰하야 倭兵 數十人을 射殺하고 李根永과 同히 平山義兵將 李鎭龍과 同心하야 平北 雲山 洋人의 黃金 輸去櫃을 襲得하얏다.

李華史가 黃海道서 擧義할 時에 李根永과 同히 華史의 獨立軍團에 參入하야 平南北道와 西北島로 다니며 前線에서 惡戰奮鬪하였고 倭警駐在所을 襲擊한 겄도 一二次가 아니다. 文成의 性格은 武人이면서도 文人의 風이 있다. 恒常 同僚의 不平

<29>

을 融和식이는 感化力이 有하엿다.

亦是 華史의 擧義 事件으로 被捕되야 五年의 懲役을 밧고 平壤監獄에서 李根永과 同到新義州監獄에 轉移되엿다가 李根永 新義州監獄 突破時에 並力하야 新義監獄 罪囚을 다 放出하고 自己도 逃去하다가 日本 守備隊가 追擊時에 도라서서 看守에게서 奪取한 銃으로 日兵에게 放銃하니 日兵이 意外의 銃丸을 當하야 限三十餘分間 遲滯하게 된 그 間에 逃走하는 罪囚 等은 國境을 越하야 生命을

<30>

完保한 者가 多함으로 其罪囚덜이 李文成의 功을 贊하는 者 多하

니라.

其後에 文成은 西間島로 入去하야 倭賊과 累戰하며 同胞을 爲하야 風餐露宿하며 趙孟善과 共히 國家에 몸 犧牲하얐다. 文成이 死時에 遺恨하여 曰, 我가 死하는 것은 恨이 없으나 獨立되는 것을 못보고 死하니 黃泉에 歸하야서라도 獨立을 爲하야 일 하겠다 하얐다 한다.

朴根元

朴根元은 黃海道 長淵人이니, 貫은 密陽이다.

<31>

少時부터 大志을 抱하고 中華에 遊覽한 일이 있다. 合併 當時에 李完用 朴齊純 등을 暗殺하랴고 同志을 求하며 李在明과 氣脉을 相通하고 있었다. 合併 後로는 不平을 抱하고 李華史을 北京까지 차자 와서 死生을 갗이 하자는 誓約까지 하고 다시 西間島로 入하야 李鎭龍과 同히 前線에서 倭賊과 奮戰苦鬪하였다.

壬子春에 李鎭龍 趙孟善 等과 同히 安東의 倭警察署을 突破하다가 倭彈에 中하야 絶命하게 되니 李鎭龍이 背

<32>

負하고 逃去하얐음으로 倭賊은 不知何來之人인지 調査도 못하야 보고 倭警도 重傷者가 二人이라 한다.

其母親은 無妹獨子 根元의 死亡한 消息을 聞하고 조곰도 悲色을 露치 아니하며 壯言을 하기을, 吾兒가 國家을 爲하야 倭敵에게 死하얐으나 精神은 不滅하니 日後에 顯明할 日이 有하리라 하얐으니 可

謂有是母 然後에 有是子라 할 겄이니라.

成樂奎

成樂奎는 黃海道 海州人이니 幼時부터 英雄의 氣慨가 있어서 家人의 生産作業을 일삼지

<33>

아니하고 四海의 英俊을 交結하며 大志을 懷하고 言語가 少하고 漢文과 書法이 能하고 言辯이 能하야 人을 感動싀이는 力이 多하다 每日新聞社에서 記者 生活을 얼마 한 턱으로 申采浩氏와 親하야 安東縣에서 倭總督 暗殺을 密議하고 武器을 携帶하야 가지고 나와서 曺善煥 朴元東에게 武器을 주어서 京城에 來留하며 機會을 엇보게 하였다.

李華史가 第一次로 海州에서 起義할 時에 李鶴熺, 吳

<34>

淳九, 朴淳興, 朴行一, 朴泰遠, 李宗珪, 李明植, 金遇常 等과 同히 參與하얏다가 事가 發覺되여 海州警察署에서 二個月을 苦生하다가 李華史가 外國으로 亡命하기 대문에 別大禍는 當하지 아니하였으나, 其後에도 李華史와 連絡이 있어서 늘 國內에서 革命運動을 하고 있었다. 그럼으로 成樂奎의 累巨萬 財를 다 革命上에 消費하얏다. 이와 같이 英俊을 많이 連結하고 있었기 대문에 李華史가 再次 擧義하는 때에 不數月에

<35>

慶尙道의 俠士 及義士와 (金佐鎭이 그 代表) 咸鏡道 平安道 義士

等과 다 連絡이 된 것은 皆成樂奎의 活動力이 多한 所以이다.

華史의 獨立軍團事件으로 倭警에게 被捕되야 倭法廷에서 七年役을 밧닷다. 그 時에 倭判事가 問하기를 汝의 職業은 무엇인냐 한則 成樂奎의 所答이 本業은 朝鮮獨立이고 副業은 抗日이다 하얐다. 倭判事가 又問하기를 汝가 國語을 잘 안다 하니 通譯할 것 없이 直接으로 國語로 答하라 한則 成樂奎는 나는 朝鮮語가 卽 國語이고, 네의덜의 말은 倭말로 안다 하고 대答하였다. 判事

<36>

는 怒하며 말하기을, 我는 天皇 陛下의 代理로 네게 對하야서는 絶對權을 가지고 있는대 네가 被告로서 었지 하야 우리 判事다려 네라고 하며 下賤語을 敢用하는냐 하얐다. 成樂奎는 嚴然한 容止로 答하기을, 너는 너의 天皇 陛下의 影子에 不過하고, 我는 汝의 天皇 陛下의 相對者이다. 天皇 陛下의 影子되는 너의덜이 너의 天皇 陛下의 相對者되는 我에게 對하야 不敬의 語를 用하는 것이 大不敬이다. 我에게 不敬하는 것이 卽 汝의 天皇 陛下에게 不敬하는 것인 줄을 아라야 되나니라 하얐다. 判事가 말하기를, 汝는 如何

<37>

한 學校를 卒業하얐는냐? 成의 所答이 我는 하나님으로 校長삼고 世界로 大學校삼고 萬物노 科學을 삼고, 實地로 學得한 學力이 有함으로 汝等과 如한 桌板 前에서 學한 小小한 學識과는 天壤의 差이 있나니라. 判事 問하기를, 네가 그럭케 學識이 多大하면 웨 如此히 失敗할 內亂陰謀을 하였는가? 成樂奎 所答이, 事의 成不成이 目前의 直觀

으로 判明되는 겄이 아니다. 내가 하는 일은 自今 三十年 後에야 完成이 되리라. 汝等의 學識으로는 如

<38>

此한 神秘의 將來事까지는 잘 몰울 겄이니라. 判事가 又問하기을, 汝가 꼭 그렇게 確知하는냐 한則, 成氏 所答이, 꼭 三十年 後에 汝等은 汝의 本國으로 鼠子와 같이 되야서 歸去하리라 하고 大喝하니, 倭判事 等이 目이 뒹구래저서 아무 말도 못하고, 汝의 懲役이 七年이니 抑盍하면 控訴하여라 하고 모도 다 드러갔다.

成樂奎는 倭判檢事 보기을 犬羊과 같이 보왔다. 일로부터 成樂奎에게는 朝鮮 看守는 얼신도 못하게 禁하고 倭 看守가 監視하였다. 七年 滿期 出監 後에 倭警이 尾行으로 따라 단니는 겄을

<39>

如何한 無人處에서 倭警을 죽도록 擊打하고 倭警에게 告訴 아니하겠다는 다짐 書을 바다 둔 일이 있었다. 常常 兵書을 讀하며 말하기을, 朝鮮 獨立 後에 外國과 戰爭하게 되면 빈듯이 내가 劃策하여야 大勝이 되리라고 말하였다.

李根奭

李根奭은 黃海道 信川人이다. 法學校을 卒業하고 法律를 專攻하야 辯護士 試驗에 合格되고 法學士라는 名譽까지 得하얐다. 일즉 安重根과 親하야 天主敎

<40>

의 洪神父도 關係가 깊었다. 安義士가 倭人에게 被死한 後로 더욱 不平心이 多하야 中國과 露國을 游歷하며 愛國志士와 義俠男兒를 多結하니 李鎭龍 趙孟善 金佐鎭 安秉讚 等이 그 同志이였다.

다시 歸國하야 國內의 義士을 相結하다가 李華史 大韓獨立軍團을 組織할 때에 重要 役割을 하며 또 慶尙道의 光復團長 朴尙鎭과 南北이 呼應하야 慶州을 攻陷할 計

<41>

劃을 하다가 事가 未果하고 北京에 往하야 中國政府의 要人과 將次 朝鮮 獨立의 援助밨기을 求하고 다시 朝鮮에 歸하야 秘密裏에서 多數의 同志을 統合하기에 努力하다가 事가 發覺되여 倭法廷에서 十五年役의 判決을 밧고 鐵窓生活노 長久한 歲月을 送하다가 滿期後 出監하야 다시 獨立運動에 着手하고자 하나 日警의 注目

<42>

이 너머 甚하야 活動할 수 없음을 自覺하고 그 不平心을 懷하고 抱羞忍恥하고 某宗教에 入하야 山中에서 修養하고 있었다. 李根爽의 特技는 人과 交際가 能하고 詩酒을 잘 하며 棋奕도 嗜함으로 世人이 五能 先生이라고 稱하니라.

朴元東

朴元東은 黃海道 鳳山人이다. 幼時부터 射獵을 좋아하였다. 平山서 李鎭龍과 同

<43>

히 義兵을 起하는 役割을 하였으나 無名將이 되여서 世人의 周知하는 바가 되지 못하았다. 庚戌 合併時에 七賊을 射殺하랴고 拳銃를 가지고 京城에 月餘을 來留하였으나 事를 果치 못하고 安重根義士와 相通이 多하였다. 其後 不平을 懷하고 西北間島을 단니면서 倭賊과 正面 衝突이 되여 生死를 賭한 것도 一二回가 안니였다.

그리하다가 李華史가 第二次 義旗을 擧할 時에 來參하

<44>

야 朝鮮 全國을 遍行하며 많은 活動을 하다가 事覺되여 倭法廷에서 五年役의 判決을 밧고 鐵窓生活을 하고 滿期後 出監하여서도 倭警의 尾行 調査가 常常 있을지라도 그 酷毒한 倭警의 眼을 避하여 가며 不絶히 秘密裏에서 獨立運動에 努力하였다.

朴元東의 特徵은 人性이 質朴純厚하야 一次 心決한 事는 終身 不變하고, 冒險을 잘하고, 膂力이 强하고, 騎射가

<45>

善함으로 別號를 朱蒙將軍이라 하였다.

梁擇善

梁擇善은 海州人이다. 일즉 漢學에 유명한 柳毅菴 先生을 從師하며 其妹兄되는 邊進士 東植과 知己가 되야 常常 國家을 憂하였다. 柳毅菴의 擧義 後에 處處에서 義兵이 起할 때에 梁擇善도 平山義兵將의 一人이 되였으나 別한 名도 得치 못하고 常常 內心에 獨立思想을 懷하고 儒林의

<46>

義士를 많이 連結하야 가지고 있다가 李華史가 第二次 擧義하야 大韓獨立軍團을 組織할 時에 重要 役割을 하였다. 儒林의 有志가 其時에 多數히 參加된 것은 梁擇善의 活動力에 依한 것이 不少하다.

事覺되자 中國을 걿처 露領地로 亡命하였기 대문에 倭警에게 逮捕되지 아니하얐고 其後에 西北間島로 來하야 柳毅菴의 多數 弟子 等과 相結하야 獨立事業에 直接間接으로 許多한 努力을 하다가 風餐露宿 多年

<47>

에 異域에서 世를 別하였다. 그 死亡時의 遺怨이 죽어서 魂이라도 朝鮮獨立을 願한다라고 하였다.

曺善煥

曺善煥은 黃海道 信川人이다. 일즉히 儒林 門下에서 忠義의 道을 學하얐고 安重根 義士와 情誼가 厚하얐고 柳毅菴 崔勉菴 門下에도 있었고 海州 石潭을 中心하고 義兵이 起할 當時에 擧義事에 많은 努力을 하여 왔으며 더욱 柳毅菴의 弟子 等이 結合하여 가지고 北京의 袁世凱에게 朝鮮

<48>

獨立을 贊助하야 달라는 建議文을 提出한 事이 있었다. 그 建議文의 內容은 中國과 朝鮮은 歷史와 地理上으로 不可離할 兄弟國이니

脣亡則齒寒格으로 朝鮮이 亡하면 中國도 危殆하니 並立相助相依의 勢가 되기을 바란다고 하였다.

그 後로 朝鮮에 歸하야 多方으로 愛國의 志士을 連結하며 많은 活動을 하다가 李華史을 相遇하야 拳銃 幾柄을 携帶하고 申采浩의 勸告을 밧아 가지고 朝鮮의 倭總督을 暗殺하고자 하야 成樂

<49>

奎 等과 同히 京城에 來留하다가 事를 果치 못하고, 海州城中을 攻擊하여 볼 經綸으로 多數의 義士을 糾合하였으니 이겄이 李華史의 第二次 義擧運動의 初步이다. 亦是 衆寡不敵으로 着手치 못하고, 各處로 단니면서 同志을 多求하는 中에 慶尙道에 往하야 光復團總司令 朴尙鎭과 結托하야 가지고 南北呼應의 勢로 獨立運動을 하기로 盟約하고 活動하다가 事覺되여

<50>

倭法廷에서 七年役의 判決을 밧고 기나긴 歲月을 鐵窓에서 지내다가 獄中에서 病死하였다.

善煥의 特徵은 外交에 善하고 冒險을 잘하고 臨時變通의 術이 敏活하고 여러 同志에게 感情을 잘 사지 아니하고 常常 笑顔을 가지고 있음으로 時人이 八方美人外交家라고 別稱하얐나니라.

韓聖根

韓聖根은 黃海道 信川人이다. 藥醫을 專攻하얐고 陰陽書을 잘 알고 借力을 하

<51>

고 魔術을 함으로 人氣을 많이 끌렀다. 일즉 李根奭과 同志가 되야 靑林敎의 敎主가 되여 敎徒을 多率하고 祖國 光復에 努力하얐다. 多數의 敎徒가 韓聖根의 말을 信聽함으로 率衆이 甚多하야 相謂하기을 造化가 있어서 銃孔으로 水가 出하게 할 수도 있고 飛行車가 空中에서 固着不動하게 하는 道術있다고 한다.

如此한 術法으로 全國에서 信者을 多得하야 가지고 李根奭 等과 西北間島에 往하야 獨立

<52>

運動의 基礎를 立하고자 하다가 未果하고 朝鮮으로 歸來하야 李華史 第二次 義擧時에 同參하야 많은 活動을 하였다. 敎徒가 數千名이라고 云하였다. 全鮮的으로 李華史가 各方面을 網羅하여 가지고 活動할 時에 聖根도 極力 活動하다가 事覺하야 倭法庭에서 十年役의 判決을 밧고 鐵窓 生活을 오래하는 동안에 倭警에게 訊問 時에 惡刑 當한 毒이 發하야 病死하게 되였음으로 其家族이 保釋運動을 하여 出監하야 歸家

<53>

하얐으나 未幾에 惡刑의 餘毒病으로 世을 永別하얐나니라.

邊東煥

邊東煥 平山人이니, 當時 儒林의 巨儒로 名望이 高하고 財産이 富裕하고 柳毅菴 弟子中에도 屈指하는 巨弟子로서 過去 柳毅菴이 擧義

할 時에도 物心兩面으로 功勞가 多하였다. 또 義兵 當時에도 物心으로 많은 贊助을 하얐음으로 倭人덜도 巨儒로 指稱하고 俯首 恭敬하였왔다.

李華史 第二次 擧

<54>

義時에 參加하야 亦是 物心兩面으로 많은 努力을 하야 獨立事業에 有助된 일이 少치 안했다. 結局 事가 發覺되야 倭警에게 被捕되여 老人의 衰身으로 監獄에 未決노 一年이나 있다가 服役은 僅免하고 歸家하얐으나 其後 三一運動에 또 參加하였다. 邊東煥도 一生을 朝鮮獨立에 獻한 一義烈士이니라.

吳瓚根

吳瓚根은 黃海道 海州人이니, 儒林의 一巨儒로 當時 富名이 有한 望重의 一人이다. 其

<55>

父 鳳泳氏는 故崔勉菴의 首弟子로 崔勉菴이 對馬島에서 日本産 穀物을 不食하고 餓死을 決心한 時에 鳳泳이 急히 朝鮮米를 船載하고 對馬島에 往하야 朝鮮米로 炊飯하야 崔勉菴께 供養하고 勉菴 節死後에 그 身軆를 朝鮮에 返葬하고 初中終制儀 費用을 全部 當하고 其洞後에 勉菴의 影堂을 作하고 春秋로 享祀하니 士子의 相絡이 數千人에 達하얐다.

瓚根이 其父의 志을 繼

<56>

하야 士를 善養하니 士子의 來往이 더욱 繁頻하야 士林會에서 秘密裏에 擧義할 議論이 累有하얏다가 李華史 第二次 擧義時에 率衆 同參하야 朝鮮의 全儒林界을 通하야 西北間島의 儒林까지 脈絡을 相連하였으나, 事가 發覺되야 李華史와 同히 倭人에게 逮捕되야 亦是 一年餘을 未決노 監獄에서 苦生하다가 役刑은 밧지 아니하고 出監하였으나 老衰한 身에 添病이 되여 더욱 苦悶을 加하였다 한다.

吳瓚根의 父子는 一生을 國家에 犧牲하얏으로[4)]

<57>

朝鮮儒林中의 巨儒되기 북그럽지 아니하니라.

李和淑

李和淑은 黃海道 甕津人이다. 本是 京城人으로 甕津에 往하야 卜居하고 巨額의 金錢을 儲하얏으로 當時 富名이 隣邑까지 洋溢하얏다. 和淑은 天性이 仁厚하고 愛國心이 富한 志士로서 朝鮮獨立의 時期을 顧待한지 日久하얏다.

李華史 第二次 擧義時에 海州 西村 巨富 六七人을 合하야 가지고

<58>

物心으로 援助하여 주기로 決心하였다. 時期가 尙早함으로 所的을 達치 못하고 事覺되여 亦是 華史와 同히 監獄에 未決노 一年 近하게 있다가 倭法庭에서 檢事는 有罪論告하였지만은 判事는 無罪判決을

4) 하얏으로 : '하얏으므로'의 탈자.

하야다. 和淑도 一生을 朝鮮獨立에 獻한 一人이다.

李鶴熺

李鶴熺는 海州 石潭의 栗谷 奉祀孫이다. 幼時부터 志氣가 拔萃하야 일즉히 大志을 抱하고 中國에 遊覽하며 朝鮮에서도 義烈

<59>

士을 多數히 連絡하야 將次 期會있는 대로 朝鮮獨立運動을 할 準備을 하고 있으니 그 勢力에 三南儒林 大家와도 相互 連絡을 取하게 되얐다.

李華史가 露國으로부터 秘密裏에 入國하야 第一此 海州서 擧義할 時에 主要 役割을 하였으나 其時에도 事가 未然에 發覺되여 五十餘名의 同志者가 倭警察署에 被囚되야 非常한 惡刑을 밨으며 數月을 經過하얐으나 主體되는 華史가 外國으로 멀니 亡命하얐다는 事實이 現露되야

<60>

倭官員이 此五十餘人에게 對하야 華史와 如한 危險人을 다시 相踵치 말라고 하고 訓戒 放送하얐다 한다.

鶴熺는 其後에도 獨立運動을 直接間接으로 많이 하다가 享年이 不久에 世을 永別하니라. 其爲人이 風采가 好하고 鬚髯이 美하고 言辯을 잘 하고 義俠心이 多하고 大志가 有하야 當時 靑年의 中堅 人物이 되였더니 不幸 短命 死한 것은 朝鮮社會로서 可謂有爲의 人物을 失하얐다 하니라.

趙賢均

<61>

趙賢均은 平安 定州人이라. 世世 大家巨族으로 富名을 得하고 生活하는 財産家이다. 일즉히 進士科를 登하고 官이 參議에 至하얏으나, 其性品이 特異하야 朝鮮獨立事業을 하는데 物心을 傾注하얏으로 平安南北道의 志士는 其家에 來往치 아니하는 이가 少하다.

李華史을 相逢하야 其長子 重錫을 北京에 갖이 往하야 留學케 하고 自身도 北京에 數次 來하야 中國政客과도 意見을 서로 交換하였다. 華史가 逢變하는 日에 賢均도 該警察署에 불리여 가서 많

<62>

은 辱을 보왔으나 拘囚까지는 안되고 其三一運動에 參加하야 畢竟 服役이 되였다.

先是에 慶尙道 光復團과도 緊密한 連絡이 있었고 李鎭龍 趙孟善과도 緊密한 連絡이 있었지만은 物心을 多傾한 處는 李華史의 第二次擧義時이니 一生을 國家에 獻한 愛國者의 一人이니라.

吳淳九

吳淳九는 海州人이니, 幼時부터 그 筆才가 있음으로 神童이라 稱하았다. 朝鮮의 局勢

<63>

가 漸漸 衰退함을 見하고 此을 挽回할가 하야 多方으로 運動하다가

李華史 第一次 海州 擧義時에 同參하얏더가 亦是 事覺되여 倭警察署에서 非常한 苦痛을 밧고 나와서 곳 露領地로 往하야 百方으로 有志을 連絡하고 잇다가 李華史가 歐洲行하는 時에 다시 相逢하야 舊懷을 相敍하고 다시 後期을 約하고 外國서 虛踈히 相別하였다. 그 後로 彼此 相見치 못하고 知己相思로 지낼 것뿐이니라.

<64>

李宗珪

李宗珪는 海州 西村에서 第一富豪大家로 지내며 韓國時代에 郡守와 觀察府禮房裨將을 지낸 사람이다. 爲人이 明敏하야 時機을 先察하고, 官路을 謝하고, 歸家하야 自己의 財産을 傾하야 靑年敎育에 從事하며, 朝鮮獨立을 理想하고 多方으로 經營하여 본 事業이 적지 아니하였다.

李華史 第一次 擧義時에 同參하얏다가 事가 發覺되여 李華史와 同히 露領으로 亡命하였다가 露

<65>

領에서 世을 永別한 眞愛國者의 一人이다. 氏는 其巨財을 獨立運動에 投하고도 少毫도 後悔치 아니하얏다 한다.

朴尙鎭

朴尙鎭은 慶尙道 慶州人이다. 慶州邑 崔浚의 妹兄으로 其富權으로 一道를 動할만한 富豪家 子弟의 一人이다. 일즉 建國의 志을 抱하고

露領과 中國地方을 遊歷하며 雄俊을 多交할 時에 李華史을 相逢하야 刎頸의 交을 結하고 歸國하야 光復團 組織할 議論

<66>

을 孰凝하고 故鄕인 慶州에 歸하야 數百의 義兵將을 合하야 光復團을 組織하고, 武器는 外地에 在한 華史을 通하야 買來하야 가지고 日本人의 稅納金도 奪取하야 獨立運動費로 所用하고 親日惡徒輩을 肅淸하기에 着手하였으나, 너머 時急히 實行하다가 未幾에 發覺되야 倭警에게 逮捕되야 倭法庭의 判決노 死刑 及役刑을 바든 者가 多하야 三南의 近來 第一 激烈한 武力獨立團이라 한다. 解放後에 光復會와 光復團이 皆其後身

<67>

이라고 한다.

金遇常

金遇常은 海州人이니, 少時부터 義俠心이 豊富하야 他人이 無辜히 人의 壓制밧는 것을 보면 忿을 참지 못하고 그의 代身 奮鬪한다. 그럼므로 當世人이 無故笑樂無故悲의 金俠士라는 名稱이 있다.

李華史 第一次 擧義時에 遇常이 前線에 冒險 決死를 自願하얐다 遇이 他人보다 身體組織이 異하다. 그 身體는

<68>

棍棒으로 歐(毆)打하야도 앞은 겄을 覺치 못하고 甚至於 刀刃으로 身體의 었던 部分을 刺하야 流血이 될지라도 別노 痛覺치 아니하고

略三十分間 呼吸을 하지 아니할 수도 있고 膂力이 過人하야 常曰, 自己는 平生에 可畏한 事이 없노라 하얐다. 그럼으로 倭人도 金遇常을 見하기를 좋아하지 아니하고 避하야 가는 일이 多하였다. 遇常이 또

<69>

詩을 잘 한다. 었던 때 詩會에 江風送棹餘掀柳 山月橫窓半在梅라고 하야서 壯元한 일도 있었다.

李華史가 第二次 擧義하다가 事覺되야 十年役의 判決을 밧아서 監獄에 갔다는 말을 聞하고 陽狂客이 되야 處處로 단니면서 報仇할 運動을 하다가 亦是 倭警에게 逮捕되야 非常한 惡刑을 밨았으나 服役까지 되지 아니하고 入山하야 蹤跡을 감추었음으로 傳說에 山僧이 되었다 한다.

<70>

朴東欽

朴東欽은 平北 泰川人이니, 號는 海山이다. 其伯父 雲菴 先生의 首弟子로 名高道立하야 官이 直閣에 至하얐다. 朝鮮 合併 直前에 義兵을 擧하랴고 多數의 同志을 糾合하얐으나 事을 果치 못하고 合併後에는 朝鮮를 떠나서 中國에 離居하니 從者가 多하였고 또 智謀와 計略이 多하야 李華史의 第二次 擧義時에 平南北의 志士을 多數

<71>

히 喚起하고 李華史을 指導하야 주었다. 일즉 李華史에게 詩을 贈하여 曰, 故國無文尙有人 從容活潑兩相新 汪洋意氣山藏寶 洒落精神鷄破晨 言實如符行險路 眞僞立判涉要津 更將羽翼加餘力 畢竟雄名이

獨帶春이라 하얏다.

海山은 一生을 朝鮮獨立에 獻身하얏고 李華史가 第二次 擧義에 倭總督

<72>

에게 送하는 檄文과 同胞에게 布告文은 다 海山이 作之書之하얏다. 그럼으로 華史을 倭法庭에서 內亂陰謀 兇徒吹嘯 總督暗殺手備 等의 罪名을 付하얏다. 海山은 年老하야 中國地方에서 別世하시니 後人이 海山을 子路와 갈다고 하였나니라.

許爀

許爀은 慶尙道 善山人이니, 號는 性山이다. 三南서 義兵將으로 有名한 方山[5] 許偉의 伯氏[6]이니 其弟 方山[7]이 倭賊에게 敗死한 後로 忿

<73>

憤한 心을 抑制치 못하야 亦是 義兵을 擧하랴다가 事를 果치 못하고 家族 二食口을 다리고 中國으로 亡命하는 路에 李華史을 차자서 그 家族을 西間島에 居하게 하고 慶尙道에서 中國에 移居한 有志 紳士와 相結하야 百方으로 朝鮮 光復運動을 함으로 時人이 黃忠이라고 稱하얏다.

---

5) 方山: '舫山'의 오기 및 '旺山'의 착오. 방산(舫山) 허훈(許薰, 1836~1907)은 허혁의 형이다.

6) 伯氏: '叔氏'의 착오.

7) '旺山'의 착오.

性山은 亦是 一生을 朝鮮獨立에 獻하얏으니, 可히 許方山[8]의 伯兄[9]될 만하다. 漢文을 잘 하고 醫藥方術에 能한 漢學

<74>

者이요 忠義을 尊重히 여기는 巨儒이니라.

趙鏞昇

趙鏞昇은 黃海道 豊川人이니, 當時 海西의 大學者이다. 일즉 宋淵齋의 門人으로 理學을 崇尙하니 弟子가 頗多하였다. 合併 後로 其齋前에 三千里江山은 可奪이나 一人之義志는 不可奪이라 하고 書하야 懸板하고 倭人을 極히 反對하였다.

李華史 第二次 擧義時에 海州 石潭 李種文 等과 同히 擧義

<75>

하기로 하고 李華史의 擧義事을 直接間接으로 많이 贊助하다가 事가 發覺되여 倭警에게 잡혀 가서도 조곰도 屈하지 아니하고 倭警에게 號令을 秋霜같이 하니 倭警도 그 威風에 壓하여저서 敬語로, 여보시오, 趙先生, 당신의 主義가 올ㅎ고 당신의 말이 다 올치 만은 時代가 이미 느저시니 改心하시요 하였다. 鏞昇(號泗齋)은 더욱 號令하며 叱하기

<76>

를, 나는 나의 齋前에 日人이 三千里江山은 可奪이라도 一人之義志

8) 위와 같음.

9) 伯兄: '叔兄'의 착오.

는 不可奪이라고 立碑하얏다. 우리 朝鮮 사람이 다 日本 臣民이 된다고 할지라도 나 趙泗齋만은 朝鮮 臣民 그대로 있다 죽갰다. 이놈덜아 죽이랴면 죽여라. 내에게 무삼 말을 묻는냐. 李華史와 如한 堂堂한 義氣 男兒를 너이덜이 無罪히 잡아다가 惡刑을 하니 그런 惡行을 하는 놈덜은 不久에 亡하는 法이다. 나를 죽여서 나의 눈을 뽑

<77>

바서 高木上에 懸하되 日本을 向하고 달라라. 내가 死하야서도 日本 亡하는 겄을 보겠다 하고 號令하니 日本人이 狂老라 하고 歸還하였다.

泗齋는 漢文이 能하고 禮文을 잘 알고 道學을 崇尙함으로 四方에 弟子가 多하고 三南 等地의 人이 自己의 父祖의 行狀과 墓碣文을 지여 달나고 不遠千里하고 來하는 者 多하였다. 孔子廟를 其居住하는 洞南에 立하고 朔望으

<78>

로 焚香하고 春秋로 享祀하니 그 洞은 鄒魯의 風이 有하다 하니라.

梁鳳濟

梁鳳濟는 平北 博川人이니, 志操가 堅實하고 漢文을 잘 하고 書法이 能하고 陰陽書을 잘 알고 致富의 才略이 있다. 일즉 舊韓國 時代에 宦路에 立하야 雲山, 博川, 宣川, 寧邊 等 七郡郡守을 歷任하고 平北觀察使을 지내였음으로 平北의 權威者이다.

일즉 朴雲山[10] 先生 門下에서 學하

<79>

얏음으로 朴海山과 同窓의 誼로 知己中知己가 되야서 常常 朝鮮光復을 經營하고 秘密裏에 老少 同志을 結合한 겄을 李華史에게 紹介하야 주었음으로 華史가 擧義時에 多大한 物心의 力을 得하얏다. 爲人이 重厚하고 經濟의 才略이 有하며 交際가 能함으로 當時 倭賊의 警察網이 稠密한 때에 李華史의 黨이 多數히 梁鳳濟家에 出入하야도 倭警에게 發覺이 되지 아니하게 하며, 外面으로는 日本

<80>

을 近히 交際하는 듯하여도 內面으로는 참으로 國家을 爲하야 많은 일을 하얏다. 더욱 平南北의 富豪家을 多數히 交結하였음으로 李華史에게 常言하기를, 財政은 내가 當하여 볼 터이니, 貴君은 忠烈의 士를 多數히 連絡하얏다가 期會를 보와서 全國이 一時에 擧義하게 하라고 하고 范增과 如하야 老年에도 奇計를 좋아하였다. 그럼으로 他人이 想出치 못하는 計謀을 李華史에게 만히 말하야 주었

<81>

다. 一生을 朝鮮光復에 獻하얏음으로 그 臨終에 子孫에게 訓戒하야 曰, 我는 朝鮮獨立을 보지 못하고 죽으나 汝等은 我의 志을 繼하야 朝鮮에 獻身하라고 하였다.

趙百泳

趙百泳은 豊川人이니, 趙泗齋의 門人으로 일즉히 漢文과 書法이

---

10) 雲山: '雲菴'의 오기.

能하고 寬厚 長者의 風이 있었고, 特別히 朝鮮光復에 有志하야 愛國者을 많이 交結하였다가

<82>

李華史 擧義時에 一次 同參하야 많은 役割를 하며 더욱 財産家을 많이 連結하야 華史의 光復運動費을 調達하다가 日警에게 發覺되여 倭警署에 잽어가서 惡刑을 當하면서도 終始 屈하지 아니하니 世人이 그 氣强을 稱하야 第二趙鏞昇이라 하였다. 平生 一片心으로 지내다가 解放을 마지하게 됨으로 世人이 趙百泳을 稱贊 아니하는 者 없섰나니라.

<83>

趙明河

趙明河는 豊川人이니 趙百泳의 親戚이요, 李華史의 同志이다. 少時부터 俠氣가 있더니 朝鮮合併 後로 不平을 懷하고 日本의 最高官을 다 暗殺하랴고 決心하였다. 그럼으 日本語을 써 잘 하야 日本人인지 朝鮮人인지 分辨하기 難하게 쯤 되였다 東京에 있으면 日本 政府要人을 殺하랴고 많은 애를 써스나 期會을 得하지 못하였더니 때맞임 台

<84>

灣에 閒院宮이 日本 皇帝의 代理로 觀兵式을 하러 갔다.

明河는 此 消息을 先察하고 短銃과 匕首을 準備하야 가지고 先히 台灣에 渡去하야 閒院宮 오거을 기다리가 閒院宮이 乘한 自働車가

지나가는 것을 보고 곳 拳銃을 發射하니 彈丸이 第一發은 나가기는 하야으니 正中치 못하고 第二發은 나가지 아니함으로 拳銃을 擲地하고 匕首을 手에 들고 開院宮 탄 自働車에 뛰여 올나서 運轉手을 刺하고 開院宮을 刺하랴고 달녀 붓는 때에 倭警隊가 달녀부터

<85>

서 自働車內에서 擊鬪하다가 單身으로 多警隊을 當치 못하야 畢竟 逮捕되야 倭法庭에서 死刑 判決을 밧고 台灣 總督은 責任으로 辭免하고 一時 日本 朝野을 驚動식었다.

明河가 死刑 當할 때에 膽大히 말하기를, 내의 手로 우리 朝鮮 合倂한 倭賊을 다 죽이자고 하얏더니 天運을 遇치 못하야 所的에 達치 못하니 이겄이 遺恨이요, 죽는 겄은 조곰도 怨痛하지 아니하노라 하고 笑

<86>

顏으로 死刑場에 就하얏다 하니라.

李錫熹

李錫熹는 海州人이니 栗谷의 雲裔[11]이다. 일즉히 漢學을 工夫하야 忠孝禮節을 알고 朝鮮光復에 有志하야 愛國志士을 많이 交結하더니 李華史 第二次 擧義時에 同參하야 많은 役割을 하다가 事覺되여 倭警署에게 非常한 惡刑을 밧앗으나 終始 屈치 아니 可謂義士의 一人이라고 稱할 겄이니라.

11) 雲裔: 후손.

崔正鉉

<87>

崔正鉉의 號는 松菴이니, 平南 龍岡人이라. 幼時로부터 聰明이 超群하야 事理을 能히 理解하더니 讀書함에 至하여 眞理를 解得함이 善文者와 彷佛하더니 旣長함에 能히 大儒가 되야 關西와 海西에서 巨擘를 屈할만한 文人이 되야서 當時에 有名한 人士의 行狀과 墓碣文이 다 其手로 從寫되지 아니한 것이 없고 또는 松菴의 文字가 아니면 當

<88>

世에 碑文이 生色이 안된다고 喧傳하였다. 더욱 愛國思想이 懇切하야 恒常 愛國者를 尋訪하고 通情하면 胸懷가 大開하는 듯이 생각하엿다.

其時에 李華史가 黃海道 海州에서 獨立運動를 하다가 事覺되여 未果하고 平安道를 中心하고 다시 地下運動를 할 적에 平南에서는 松菴과 盧承龍과 尹子度 等 幾人이 責任을 秘密裏에서 同志를 많이 엇덧다. 더욱 松菴은 文으로써 一世를 傾하

<89>

게 되여서 더욱 同志를 만히 어덧고, 李華史가 支那 燕京에 가서 袁世凱를 說하는 文를 松菴를 作成하엿음으로 그 文勢가 中國人에게도 讚誦를 밧은 일 잇다. 華史의 獨立運動를 直接間接으로 많이 贊助하엿음으로 華史가 平南의 同志를 많이 連結한 것은 대개 松菴의 不絶

한 努力으로 되엿다. 그러나 時運이 不利하고 倭警의 視目이 너머 밝아서 華史가 또

<90>

일를 當하게 되여서 松菴도 그 同類로 指目되야 非常한 注目를 밧앗다. 그러나 華史는 外國으로 避去하고 따라서 確的한 證憑文과 證據이 없어서 간신히 그 禍網를 脫出하엿다.

그러나 恒常 倭警의 注目이 있음으로 末年에는 故意로 經學院 講師라는 名目까지 가지고 餘生을 强送하다가 考終命하였으나 松菴의 생각 中에는 一日 卄四時에 愛國心을 忘할 적이 없어시니 實로 文人中의 思想

<91>

家요 愛國者이니라.

盧承龍

盧承龍의 號는 松谷이니, 齠齡으로부터 卓異한 才操가 있고 더욱 書道에 能하야 時人이 常言하기를 文崔(松菴)筆盧라고 하엿다. 爲人이 氣宇가 軒昂하야 丈夫의 氣象이 잇고 더욱 與人交際가 能하야 留京時에도 京城의 同志가 龍岡郡人中에 最多하얏다. 일즉 上舍列에 錄名되고 京鄕間에서 筆名이 有

<92>

함으로 遠近의 士子가 負笈하고 書體를 學習하러 來하는 자 頗多하엿다. 此 松谷 家門은 但 松谷뿐만 아니라 그 祖考 義吉公은 筆法이

神妙에 入하야 金秋史로 더부터 齊名하고, 其父 敬禼公도 筆名이 有하엿고, 그 從伯 梧山公은 楷法에 善하야 筆名이 京鄕에 振하엿으니 그럼으로 그 盧門를 筆法大家라고 稱하엿다.

그 當時에 李華史가 平壤 崇實大學를 畢하고 暫時 休養할 時間를 偸得하야

<93>

松谷 門下에 往赴하야 書法를 鍊習한다. 華史는 黃海道에 在할 時에 當時에 名筆이라 稱하는 林鍾植, 林基先 兩先生에게 書法를 배와 善書者라 稱할만한 筆力를 가지고 松谷 門下에서 三個月間 書法을 鍊習할 때에 他生徒들보다 熱心用功하야 羲吉公의 大字와 梧山公의 楷字 及細書와 松谷의 珠聯 屛障 書法을 學得하야 觀者로 하야금 師弟의 書法를 分別치 못하야 摹寫하엿다. 엇던 날 松谷이 梧山公의 書字

<94>

와 華史의 書字를 보고 어는 것이 뉘 글씨인지 分別치 못하고 또 어는 것이 羲吉公의 글씨인지 華史의 글씨인지 아지 못하게 相似하야서 松谷이 華史를 讚嘆曰, 吾筆西矣라고 한 적이 이섰다. 이와 같이 三個月를 지내는 동안에 松谷과 華史間에 情誼가 相通되야 朝鮮獨立의 事事를 時時로 相議하고 서로 相分하엿다.

其後 華史가 獨立運動할 때에 松谷은 他人보다 더 熱心으로 獨立思想 가진 紳士를 많이 連絡하야 가지

<95>

고 一般 民衆에게도 獨立思想를 鼓吹하니 其時에 松谷의 同志 中 巨

頭는 洪箕疇, 羅錫基[12] 等이 其人이엿다. 松谷은 交際術이 能한 手腕으로 事業의 便宜를 取하기 爲하야 龍岡郡 參事라는 名義를 가지고 있으니, 當時에 龍岡 江西 咸從 甑山 等地의 士子가 다 松谷을 敬仰함으로 松谷 門下가 繁榮하엿다. 松谷은 華史의 第二次 擧義前에 別世하야 華史의 獨立을 오래 贊助치 못하얏다 할지라도 松谷의 功勞가 於華史에는

<96>

하다 아니할 수 없으니, 松谷은 實로 眞愛國志士의 一人이니라.

尹鐿

尹鐿의 字는 子度이니, 平南 中和人이라. 才操가 非常하고 더욱 書道에 能하야 崔松菴, 盧松谷, 尹子度 三人이 文翰도 相似하고 思想도 相同하야 서로 莫若한 知己로 지내더니 맞임내 李華史를 得하야 四人 同志가 되고 더욱 平北의 朴海山(朴雲菴의 長侄), 梁鳳濟(朝鮮時代에 宣川 等 七郡郡守를 지내고 寧邊觀察까지 歷任한 政客이다),

<97>

林庸菴(朴雲菴의 首弟子로 平北에서 第一 擅名), 諸同志을 合하야 羽翼이 相成되여 事業의 猛將를 糾合하게 되엿다.

子度는 手巧가 잇어서 機械發明를 많이 하고 더욱 宣傳術이 能하야 李華史가 第一次 海州서 擧義할 時에도 海州 石潭 李栗谷의 奉祀孫 種文 氏와 同參하엿고 第三次 擧義時에도 同參하엿고 華史와 同

12) 羅錫基: '羅錫璂'의 오기.

히 燕京까지 갇은 일도 잇엇고 第一次 華史와 同心謀事하엿다는 嫌疑者로 日警에게 注目를 밧이 三日 倭警察 留置場에 拘留된 事도 있엇

<98>

다. 子度는 不絶히 華史와 同히 獨立運動를 繼續하다가 華史가 倭警에게 逮捕되야 十年 懲役律를 밧을 때에 累次 裁判廷에 불니여 간 일도 잇엇다. 그러나 子度에게는 役刑까지는 當하지 아니하고 華史의 愛國熱誠과 活動能力를 많이 贊成하얏다.

其後에 倭警의 注目도 甚하고 또 朝鮮獨立의 時期가 尙遠한듯 하야 親日派를 각가히 하며 或議事도 하는 일이 있음으로 世人이 子度는 心事가 變移하엿다 하고 別別한 惡宣傳하는 者도 적지 아니하엿으나 實로 子度의 用意也와 程度也가 그렇게 容

<99>

易히 變치 아니할 것은 여러 가지 事實이 證明하는 바이요 華史도 疑心치 아니하니 同志이니 少年에 司馬科에 擧한 一美士이니라.

甘益龍

甘益龍의 號는 ○菴이니, 黃海道 松禾人이니라. 爲人이 長大하야 軒軒丈夫의 氣象이 잇고 喜怒를 色에 形치 아니하며 大志가 잇어서 家人의 生産作業를 일삼지 아니하고 일즉 雄俊을 交結하더니 白凡 金九翁과 擧義하다가 事覺되여 倭政下에서 五年 懲刑를 甘受하엿고 出獄 後로 亦是 朝鮮

<100>

獨立運動를 하느라고 四方으로 周遊하다가 支那 奉天에서 李華史와 相逢하야 肝膽를 相照하고 獨立의 計劃과 意思를 相換하고 秘密裏에 地下運動를 하엿왔다. 李華史가 江西 大寶山 島山修養院에 가서 安昌浩 先生의 命를 맏아 가지고 自我革新運動를 宣傳하며 또 豊川의 席島 全部를 買하여 가지고 牧畜業를 模範的으로 實行하며 또 實業學校와 技術學校를 많이 設立 實業者와 技術者를 많이 養成하야 將來 有用의 時期를 待備하랴고 할 적에 華史와 同히

<101>

實業을 務圖하기로 相約하고 地下運動를 하든 적도 잇엇다.

그러하다가 乙酉年 八月十五日의 解放의 喜消息을 마지 할 때에 華史와 同히 京城에 來하야 新民黨이라는 政黨를 組織할 때에 華史는 黨首가 되고 益龍은 事業部長이 되여 많은 活動를 하엿음으로 當時에 新民黨의 名數와 勢力이 韓國民主黨과 서로 頡頏하얏다. 其後 李承晩 博士가 美洲로 從來하아 朝鮮의 政黨이 雨後竹筍과 갓이 簇立함을 근심하야 李華

<102>

史를 請하야 諸黨의 合黨爲一工作를 하라고 勸하엿다. 華史는 李博士의 말를 從하야 率先 合黨 工作를 務圖하야 凡二十餘黨를 合하야 一個 民族黨를 맨들 적에 益龍이 執行委員의 一人이 되고 華史는 合黨後 脫黨하고 大韓光復義勇軍司令으로 되여 갓다. 益龍은 民族黨에 數次 出席하야 事爲를 討議하다가 意見이 相左하야 亦是 脫黨하고

華史는 美軍抑制之義勇軍를 解産시킬 때에

<103>

合法的으로 解産시키고 李埛公 李始榮의 先輩와 韋秉植 崔璋烈 等으로 한게 史學硏究會를 組織하고 各種 科學를 硏究할 때에 益龍은 金白凡翁과 한게 來頭를 相論하며 黃金를 많이 準備하라는 責任를 負하고 恒常 華史에 來하야 問議하며 金錢積聚에 非常히 勞身焦思하야 그 計劃한 것이 範圍가 廣大할 뿐만 아니라 尋常人의 생각으로는

<104>

밋치지 못할 處와 事까지 及한 일이 잇엇다.

그러나 時運이 不利하야 好事가 多魔로 目的한 일을 達成치 못하고 建國 未了의 心懷를 그대로 胸中에 가득히 품어 가지고 中途에서 死할 時에 自己의 墓碑에 新民黨事業部長 甘益龍이라고 書하여 달나는 遺言하고 長逝하엿다고 한다. 益龍의 前後 所經歷事를 溯考하면 實로 愛國志士 되기 북끄럽지 아니한 身心를 가젓나니라.

柳準熙

柳準熙의 號는 平泉이니, 平北 寧邊人이

<105>

라. 素積於學 博乎文한 志士의 身分으로 일즉 京城에 僑居하며 金融組合理事를 歷任하고 金融組合理事長까지 歷任하엿음으로 計算이 熟達하고 事理에 明確하엿고 京城에서 金融界의 有志를 많이 交遊함으로 實로 金融界에서는 有力하게 지내엿다.

李華史가 朴尙鎭 等과 共히 光復團를 組織하기 爲하야 慶州行를 作할 때에 平泉이 華史를 京城서 相逢하야 意氣를 相附하고

<106>

肝膽을 相照하야 忌憚없이 朝鮮獨立事를 相論하고 將次 獨立運動를 갗이 하기로 相誓하고 這間에 連絡이 不絶하엿더니, 華史가 變를 當한 後로 平泉이 論事處가 없엇서 매우 寂寞하게 지냇다.

歲月이 如流하야 華史가 出獄後로 다시 脈絡를 相通하더니 八一五 解放後 華史가 新民黨首로 被任된 時에 宣傳部長의 任

<107>

를 擔當하야 많은 活躍를 하여 왓다. 新民黨이 合黨된 後로 華史와 共히 歷史硏究에 從事하엿고 華史가 檀奇古史를 飜譯하야 出版한 後로 그 書册를 四方에 傳播하기에 沒頭하엿으며, 檀奇의 古疆域를 細考하야 古時代의 版圖를 文字로써 範圍와 輪廓를 그러 놓앗고 歷史의 曖昧處를 處를 많이 闡明하엿으니 實로 歷

<108>

史와 地理上의 功이 적지 안하엿다.

時運이 否塞하야 紀元 四二八三年 六月 二十五日에 北鮮의 共産軍이 京城를 侵入하니 政府의 閣員等은 人民를 遺棄하고 自己 生命만 愛惜히 여겨서 南鮮으로 逃避하니 京城의 在留民 等은 餘地없이 蹂躪를 박게 되고 積在하엿든 物品은 다아 共産軍의 所有物이 되

<109>

여 共産軍이 晝夜로 北鮮에 載去하기를 일삼으며 民主主義 思想 가

진 사람를 狩獵하듯이 搜索 逮捕하니 그 慘酷한 情狀은 눈물이 眼球을 가리움으로 참아 다아 말할 수 없엇다. 그럼에도 不拘하고 政府는 釜山에 亡命하여 잇으면도 감투 다틈, 세력 다틈으로 政治上 일을 삼으니 참으로 隣國에 들니워 질가바 북그러

<110>

울 일이 많엇다.

僥倖으로 聯合軍이 왓어 救援하기 爲하야 共軍를 反擊하는대 歐美兵은 元來 地上 作戰이 서틀무로 空中에 翱翔하며 飛行機로 共軍을 擊滅하기 爲하야 邑府市를 無差別하게 暴擊하니, 京城를 爲始하야 南北諸邑市에 有名한 建物은 모두 다아 爆破되야 다시 建設할

<111>

計劃이 烏有에 歸하였다. 色깔 좋은 하늘탈이[13]와 갖이 聯合國의 補助로 復舊된다고 喧傳하나, 그러나 羅馬가 一日에 建設된 것이 아니라는 것과 갖이 京城의 宏大한 建物과 其他 府市에 高大한 建物이 一朝一夕에 建築된 것이 아니요, 長하다면 四千餘年, 短하다면 百餘年 時間를 가지고 차침차침 建設된 것이니 엇지 如干한 外國의

<112>

補助物資로써 建築를 復舊할 수 있으랴. 況且 人民이 美軍爆擊에 死傷者가 甚多하고 共軍侵奪에 餓死者가 頗多하니 實로 有經綸한 政治家가 閣員中에 一人만 잇다고 할지라고 今日 政府의 閣員의 態는 取치 아니할 것이다.

---

13) 하늘탈이: '하눌타리'의 잘못.

美軍이 仁川에다 艦砲射擊를 敢行하고

<113>

上陸하야 京城를 慘酷하게 爆破하고 赤軍를 追擊하여 갓다. 此時에 南鮮 政府가 서울로 還都하엿으나 人心의 信望를 多失하야 以功贖罪가 되지 못할 것이다. 그럼에도 不拘하고 在留派 南下派를 分別하여 가지고 南下派만 官吏로 登庸하게 하고 在留派는 外國人침름 여겨 登庸치 아니한다 하니 엇지 人民의 信仰를 바드랴.

<114>

참으로 멀리 太息할만한 일이다. 政府는 蒼蠅付驥尾 格으로 聯合軍를 따라서 還都한 後에도 아무런 先後策이 없고 但政治의 主要件은 人民軍를 索得하는 것과 其他 附逆者爲名人를 逮捕 處罰하는 것과 舶來米를 幾分만 人民에게 配給주고 多量은 管轄者의 私腹를 充하라고 하며 人民生活은 度外視함으로 百姓의 生活難

<115>

日復日甚 莫甚焉하야 다시 難을 思하며 是日은 曷喪고 하는 嘆息를 異口同聲으로 부루짓게 되니 엇지 平安하기를 기다릴리요.

豫算 없이 共軍을 追擊하든 聯合軍은 寒氣를 勝치 못하고 또 地上戰이 서툴러서 鴨綠江까지 갓다가 中共軍의 反擊를 바다 生命 財産에 致命傷를 當하고 鰲步로 後退함에 따라 南鮮

<116>

政府는 또 鰲步로 退하게 되엿다.

其時에 人民들도 다아 南으로 避去하는대 天寒冰凍하고 또 爆擊

이 甚하야 爆擊으로 죽는 者 凍死者, 飢死者, 病死者 不知其數요, 怨聲이 滿天하연 中에 共中軍과 人民軍은 서울에 入城하야 住民의 家宅에 侵入하야 穀物과 牛馬鷄犬를 다아 奪取하여다가 飽食煖處하고 住民는 다아 餓死에 濱하게 되

<117>

니 愛國志士의 眼目으로는 참아 이 眞相를 보지 못하게 되엿다.

此時에 平泉의 妻子도 또한 避亂가서 何處에 在한지 消息이 杳然하다 共産軍은 끈침없이 民家에 侵入하야 穀物를 奪取하여 가고 避難하여 간 空家의 物品은 殘餘 없이 다아 共産軍이 가저 가서 避難갓다가 歸還한 者 等도 모두 無産者가 되고 말 것이다.

우리 半島

<118>

三千里江山은 南北 兩政權이 並立하여 가지고 北鮮은 蘇聯과 中共軍를 請하야 南鮮의 同胞를 擊殺하려 하고 南鮮은 美英佛軍를 請하야 北鮮의 同胞들 擊滅하랴 하니 所謂 主義와 行動의 善惡은 差異가 있다 할지라도 異族를 請하야 同族를 殺害하는 行動은 같으다. 兩政權의 目的과 行動이 다 如此如此하니 朝鮮은

<119>

國家만 亡할뿐 아니라 民族까지 亡할 時期가 왔다.

漢陽 百里에 人影이 斷絶되고 鷄犬聲이 不聞되고 臨津 以北은 再作胡地하고 山野處處에 積尸가 如山하고 僧血이 成川이라는 鄭鑑錄 預言이 꼭 마잣다. 우리는 살면 살사록 苦生할 것뿐이다. 차라리 죽

어서 外敵의 受侮를 잎지 아니하는 것이 淸節高士의 일이다라 하고 此世를 이와 가치 悲

<120>

觀하고 無人空房에 獨臥하고 自死하엿으니, 이 平泉의 自死한 眞境를 생각하면 그 時代의 政治와 人民의 國難如何는 推測할 수 잇을 것이다. 이것이 다아 自死한 平泉의 記錄을 謄書한 것이다(六二五 事부터 外敵의 受侮를 被치 아니하고 自死하는 것이 高士의 일이라는 대까지는 다아 平泉의 記錄를 謄寫함).

平泉은 文學를 좋아

<121>

하며, 詩에 趣味를 가젓고, 周易를 많이 硏究하여 왓고, 政治와 法律 硏究도 게르지 아니하게 하엿고, 더욱 兵書를 많이 硏究한 實力 잇는 博士이니, 참으로 如此한 有爲의 人이 世를 永別하게 된 것은 有志士로 하여금 涙을 禁치 못하게 되니라.

崔膺善

崔膺善의 號는 雲岩[14]이니, 平壤人이다.

<122>

일즉부터 才名이 잇어서 文學에 熟達하고 또 法律를 많이 硏究하야 辯護士 試驗에 入格까지 되엿다. 그러나 辯護士의 開業는 하지 아니하고 李東初 辯護士의 信任者로서 그의 事務員으로 있엇다.

---

14) 雲岩: '雲菴'의 오기.

東初는 天道敎의 頭領 孫義菴의 弟子로 十二斷指學生의 一人이라. 愛國思想이 滿腹한 志士로서 朝鮮時代에 檢事 判事를 지내고 韓日合

<123>

倂 後에 弁護士業를 開하얏으나 恒常 그 志가 朝鮮獨立에 잇어서 平壤에 잇으면서 思想이 같은 同志를 많이 交遊함으로 李華史와도 肝膽이 相照하야 來往이 頻繁하엿다. 그 時에 雲菴이 東初 辯護士의 事務員으로 잇으면 李華史를 잘 아라서 心氣를 相通하여 왔다. 그렇다가 八一五解放 以後로 雲菴도 北鮮의 共産黨 政治를

<124>

忌避하야 南鮮으로 移住하게 되엿다.

北鮮에서 南鮮으로 三八線를 것너 올 적에 希望은 커젓더니 막상 南鮮의 서울에 와서 政府 閣員의 行動를 보니 모두 다아 貪官汚吏뿐이요, 實로 政治家나 愛國者난 다아 蹤跡을 감추고 但獵官運動者와 冒利輩만 滿廷하여 南鮮政府가 成立된지 不過 一年에 所謂 政府大官爲名者中으로서

<125>

背任 賄賂 瀆職 詐欺 橫領 等 事件이 續出하야 大官으로서 裁判所에 불니워 단니는 者가 한 두 사람이 아니엿다. 政策은 治民의 道가 全無하고 但外國의 物資 援助를 밧기 爲하야 外國 政府에 諂媚하는 것이 唯一政策이다.

雲菴은 此 政局를 볼 때에 前日에 希望하고 왓든 마음이 다아 落望되고 마랏다. 早晩間 此政府는 外侵를 밧

<126>

으면 死戰하기를 目的하지 아니하고, 人民를 바리고 南鮮으로 避去하리라고 預測하엿다. 또 共軍과 相戰하면 國軍은 失敗가 多하리라고 預測하고 北鮮에서 蘇中共軍을 招請하야 南鮮同胞를 殺害하랴 하고 南鮮에서 英美佛軍를 招入하야 北鮮의 同胞를 殺害하랴는 政策를 甚히 不好하게 생각하얏다. 만일 그와 갓이 同族을 殺害하랴고 南

<127>

北戰爭를 일으키면 朝鮮民族은 많이 죽고 建物의 宏大한 것은 다아 爆破되고 朝鮮은 退步되여 다시 暗黑時代로 復歸하고 人民의 生活難은 極道에 達하야 處處에 盜賊이 橫行하고 父子가 相訟하고 兄弟가 相爭하야 朝鮮天地가 修羅場化하리라고 預測하고 또 人民은 먹을 것이 없어서 將次 餓死하리라고 預測하고 如此한 世上은 차라리 보지 안는

<128>

것이 좋겟다 하고 亦自死하엿나.

今日에 至하야 여러 가지 事實를 對照하여 보면 雲菴의 推測과 大概 다아 相符된다. 雲菴도 政治界로 出身하여 볼가 하고, 華史가 檀族統一黨 總裁로 있을 때에 文化部長으로 잇엇다. 그러나 將來의 政局이 不美하게 展開될 줄 알고 華史와 共히 脫黨하야 아무 黨에도 參與하지 아니하고 華史와 同히 朝鮮地理를 編

<129>

纂하엿으나 出到에 附치 못하고 身이 先死하야 遺恨이 少有할 뿐이

다. 雲菴은 詩를 잘하고 法律에 能하고 愛國思想이 豊富한 志士로서 이와 같이 朝鮮 事情를 悲觀하고 此世를 永別함에 至하얏으니 如此한 有志士를 損失하는 것이 우리의 朝鮮에 大不幸으로 생각된다(이는 大概 雲菴의 기록에서 보고 記함).

<130>

李昌求

李昌求의 號는 槿山이니, 李華史의 第三親弟이다. 爲人이 壯大하야 大丈夫의 氣像이 잇고 才操가 超凡하야 人이 못할만할 생각를 能히 하고 人이 못할만한 일을 能히 行함으로 世人이 軒軒大丈夫라고 稱하엿다. 恒常 喜을 色에 나타내지 아니하며, 意志가 堅固하고 義俠心이 잇어서 自己와 無關係한 他(원문 낙장－편역자 주)

<131>

하다면 華史의 羽翼만 될 뿐 아니라, 華史家에 大福이요 國家에 大幸이 될 것이요, 若逝去하엿다면 華史家에만 不幸이 될 뿐만 아니라 國家의 大不幸이 될지니, 速히 그 生死의 消息 알기를 顧待不已하는 바이다.

李長珪

李長珪는 李華史의 堂叔이니, 어

<132>

러서부터 巨人의 志가 잇어 種樹하기를 좋아하며 游戲를 할지라도 禮法을 習鍊하며 九歲부터 漢文을 能히 續文하고 더욱 書法과 畵工

에 天才가 잇어서 飛鳥遊蝶를 實物과 꼭 같이 그리고 大字와 珠聯를 다아 十二歲 時부터 남보기 실찬게 書함으로 神童라 稱하엿다. 十三歲에 白日場에 壯元를 하엿고 二十歲 時에는 그 面長의 衆望이 있어서 面長職에 暫在하다가 教鞭를 들고 小學校校長으로 있으

<133>

며 兒童教育에 從事하엿고 卄二歲 頃에는 郡廳의 職員으로도 잇엇더니 長堂侄 華史가 國事犯으로 入監하얏다가 出監 後에는 華史를 代하야 獨立運動를 秘密裏에 많이 하여 왓다. 그럼으로 倭警에 注目도 特別히 밧게 되엿다.

그러나 長珪의 마음은 찰라리 朝鮮人의 獨立心를 가지고 運動하다가 懲役刑을 바다 苦楚을 當할지연정 倭人

<134>

에게 奴隷되여 高官으로 好華로운 生活을 願치 아니하엿다. 그럼으로 華史와 同히 安島山 先生을 뵈우러 갓든 일도 잇엇고, 朴泳孝 氏를 뵈우러 갓든 일도 잇엇고, 尹致昊 氏를 뵈우러 갓든 일도 잇엇고, 더욱 族祖되는 月南 先生를 차자 뵈옵고 많은 付託과 教訓를 바다서 그 行動이 前日과 달라진 것이 高柴가 孔子를 본 後에 行動이 달나저서 足不履影하

<135>

고 行不由徑하는 것처름 되여서 觀者가 다 異常히 여기며 敬仰하리만치 되고 華史와 脣齒輔車가 되여 將來에 有望한 事業를 많이 하리라고 世人이 愼重히 밋엇고, 長珪 自身도 將次 큰 事業을 하여 보갯

다고 굿은 決心를 하여 가지고 變치 아니하엿다.

1年에 早逝하기 대문에 成就치 못하엿다 할지라도 그 才

<137>

能也와 心法也는 後人에게 模範이 될 만하엿나니라.

李茂

李茂의 號는 杞泉이니, 일즉 革命鬪士의 一人으로 李華史와 同히 露西亞 地方를 遍歷하며, 莫斯寡에서 金奎植를 相逢하야 將來에 할 일을 大略 相議하엿고 그 後에 滿洲에 歸來하야 有志와 同

<138>

와 同히 朝鮮 獨立運動를 많이 하며 잇다가 李華史가 歐洲 列國으로 遊歷하고 도라 오는 길에 李華史와 다시 만나 아무조록 朝鮮에 歸하야 獨立運動를 하기로 相約이 잇엇다. 其에 華史와 杞泉은 서로 헤여저서 여러 해 동안 彼此에 消息를 몰낫다.

그러하다가 八一五解放 後에 華史가 京城에 來하야 新民黨首로 잇을 적에 李茂는 片得烈[15] 等과 共히 一

<139>

民黨를 組織하고 黨務에 奔忙하얏다. 맞이 黨首가 없어서 李華史가 臨時黨首로 잇엇다. 때에 雩南 李博士가 美洲로부터 歸國하야 合黨를 主張할 때에 一民黨도 亦是 合黨를 同許하고 李博士와 種種 來往이 잇엇다. 그렇어다가 大韓民國이 된 後로 雩南과 政見이 相異하야

15) 片得烈: '片德烈'의 오기.

立朝치 아니하고 韋秉植 等과 共히 南北 兩政權이시면

<140>

民族戰이 展開되야 將來 外國民族를 끼드러 가지고 同族를 相殘할 日이 잇으리라 하며 雩南과 白凡 金九翁에게 여러 변 不祥事를 陳達하엿다. 또는 南北協商도 贊成하지 아니하엿다.

杞泉의 主意는 外人을 引入하면 生死間에 그 損害는 朝鮮民族에 及할 것뿐이라고 强勁하게 主張하엿으나, 畢竟은 南北 兩政權이 並立되야 北鮮政

<141>

權은 蘇聯를 祖國으로 事함으로 蘇聯操縱下에 共産政治를 行하고, 南鮮은 美國 保護下에 名色 民主政治라고 行하여 왓으나 所謂 政府大官이라 하는 者流의 大部分이 貪官汚吏임으로 國家興復에 用力치 아니하고 私腹만 充함에 눈이 떠 잇기 대문에, 政府가 아무 實力도

<142>

없고 더욱 團體力이 없어서 腐敗하기되 前日 韓日合併 當時보다 더 참욱함으로 人民의 生活難이 極度에 達하야 모다 難를 思하더니, 맞임내 北政權의 人民軍이 大擧하야 京城에 侵入하니 南鮮政府는 對抗도 못하여 보고 大統領 以下 諸閣僚가 모다 南方으로 逃避하고 人民과 殘留 物資는 모다 人民軍의 魚肉되고 所有되야 三個月

<143>

幾千億의 物資를 다 北鮮으로 載去하고 人民은 모도 다아 飢餓에 濱하야 死境에 至하엿더니, 美軍의 無差別한 爆擊를 바다 서울이나

外邑府市에 有名한 建築物은 一도 完全한 것이 없이 다아 爆擊를 當하야 燒火하고 南北戰爭이 버러지기 대문에 死傷者가 南北 兩方 統計가 一百五十萬이 超過한다고 한다. 僥倖이

<144>

聯合軍이 勝利하고 人民軍이 失敗하야 退去함으로 聯合軍이 乘勝長驅하야 鴨綠江까지 갓다가 中共軍과 人民軍이 合勢하야 反擊함에 聯合軍이 屢敗하야 大邱까지 退去하고 南鮮政府는 그 間에 驥尾에 附한 蒼蠅처름 聯合軍의 後를 從하야 京城에 入來하야 하는 것

<145>

없이 감투 싸음만하다가 또 京城를 抛棄하고 大邱로 逃避하얏다. 人民軍과 共産軍이 再次 京城에 入하니 그 人民을 蹂躪하는 것과 財物를 取去한 것은 이로 다 形言할 수 없엇다. 聯合軍이 增員하여 가지고 다시 反擊하니 中共軍과 人民軍이 退去하엿으나 다시 드러올 準備를 하며 蠢動하고

<146>

하고[16] 잇다. 만일 聯合軍이 또 後退하고 中共軍과 人民軍이 다시 京城에 入한다면 朝鮮民族은 全部 滅亡할 地境에 瀕할 것뿐이다. 矇愚의 所習이 所恃者 戚이라는 것과 갖이 南鮮政府는 아무런 自發的 方策이 없고 但聯合軍만 밋고 또 聯合軍에 物品 補助밧기만 기다리니 乞國이라 할넨지 保

<147>

16) 하고: 앞의 '하고'와 중복 오기.

護國이라 할넨지 알 수 없다.

이것이 모두 다 李茂가 預度하고 自己가 入閣하면 如此한 事는 事前에 防備할 計策잇다 하고 華史에게 大小事를 相議하여 왓으나, 今番 人民軍에게 拉致한 바 되야 北鮮으로 가서 死生를 알 수 없으니 참으로 李茂가튼 愛國者는 經綸家가 그 抱負를 施行하여

<148>

보지 못하고 無故히 彼에게 拉去되야 生命를 빼야액김은 千秋에 遺憾이라고 아니할 수 없나니라.

韋秉植

韋秉植의 號는 海山이니 平安道 永柔人이다. 幼時부터 才操가 超凡하야 百家語를 다아 閱覽하고 더욱 醫術이 能하야 漢方醫業를 開하고 博愛濟

<149>

事業를 하여 왓다. 韓日合併 後로는 朝鮮獨立를 志하고 西洋의 傳道次로 來한 牧師 等과 朴泳孝 以下 諸革命家를 連結하여 가지고 地下活動를 많이 하여 왔다. 더욱 李華史와 志氣가 相合하야 華史가 獨立運動을 하려 平南北 往할 때에는 반듯이 海山를 尋訪하엿다.

그러나

<150>

倭政下에서 成效된 것이 아무 것도 없엇고 世上를 좀 卑陋한 듯이 보고 此塵世를 超越하야 가지고 精神界에서 놀겟다는 생각이 잇어서

梁起鐸 先生과 共히 統天教를 設立하엿으나, 宗教時代가 朝鮮에도 已晩하야 有意未成하고 擧世皆濁에 我獨淸格으로 自己 한자라고 超世의 생각를 가지겟다는 意圖下에서 仙學

<151>

를 매우 趣味 잇게 潛心 硏究한다.

八一五 解放時에 서울에 來하야 李華史와 同히 新民黨에 있엇고, 그 때 美軍政 時代부터 宦情은 全혀 없엇고 淸高한 마음만 가지고 잇으니, 率直히 海山의 身分를 論하면 一代의 淸高士라 하여야 可할 것이다. 南鮮政府가 設立되랴 할 때에 海山 雩南 李博士

<152>

에게 여러 변 朝鮮民族은 南北政權으로 以하야 自亡를 促進하는 것이라 하며 雩南에게 直接로 面告하고 書字로 利害를 俱陳한 일도 一二次가 아니다. 그러나 雩南은 自己가 大統領하겟다는 생각이 國民族 爲하겟다는 것보다 몟 배나 더 强하야서 꼭 南鮮政府를 세게 하얏다.

그 때에 海山은 自恨하야 말하기를,

<153>

事已誤矣라. 우리 民族이 外族의 弄絡에 드러서 同族相戰으로 致命傷를 當할 줄를 뉘가 몬저 아라슬랴. 不出一二年에 我의 目으로 朝鮮 天下 將亂할 것을 보리라 하고 雩南에게도 去來를 끈엇다. 그 때에 徐載弼 博士가 美軍에 最高議政官으로 나와 잇으면서 雩南에 對한 聲明書를 廣告하엿다. 그 聲明書에 말하기를 李

<154>

承晩 博士는 美國에 잇을 때도 存在가 없이 잇엇고 行動에 美擧가 一無하니, 我는 李承晩을 밋지 안는 바로라 하엿다. 此時에 엇던 靑年이 이 聲明書를 가지고 載弼 博士에게 가서 取消하라고 强勸한 일이 잇엇다. 徐博士는 渡美하게 되엿다. 그 때에 海山 等 數人이 徐博士에게 願留次로 往見하엿다. 徐博士는 從容한 말로써 하기를, 내가 朝鮮에 잇

<155>

는 것을 第一 忌厭하는 一人(李承晩를 指言함)이 잇으니 내가 美國에 가면 彼도 좋고 我도 平安하니 당신네들이 願留오신 것은 고마우나 나는 事情과 立場이 그러하니 가겟음이다 하엿다. 海山 等 더 願留할 수 없엇어 歸來하엿다.

또 白凡翁이 南北協商 갈 때에 海山 等이 가서 말류하야 曰, 先生等이 南北協商를 한다고 蘇聯이 말들를 일이 아니요, 또 金日成이가

<156>

그만한 한 利害를 알 사람이 못되니 가서 말하여야 畢竟 空行空言에 不過할 것이요, 反히 先生의 身邊에 危險를 齎來할 터이오니 成功치 못하거던 蔣介石處으로 가든지 그럿치 아니하면 自死하시던지 할 覺悟을 가지고 가라고 力說하엿다. 白凡翁은 그 말를 그대지 重要하게 聽치 아니하고 南北協商를 가서 成功치 못하고 京城에 歸來하여

<157>

잇다가 不幾에 兇漢에게 被殺되고 背後에 某人이 잇다고 外國新聞

에까지 떠드리었엇다.

政局은 이와 갖이 亂版이 되여서 每日 私欲만 充하는 官僚만 趨勢 登場하니 盡出魍魎의 世界가 될 줄 確實히 알고 잇엇든 사람 中에 海山도 一人이다. 海山은 이와 갖이 明鑑이 잇음으로 今番 亂離中에도 完全한 避

<158>

難處를 차자가서 無事安過하엿을 것이다. 海山은 實로 智鑑이 卓異한 高士이요 李華史의 唯一知己友이다. 世에 淸高名士를 求하랴면 海山으로 爲始함이 足하리라 하노라.

高後凋

高後凋는 海州人이라. 儒林 中에 大學者로 當行儉이 世人에게 模範이 될 만한

<159>

忠厚 君子이다. 起[17]泗齋와 親함으로 李華史도 泗齋의 紹介로 初見하고 朝鮮獨立의 事를 말하니 後凋 先生이 大讚하고 柳毅菴의 昭義를 내여서 華史를 뵈우며 말하기를 毅菴이 事業은 成功치 못하엿으나 義理는 明한 사람이라 事業를 하고자 하는 者가 반듯

<160>

이 事體가 올으면 卽實行하여 보는 것이요 最後에 勝敗까지 計할 것은 아니다. 至今 朝鮮이 日本에 合倂된 後로 朝鮮 사람으로서 當然히

17) 起: '趙'의 오기.

할 것은 獨立運動뿐이다. 그렁언 朝鮮天地에 너머도 革命家가 없는 것을 나는 매우 有憾으로 생각하더니 萬山古木에 一葉靑格으로 華史가 이 倭警網

<161>

이 緻密하고 嚴險함을 忌憚없이 突破하고 誠心誠意를 國家에 盡하고자 하니 思想이 잇는 사람으로야 孰가 同情치 아니하랴. 我가 年老하얏으나(時年 八十五[18]) 내의 能力所及處까지 讚助할 터이니 華史는 千萬慥心하야 成功하도록 하라 하고 當時 儒學者로서 富名이 잇는 吳讚根 進

<162>

士를 紹介하여 주고 또 某某數人를 紹介하여 주엇다. 瓚根은 吳鳳泳 進士의 第二子이요, 鳳泳은 崔勉菴의 首弟子로서 勉菴이 倭人들에 拉去되여 對馬島에 拘禁되여 잇을 적에 倭國政府에서 주는 米는 拘禁中에서도 먹지 아니하겟다 하고 不食飢餓 中에 잇을 때에

<163>

鳳泳이 朝鮮米와 食水에 船에 滿載하고 對馬島에 가서 飢餓에 濱한 崔勉菴에게 進呈하니 勉菴가 死日까지 그 朝鮮米로 炊飯하여 자시고 生命를 維持하엿다. 吳瓚根家는 이와 갖이 歷史 깁은 思想家이다. 瓚根이 華史를 만나서 一見 平生親의 情誼로 物心兩面으로 華史를

<164>

贊助하여 주엇어 華史의 獨立運動 事業에 적지 안은 힘을 주엇고,

---

18) 時年 八十五: 화사의 추정 나이. 실제는 1916년 기준 75세.

또 이와 갖은 人을 紹介하야 준 것이 多하다. 實로 後凋는 大學者만 될 뿐 아니라 愛國思想이 懇切한 人이니 참으로 世에서 罕見할 老儒宿師라고 아니할 수 없고 그 實行은 後人의 模範이 될 만 하나니라.

【영인】

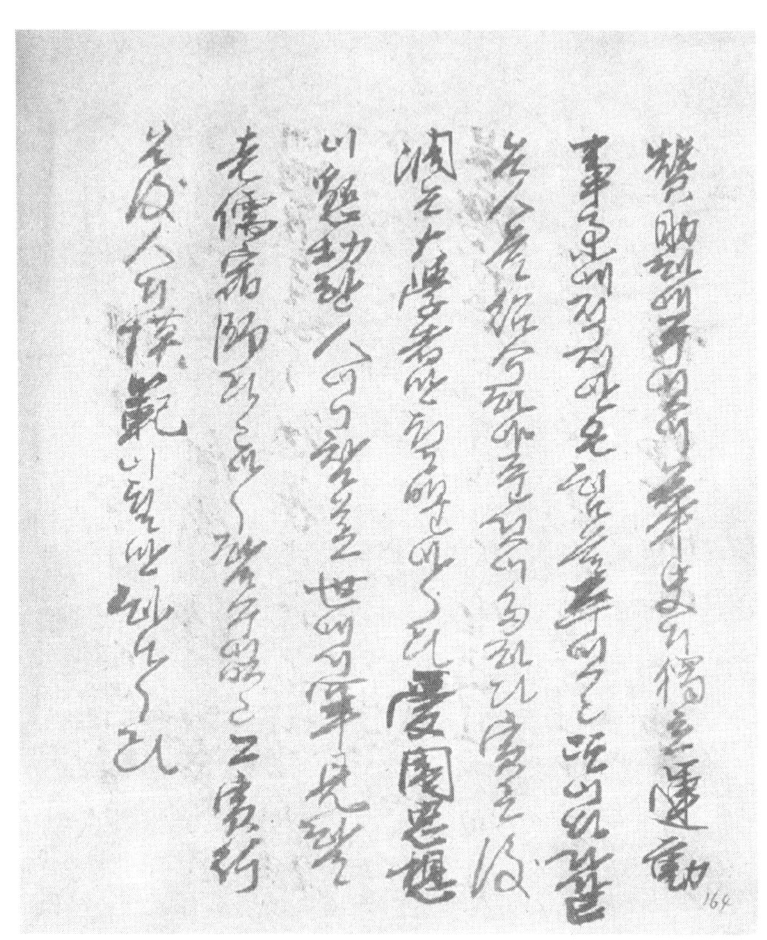

164

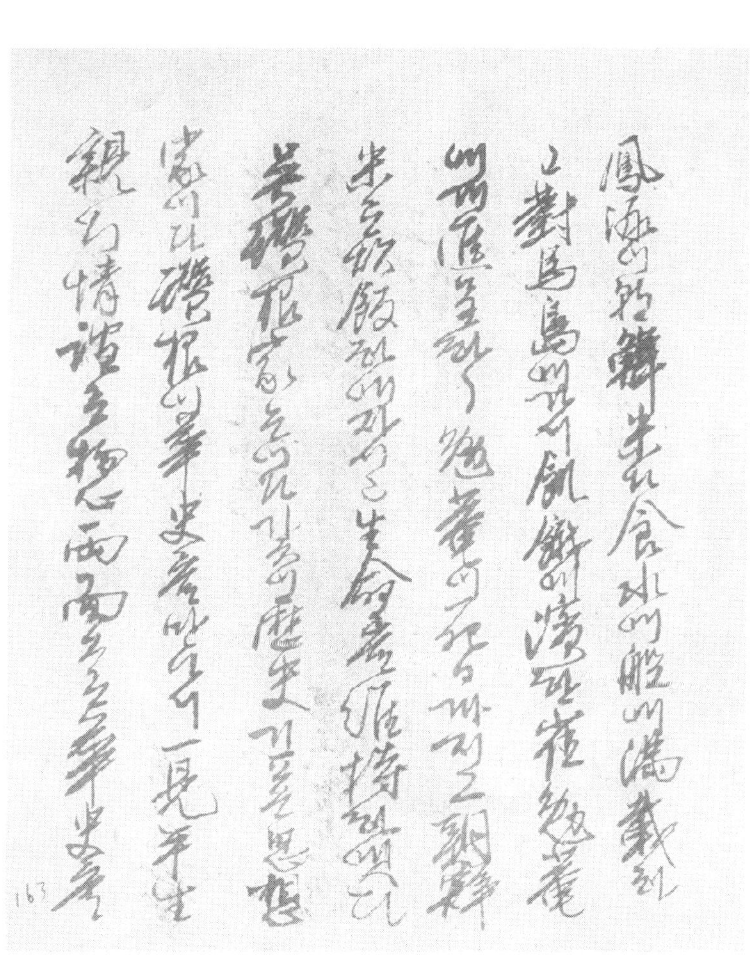

163

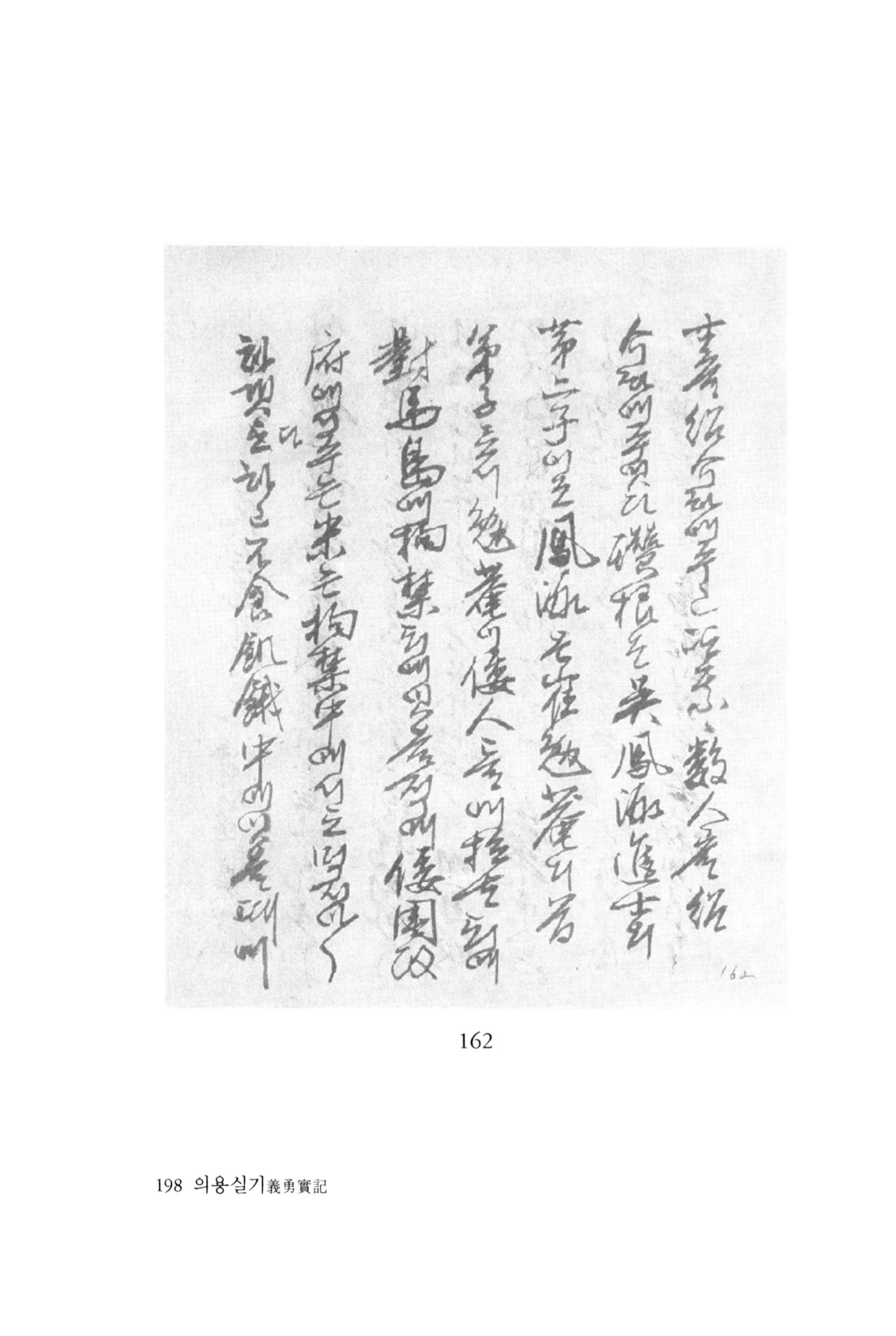

162

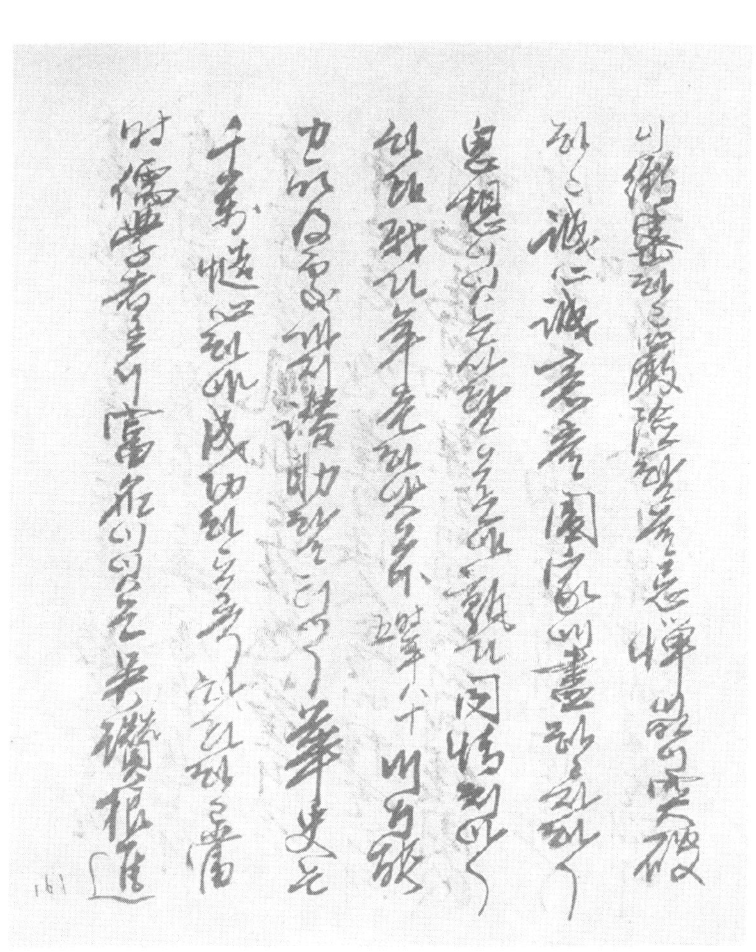

161

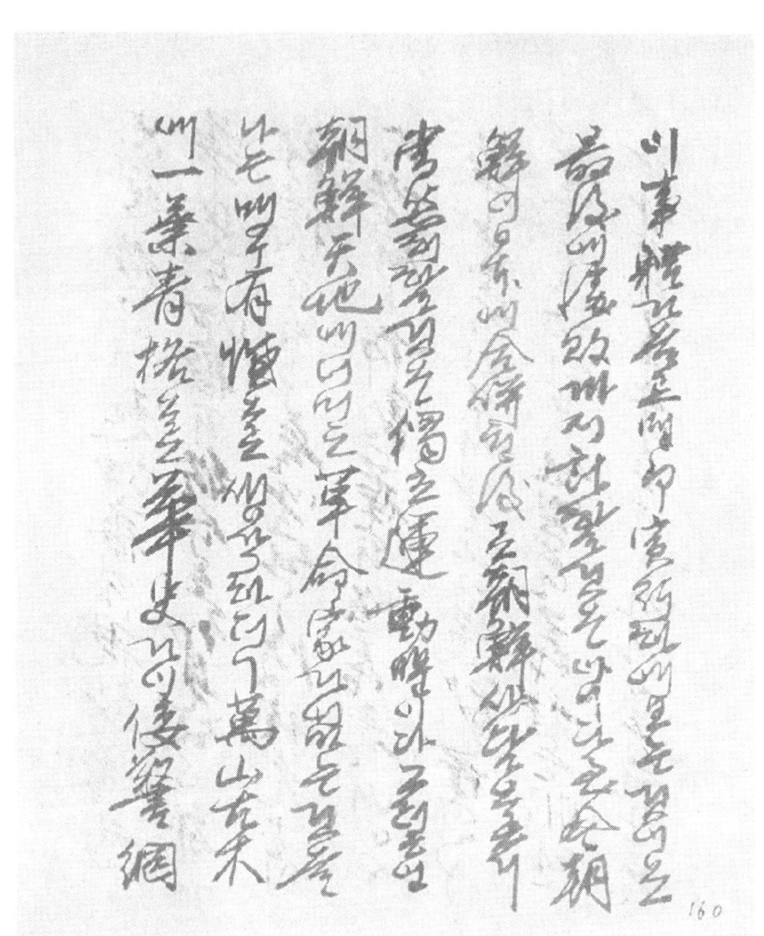

160

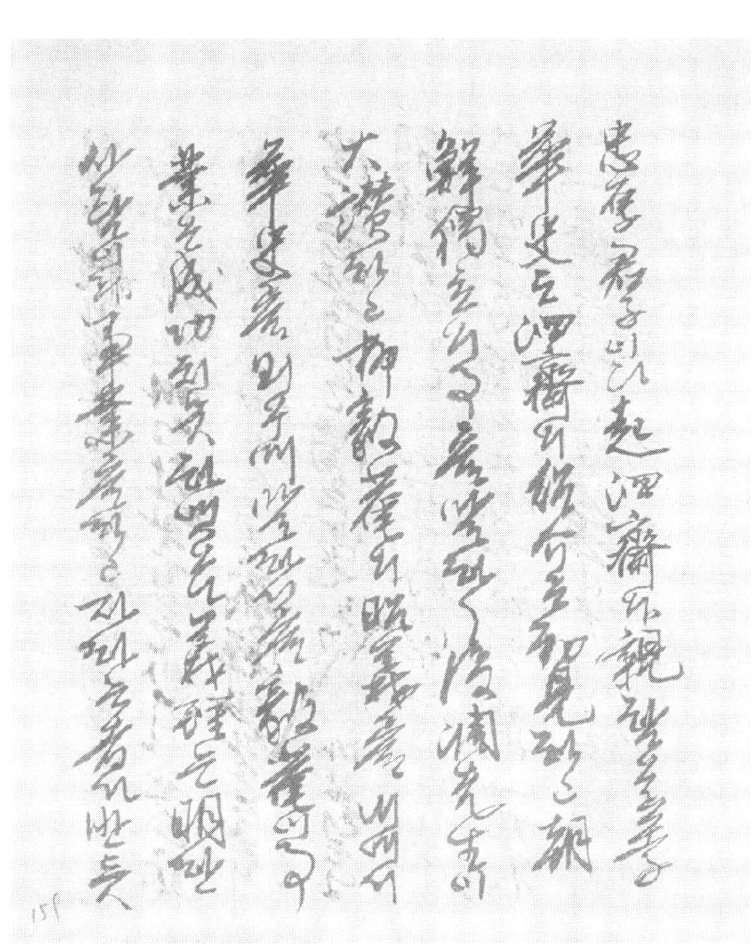

159

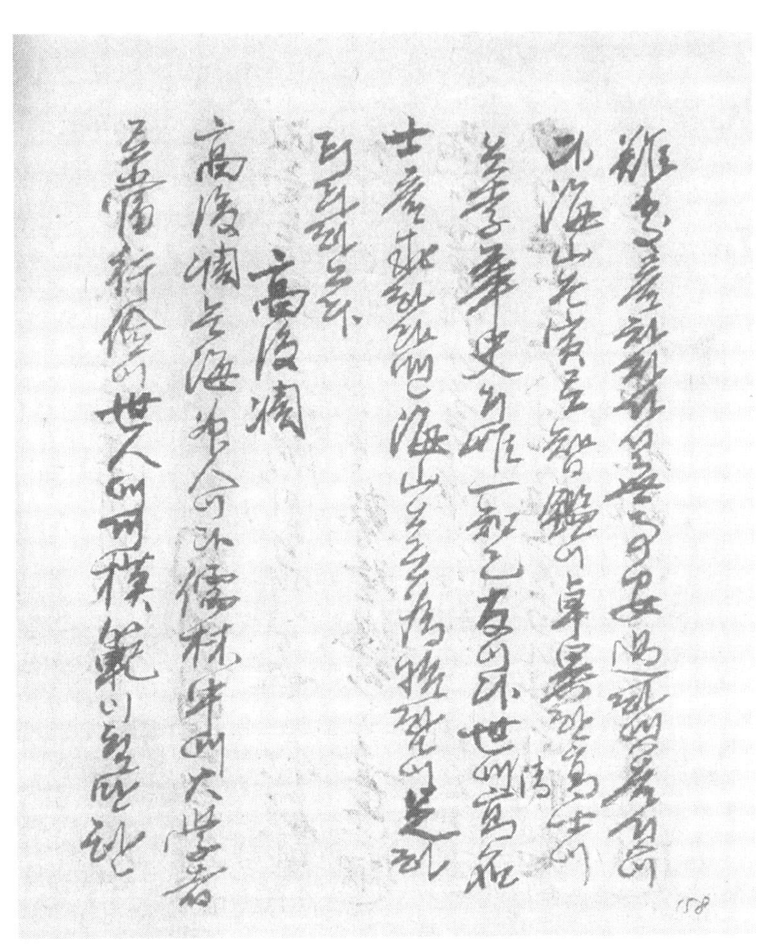

158

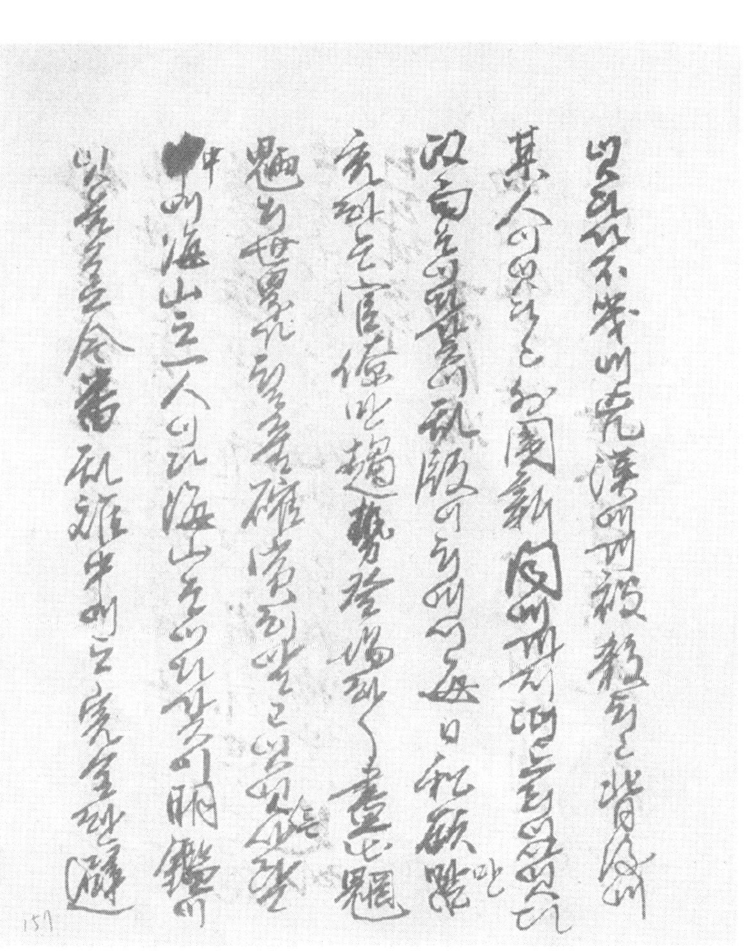

157

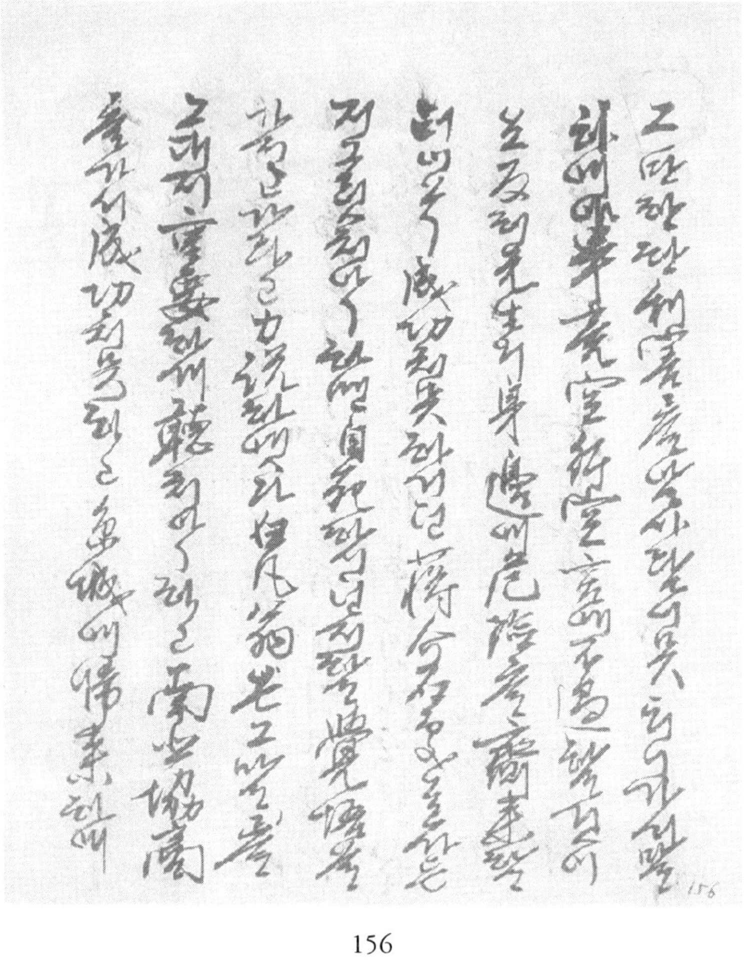

156

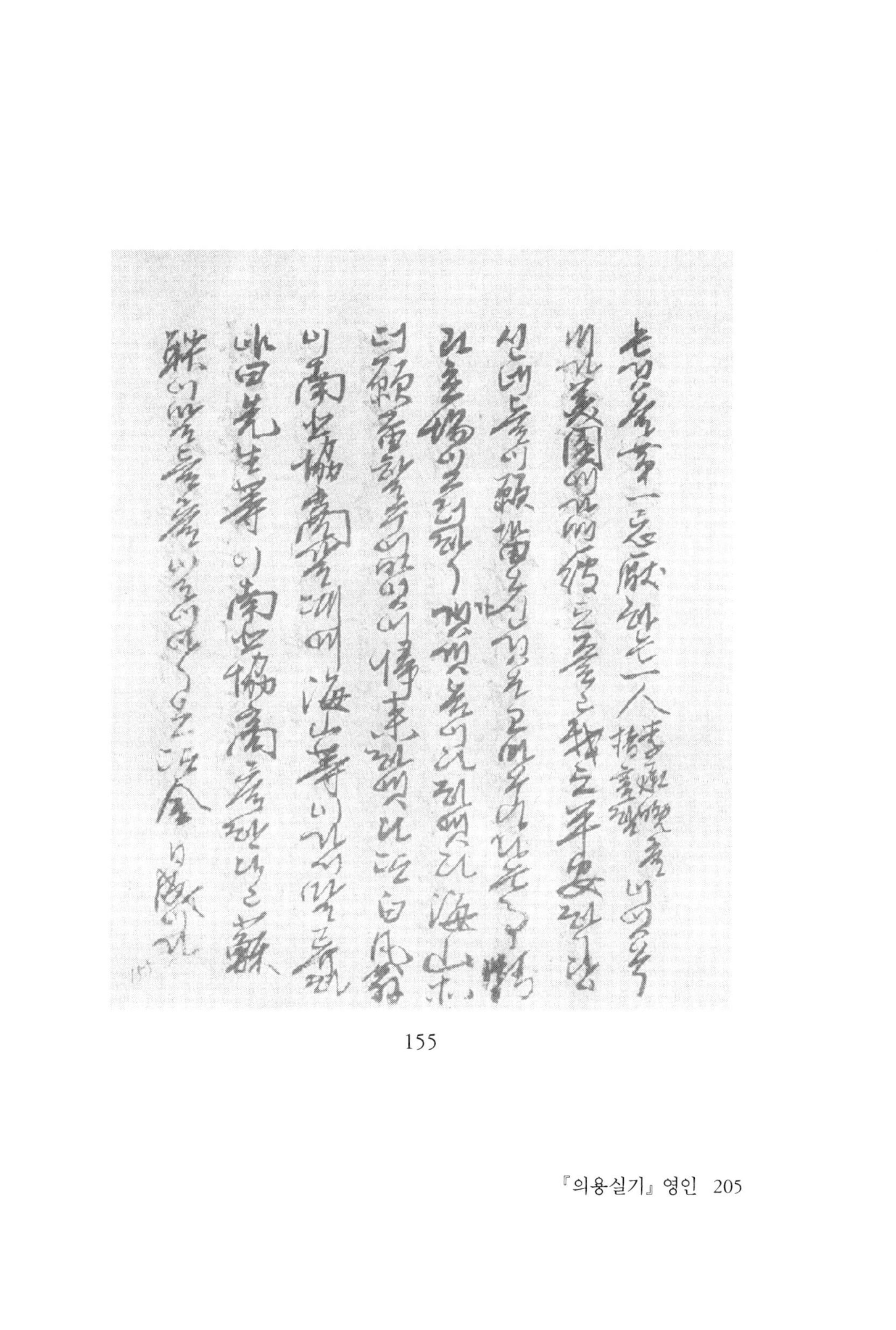

155

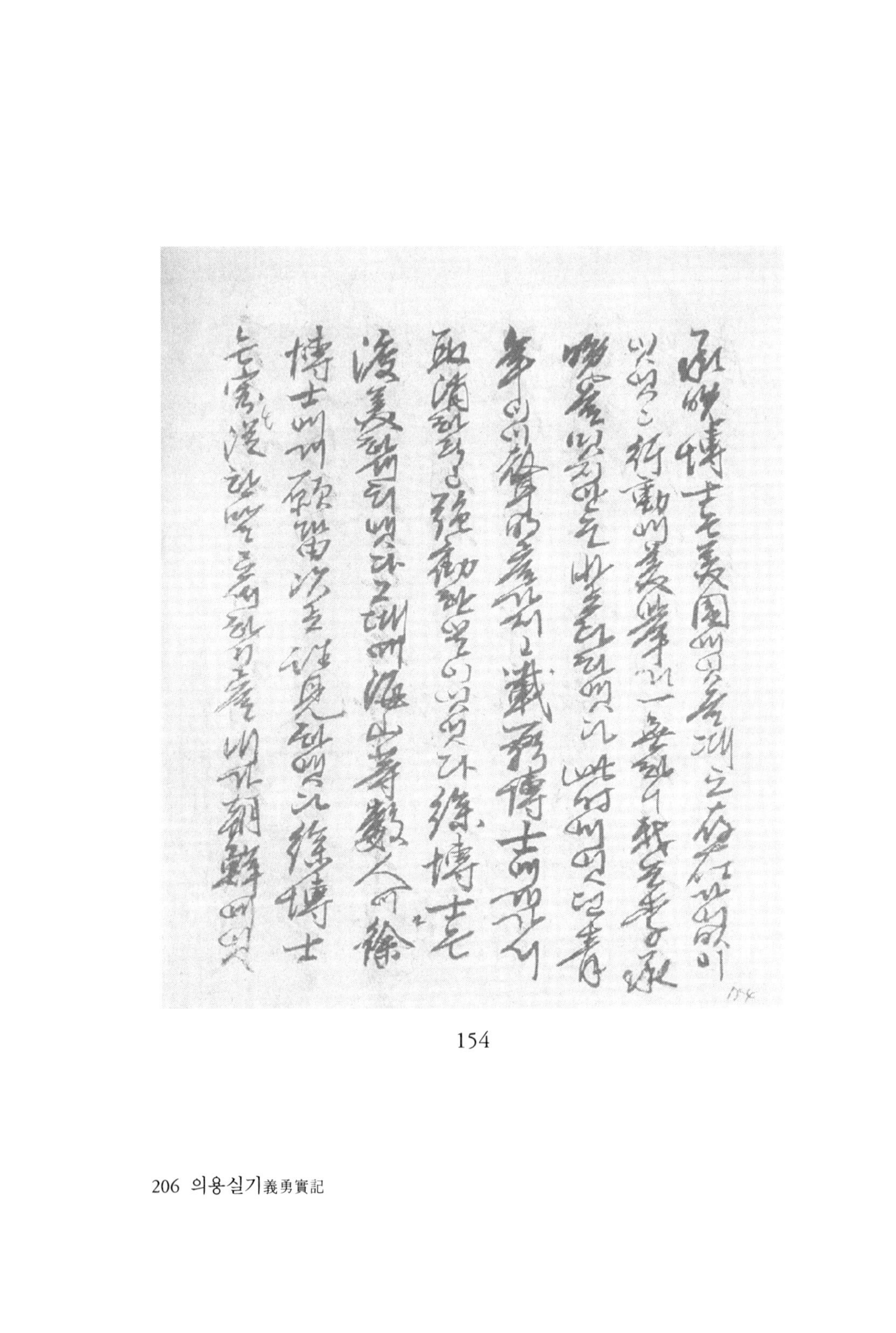

154

153

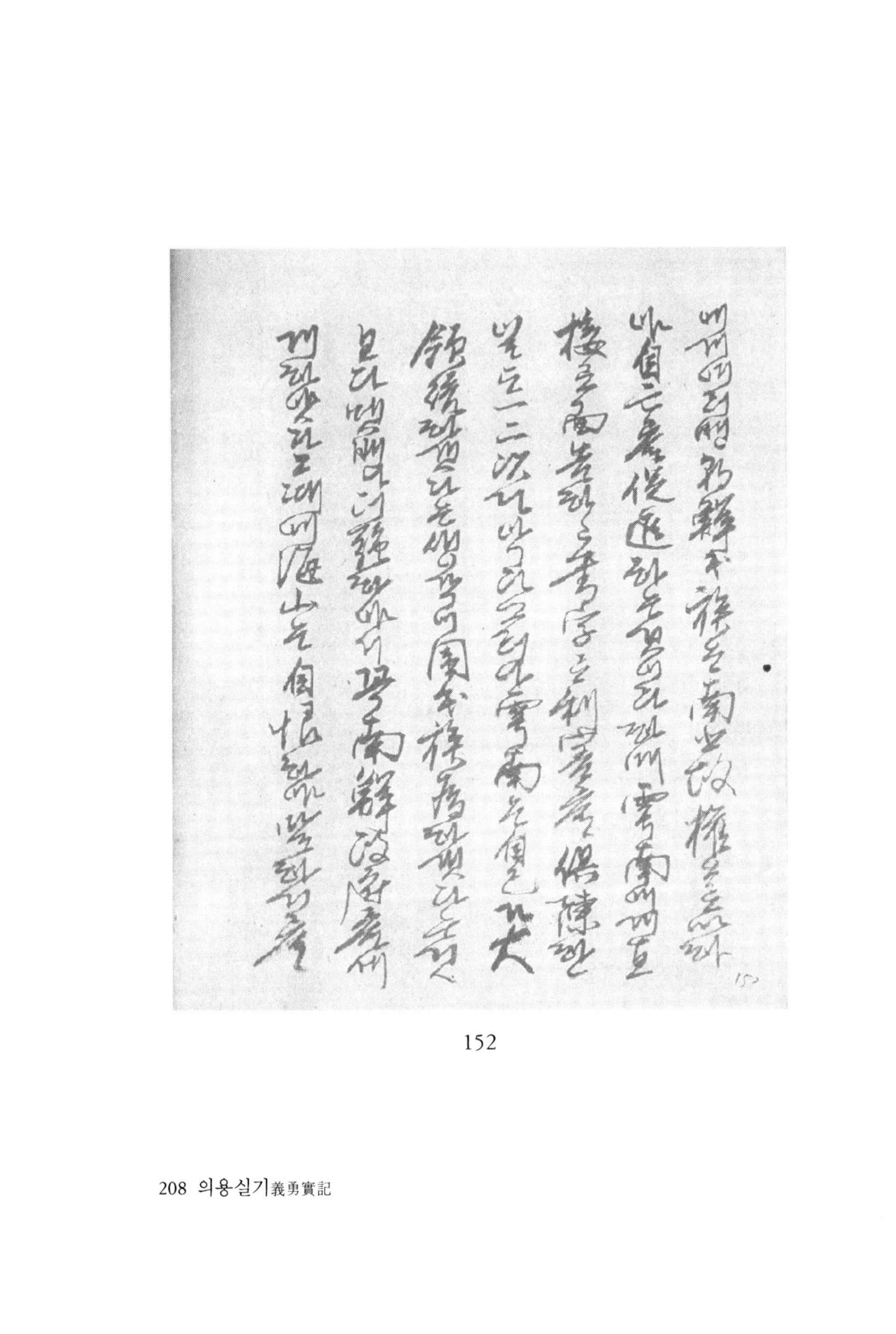

152

念하야 趣味에서 潛心研究하다가 公은 解
放되여 몸이 東亞일보 李華史와 同히 新
民黨에 입하야 三國義軍政府代表로 虐
情을 全히 目睹하고 淸高한 性格을 보이고 公은
이 奉五에 海山의 身老論하야 一代의
淸高한 학자의 何號를 하여 南鮮政府
가 設立되자 그때에 海山雲南博士

151

151

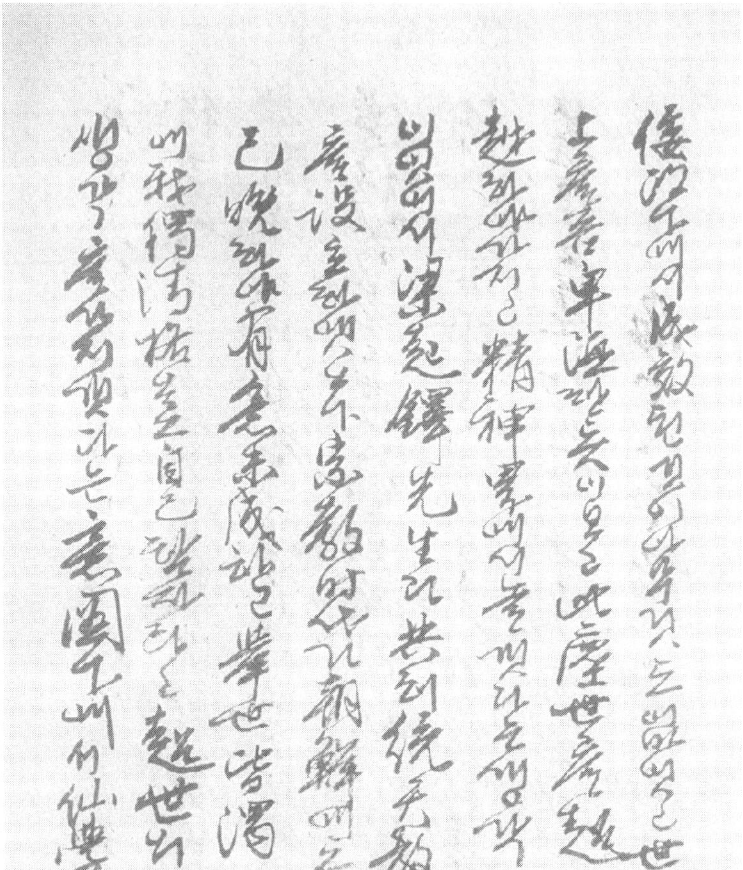

150

149

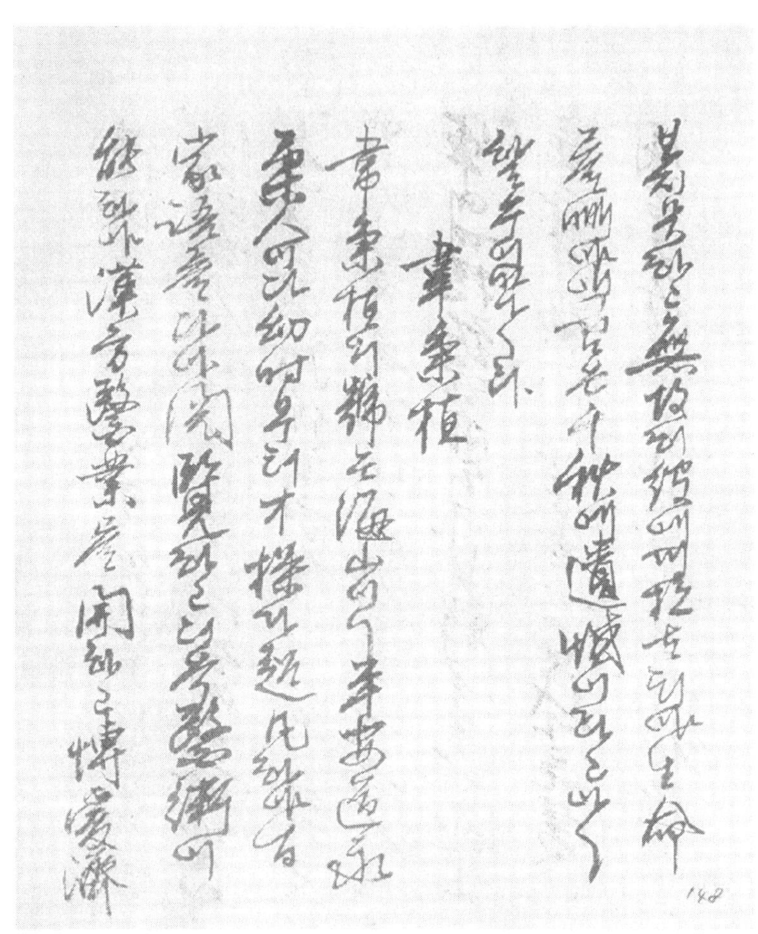

148

147

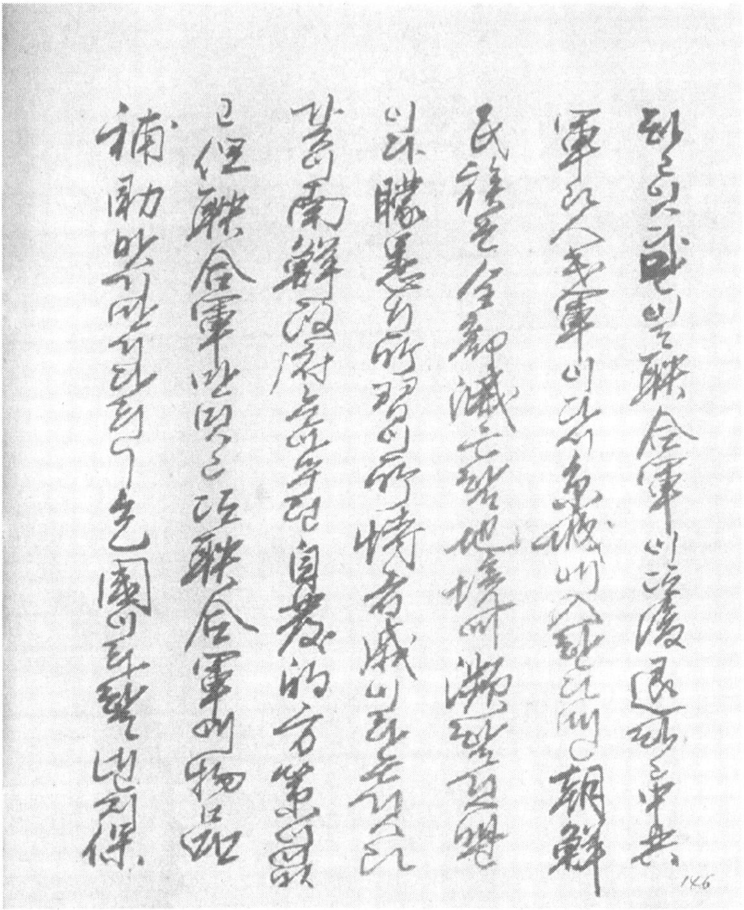

146

嵩이 갈두 싸흠을 避하고 江東城을 抛棄

하고 大部로 逃避하엿다 八萬軍과 共産

軍이 再次東城에 入하야 王八萬은 [illegible]

하는 [illegible] 財物을 取奪하고 [illegible]

[illegible] 하엿다 聯合軍이 增多하야 [illegible]

이 攻擊하니 中共軍과 八萬軍이 退却하야

내 [illegible] 準備하야 [illegible] 動하든

145

聯合軍이 勝利하고 人民軍이 失敗하니
退去할새 聯合軍이 乘勝長驅하니
鴨綠江까지 갔다가 中共軍과 人民軍이 合
勢하여 反擊함에 聯合軍이 憂敗하니
大邱까지 退去하고 南鮮政府는 [illegible]에
驪尾州 附近에 蒼驪치고 聯合軍과
復舊 漢江하며 京城에 入來하니 하는 것

184

144

幾千億의物資를다보解를戴하고
人民들로다飢餓에陷하야死境
에보내였다 美軍의生產을爆擊
을하다싶을만치邑府市에有名한建
築物은一로完全히부서지다싶이爆擊
을當하였다 燒夷하는南北戰爭에對하
기에死傷者는南北兩方統計는一
百五十萬이超過한다한다 偉大한偉이

143

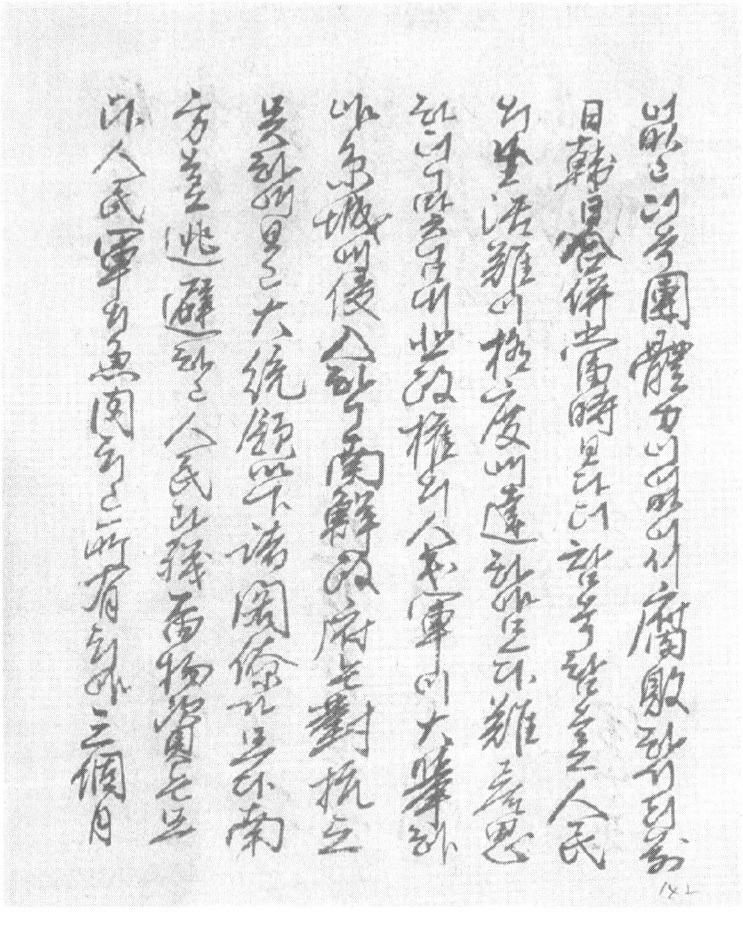

142

權은 蘇聯을 祖國으로 事하고 蘇聯

操縱下에 共産政治를 行하고 南鮮은

美國保護下에 自由民主政治를 行

하며 我들은 所謂政府大官이라 하는者

流하고 大鄕不以貪官汚吏만으로 國

家興復에 困力하지 하는 稍勝한 光하니

에 年이 없어 가계절에 政府가 아무 實力으로

(141)

141

140

民黨을 組織하고 黨務에 奔忙하였다
때에 黨首는 [illegible]이 李華史오 臨時黨
首는 [illegible] 滿洲에 雲南 李博士요 美洲에서
는 歸國하여 合黨을 主張하니 滿洲에 民黨
도 또한 合黨을 同伴하고 李博士와 權
來往이 있었다 그런데 光復大韓民國이 된後
로 雲南은 政見이 相異하여 [illegible]하였다
上常 東植 等과 共히 南北政權이 생기니

139

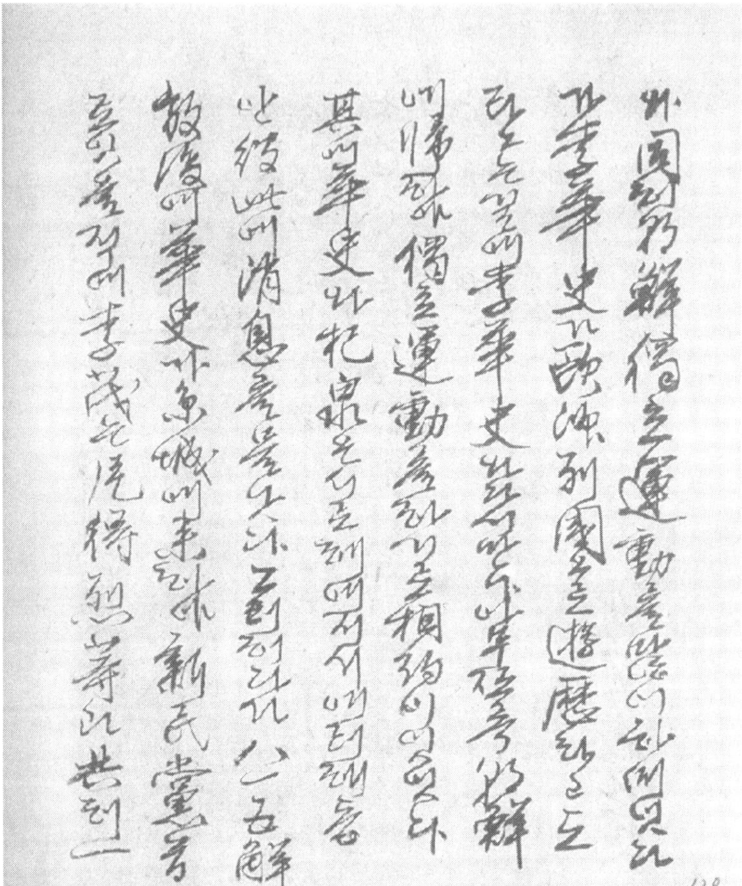

138

絶世의 心法은 世로 後人에게 模範이 될 만하
였나이다

李茂

李茂의 號는 杞泉이니 早年의 革命團
士로 人으로 李華史와 同히 露西亞
方을 遍歷하며 英雄科에서 金奎植을
當 相遇하야 將來에 對하야 大聯絡을 約하
맺고 廣州에 滿洲에 歸來하야 有志와 同

137

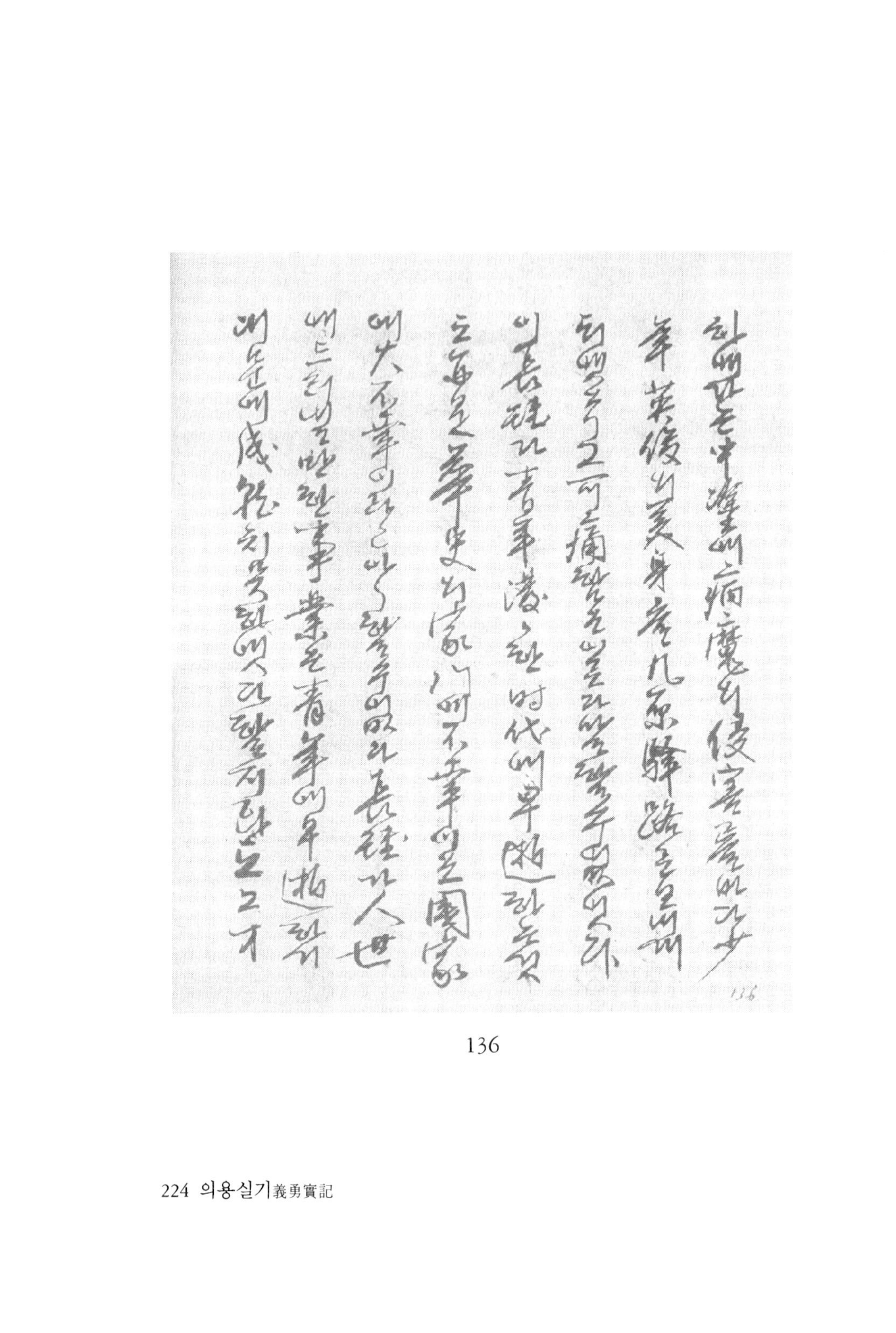

136

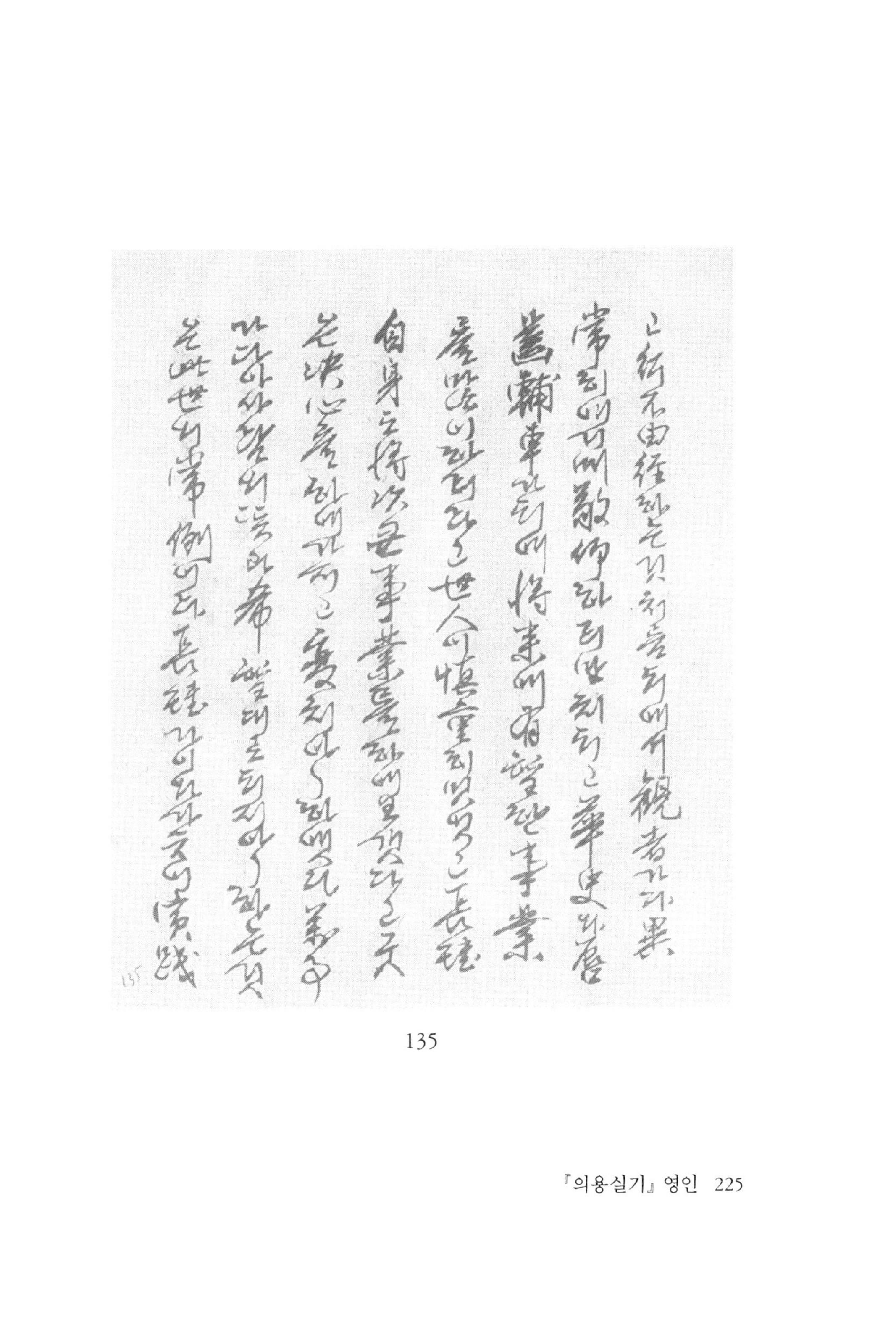

135

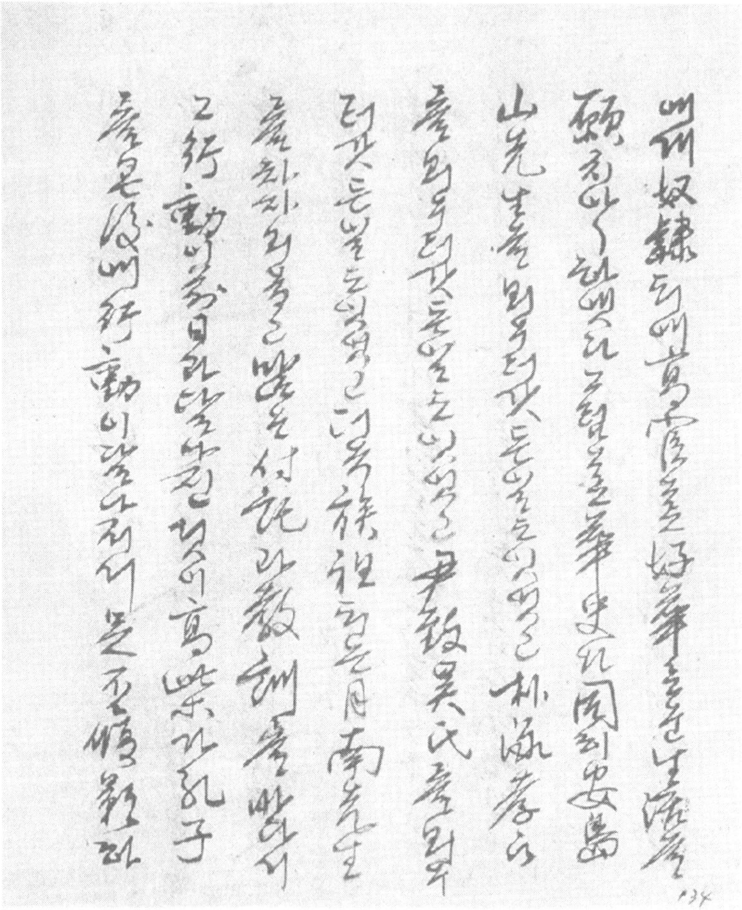

134

에 兒童敎育에 從事하다가 廿二載頃에
本郡廳의 職을 [illegible]
華史ᄂᆞᆫ 國事犯으로 入監되얏스니 此監獄
에ᄂᆞᆫ 華史를 代하야 獨立運動을 秘密
裡에 하엿스니 이것이 [illegible] 倭警에 注目을
特別히 밧게 되엿다 그러나 長[illegible]
되야 朝鮮人의 獨立心을 [illegible] 運動하다가
繼續[illegible] 倭人

133

132

한다 새 華史의 羽翼만 될 뿐 아니라 華
史 발행이 大福이오 國家에 大幸이 되도다 [illegible]
生 [illegible] 逝하였다 새 華史 발행만 不幸
이 될 뿐 아니라 國家의 大不幸이 될 것이다
連할 生死의 消息 발행을 願[illegible]不
은 하는 바이다.

李長瑾

李長瑾은 李華史의 墨 [illegible]

131

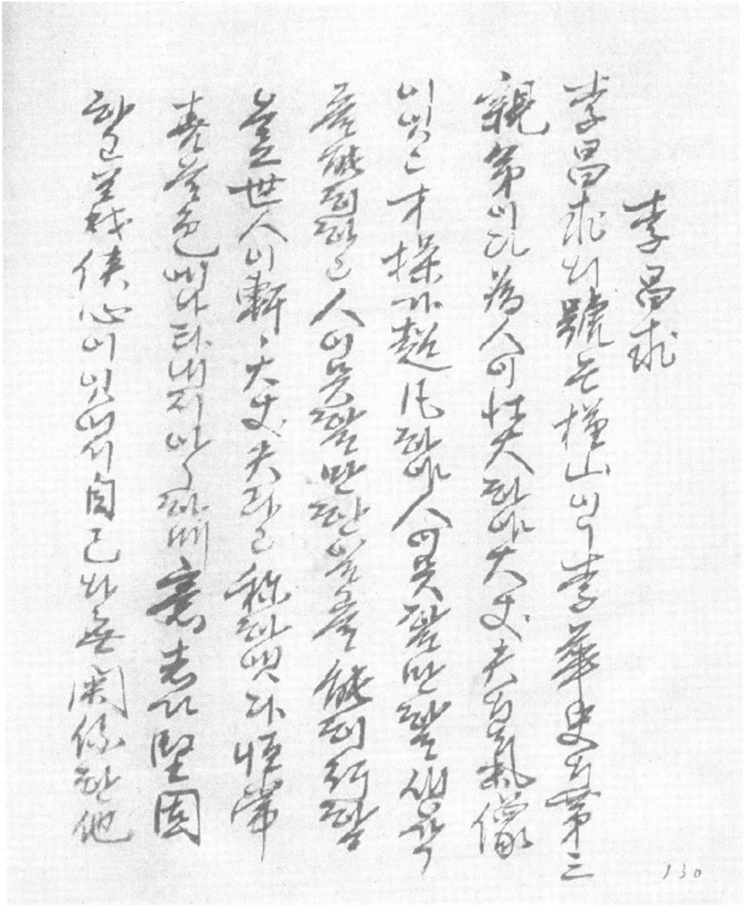

130

墓하야 祖先列에 附치 못하는 身이 先死하니

遺恨이 古今에 있을 맺어다 靈巖은 諸義士를

하는 法律에 依하는 愛國忠烈이 當然한

志士들이 있었는지 朝鮮事情을 遊觀

할 此世를 [illegible]하야 [illegible] 하는 [illegible]

有志士들 積先하는 [illegible] 朝鮮에

大衆들은 생각됨다 (이는 大概 靈巖

의 記錄에 의하야 記한)

129

129

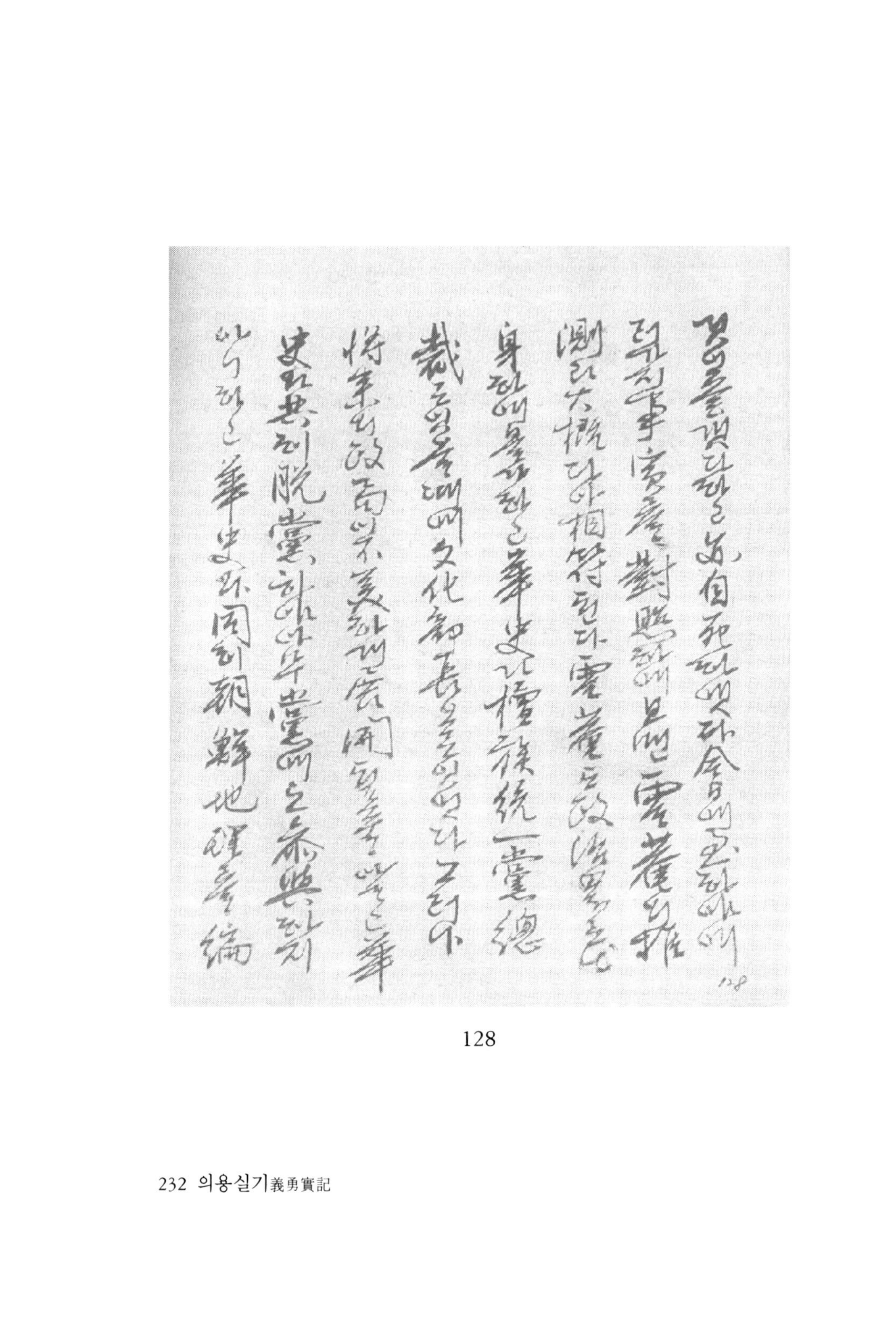

128

世戰爭을 이르키매 朝鮮民族을 [illegible]
므로 遠物이 安天地가 되엿다가 慘殺되고 朝鮮
은 退步되매 다시 暗黑時代로 經歸하고 人
民生活은 難으로 極道에 達하야 惡한 盜賊
이 橫行하고 文字가 相訟하고 兄弟가 相爭하야
朝鮮天地가 修羅場化되엿스니 預測하고
頑人民은 [illegible]에서 將次 餓死되엿다
고 預測하고 如此한 世上으로 되엿도다 만은

127

으며 至戰함을 目的하였다 하는 人民을 欺하며
는 南鮮으로 逃避하였다는 蘇聯이었다 그 共
軍이 相戰하여 國軍은 失敗하였다 하나
니 蘇聯하는 北鮮에서 蘇中共軍을 招請
하여 南鮮同胞를 殺害하였다는 南鮮에서
英美佛軍을 招入하여 北鮮의 同胞를
殺害하며 은 政策을 甚히 不好하게 생각
하였다 하나 그 하는 同族을 殺害하는 南

126

昔位賄賂瀆職詐欺橫領等事件
이續出하야大官으로서裁判所에불니어
닷하는者가한두사람이아니엿다政策은洛
民의信用全失하고但外國의物資援助
를만히爲하야外國政府에諂媚하는것이
唯一政策이다實權은此政局을볼때
에서日에希望하든바는外人이다아는希望
되엿다與此間此政府는今後優秀한

125

忘避되어 南鮮으로 移住하게 되였다 北鮮
에서 南鮮으로 三八線을 넘은 者들에 希望
을 지녔더니 막상 南鮮에 와서 보니 政府閣
僚의 行動을 보고 듣다가 貪官汚吏
의 貪官 政黨과 愛國者들이 다 雅號
들과 任職官吏 運動者 들이 冒利輩
와 滿運들이 南鮮政府가 成立된지 不過
一年에 行政府大官 為私者 中으로서

124

倂後에 看護士業을 開하야 患者를 慰安之
志로 朝鮮獨立을 위하여 平壤에서는 思
想이라는 同志를 만나 文을 通하니 李華
史는 醫師로 相逢하야 未詳이 知人을 통하여
다고 하여 雲庵이 東京에 看護士의 事務員
이었으며 李華史를 만나서 心氣를
相通하여 왔다가 八一五 解放以後
로 雲庵은 北朝鮮의 共産黨에 治安을

123

발휘하며 才能이 있었어서 文學에 熱心 精進하는
法律 學問에 研究하는 辯護士 試驗에
合格 되지 못하였다 그러나 辯護士 開業은 못하지
마는 李東初 辯護士의 信任者로서
事務員으로 있었다 東初는 天道敎의 頭
領 孫義菴의 弟子로 十二 斷指學生의
一人이라 愛國思想이 滿腹한 志士로서 朝
鮮時代에 檢事 判事 等을 지내고 韓日合

122

하여 詩에 趣味를 가지고 周易을 만이 研究하여 왓고 政治와 法律研究도 게을니 아니하게 되엿든 바 其 兵書를 만이 研究한 實力 잇는 博士이니 諸子를 如此한 有爲한 人世를 敎育하게 된 것은 有志士들에 讃을 禁치 못하게 되엿다

崔庸善

崔庸善의 號는 雲岩이니 平壤人이다

121

121

觀하고 無人室房에 獨居하고 自死한 眞人

것이 李泉의 自死한 眞境을 [illegible]하였으며

그 時代의 政治와 人民의 困難을 推測할

수 있는 것이다 이와 같이 自死한 李泉의

記錄을 騰書한 것이다 (六二五字뿐이다)

外敵의 受侮를 [illegible]치 않고 自死하였으니

高士의 뜻이라 [illegible] 李泉의 記錄

을 騰(寫)한 李泉은 文學을 [illegible]

120

國家만 亡할 뿐 아니라 民族까지 亡할 時期
가 왔다 漢陽 百里에 人煙이 斷絶되고 鷄
大聲이 不聞하고 臨津以北은 再作胡地하
고 山野 處處에 積尸가 如山하고 流血이 成川
이라는 鄭鑑錄 預言이 꼭 맞게 되는 세상
때 살아날 蒼生 할 길밖에 없다 하리라 하여
와 敵의 受侮를 받지 아니하는 길이 淸節
高尚함이라 하는 此世를 이와 가치 괴悲

119

三千里江山은 南北兩政權이 並立되어 있다 118

지금 北鮮은 蘇聯의 中共軍을 請하여 南

鮮의 同胞를 虐殺하였고 南鮮은 美英

佛軍을 請하여 北鮮의 同胞를 擊滅

하려하니 所謂 主義의 行動이 可恥 惡은 善을

異하였으니 하물며 異族을 請하여 同族

을 虐殺 害하는 行動 같은 것은 兩政權의

目的의 行動이라 하니 此와 如此한 朝鮮은

118

니 愛國志士의 眼目들은 참말이지 真相을
보지 못하게 되였다 此時에 平泉의 妻子도 또
한 避亂가서 何處에 在한지 消息이 杳然
하다 共產軍은 모조리 하였이 民家에 侵入
하야 穀物을 奪取하여 가고 避難하여 갔던
家의 物品은 殘餘없이 다하야 共產軍이라
저가서 避難 갓다가 歸還한 者 等도
두 無產者가 되고 말었이다 우리 半島

117

117

政府는 臣을 整頓 安民 退하였더니 甚하였으며 今世

을 다시 南으로 遁去하는데 天寒 氷凍하야

臣을 爆擊이 甚하니 爆擊으로 寒凍

死者 飢者 餓死 病死者 不知其數이요 悲慘

에 滿天하였으며 其中 軍사 人은 軍으로 作

하여 入城하야 住宅이 家室에 侵入하야 穀物

과 牛馬鷄犬을 다시 奪取하야 다 飽食

하고 住民은 다시 餓死에 瀕하였다

116

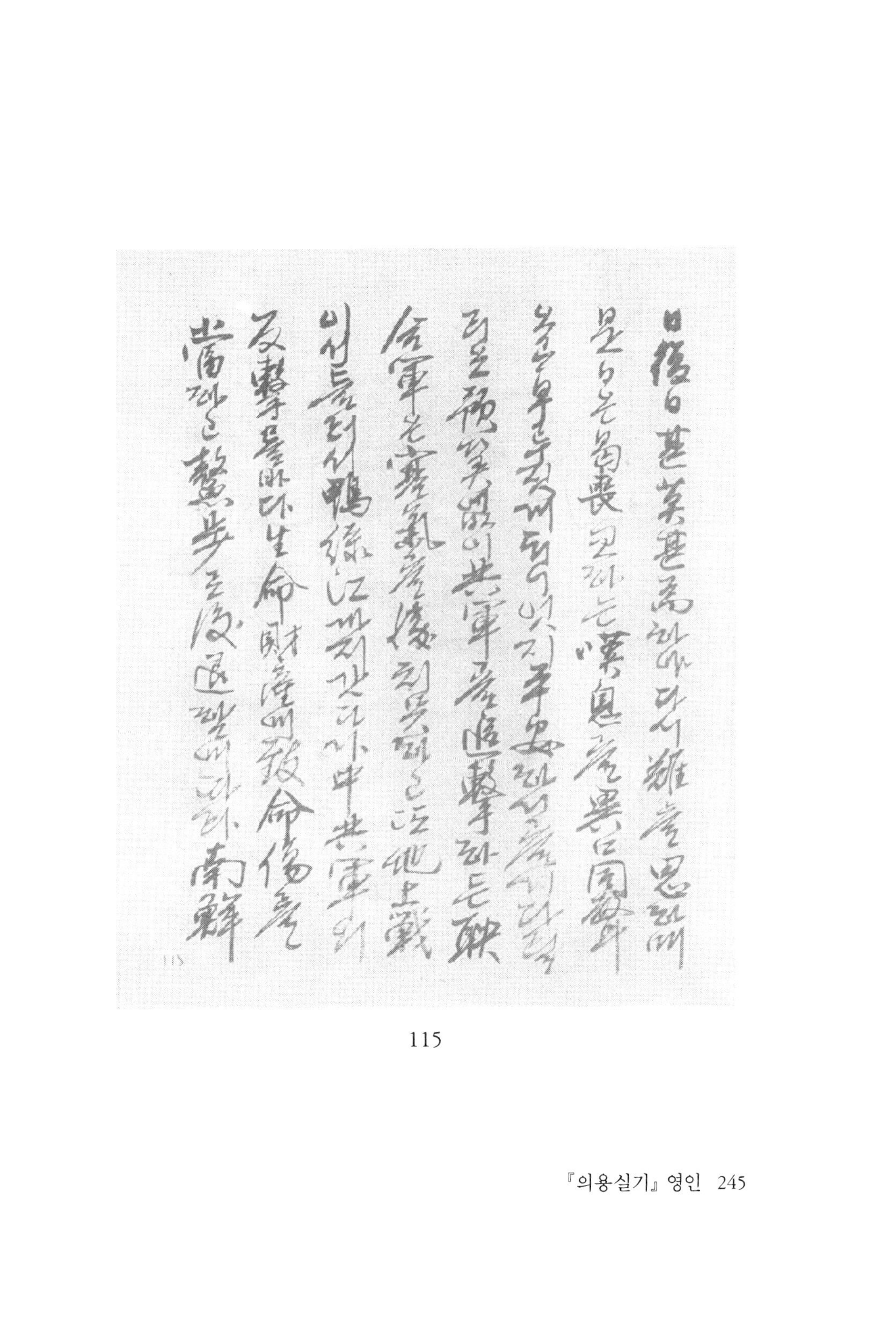

115

함으로써 太息할만한 일이라 政府는
蒼蠅付驥尾格으로 聯合軍을 따라
다시 還都한 後에도 아무런 先後策이 없음은 但
政治의 重要件은 人民軍을 索得하는 것
과 其他 附逆者 爲始 人을 逮捕 處罰하고
는 것이며 船舶米穀을 賤賣하며 人民에게 配給
하는 分量은 管轄者의 私腹을 充하는 데
人民生活은 度外視함으로 百姓의 生活難

114

[illegible]陸하야 京城을 恢復하게 爆破하는 者
軍을 追擊하야 벗다. 此에셔 南鮮政府가
설로 還都하야 모든 人心의 信望을 會
失하야 功勳派가 되지 못하엿다 그러나
도 不拘하고 在留派 南下派를 分하야
내걸고 南下派만 官吏로 登庸하얏다
已在留派는 敵國人 취급으로 밋게 登庸치 아니
니 한다하야 엇지 人民의 信仰을 바드랴

113

補助物資로써 建築을 修繕할뿐
아니라 況且人民이 美軍爆擊에 死
傷者가 甚多하고 共軍侵奪에 餓死者
가 頗多하니 家로서 經綸한 政治當局은
關係員中에 一人만 있다할지라도 今政
府의 關係者의 態度를 取하였을 것이어늘 美
軍이 仁川에 不艦砲射擊을 敢行하고

(1)

112

訪劍이 鳥宿에 帰하였다 色깔을 온 한울
같이라 맞이 聯合國의 補助로 復舊되였다.
그 喧傳하든 로마 羅馬가 一日에 建設된
것이 아니라는 것과 같이 京城의 宏大한 建
物과 其他 府市에 高大한 建物이 一朝一夕
에 建築된 것이 아니오 長久한 四千餘年
短期간 間 百餘年 時代를 지내서 차츰차츰
漸建設된 것이니 이와 같이 앞으로 我國의

111

美이 英과 밋 外 僑 偉로 聯合軍이 합하야
救援하기 爲하야 共軍을 反擊하는데
歐美兵은 先東地上에 作戰이 付을 早로 室
中에 翱翔하며 飛行機로 共軍을 射擊
滅하기 爲하야 邑府市을 無差別하게 爆擊하야
象徵을 爲始하야 南北 諸邑 市에 有名한
建物을 모두다가 爆破되야 다 建設된

110

에 與倭軍이 晝夜로 對戰에 載하니
로써 살온 民으로 義氣를 思想한 사람
을 將儀烈로이 搜索逮捕하니 之際
잘한 情狀은 눈물이 眼珠를 가리는
보든 사람이나 다나 말할 수 없었다 그곳에 도로 擒
한 故府는 金山에는 命되여 있으면 드람
두고 들어서 듣고 改法上으로 놀날 者도
니 참으로 陣圖에 들어가 질가 부질러

108

109

史上地理上의 功이 적지 안하엿다 此時運이
否塞하야 紀元四二八三年六月二十五日
에 北鮮의 共産軍이 京城을 侵入하
야 政府의 閣員等은 人民을 遺棄하
고 自己生命만 愛惜히 녀겨서 南鮮으
로 逃避하니 京城의 在留民等은 錯
他散에 歸[illegible] [illegible]를 [illegible] 積[illegible]하엿
든 物品은 다아 共産軍의 所有物이 되

108

108

를 擔當하얏스며 老活羅를 하얏다가 新民
黨(何令黨)에서는 華史와 共히 歷史研究에 從
事하엿는 華史가 檀奇古史를 翻譯하야
내엿고 그後로는 書册을 四方에 傳播하
기에 沒頭하엿으며 檀奇의 古疆域을 細考
하야 古時代의 版圖를 文字로 範圍와 輪
廓을 그리엿는 것은 歷史의 曖昧하든 것을
雲霧를 헤치고 闡明하엿스니 實로 歷

107

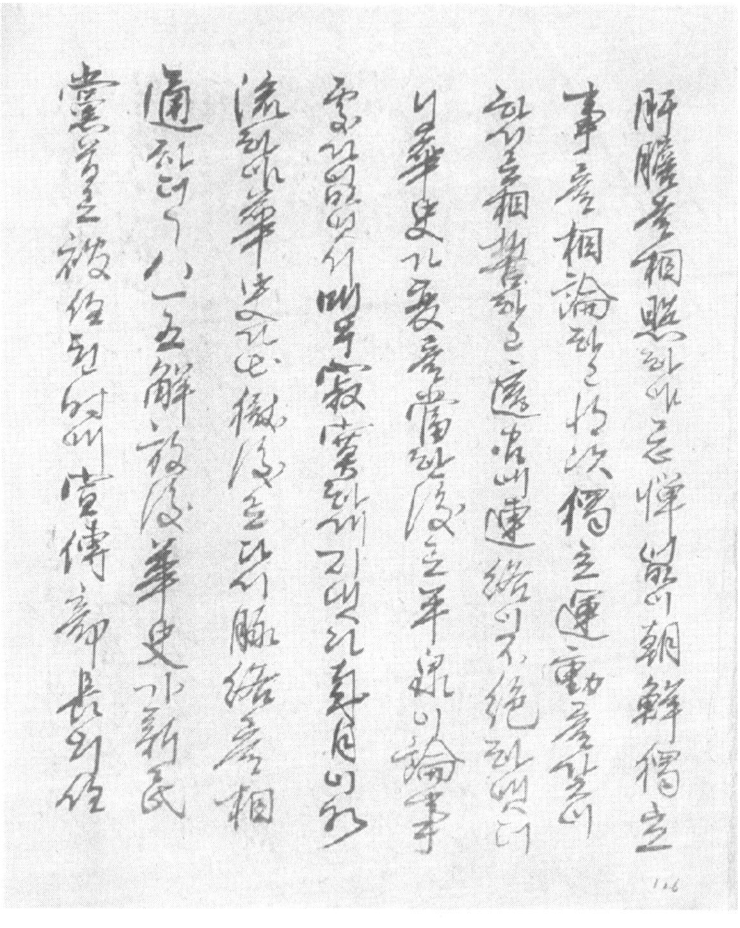

106

平素積於學博乎文한 志士니 身으로
써 吉東城에 僑居하며 金融組合理事로
歷任한 金融聯合會理事長을 歷任
하며 義로운 計策이 熟達하고 事理에 明確
하야 吉東城에서 金融界의 有志로 명망이 交遊
함으로 當年 金融界에서는 有力하게 지내며 不幸
후 華史와 朴尙鎭 等과 共히 光復團을 組織
하여 殉하며 慶節 行事 指揮할 때에 年長이 華
史로 東城의 相逢하며 意氣相 附하고

115

105

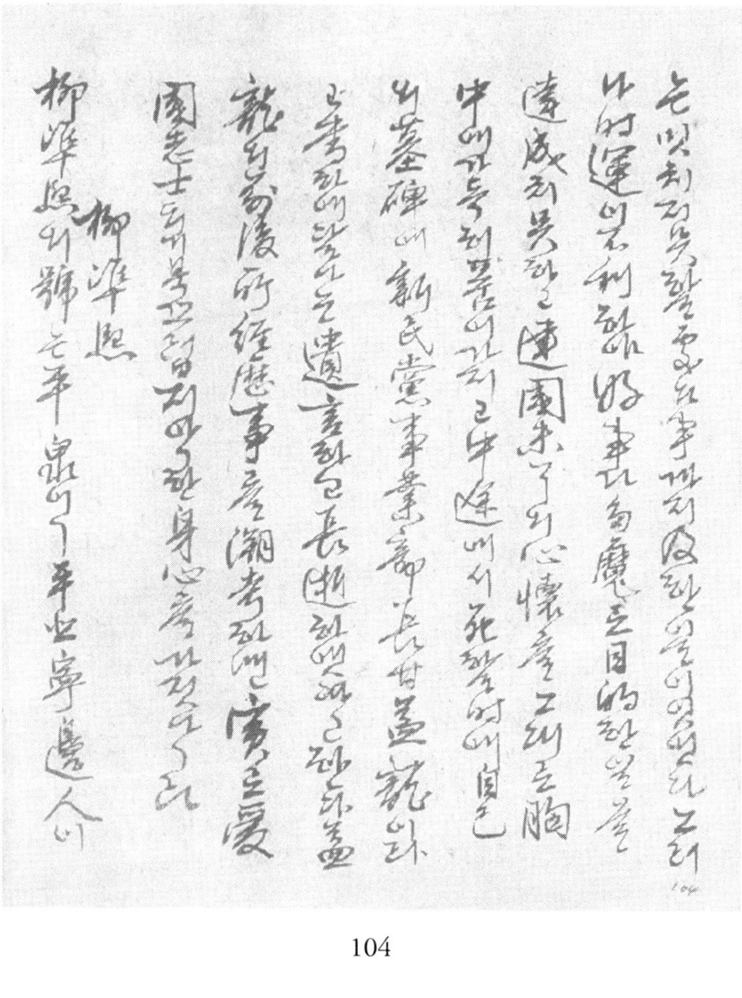

104

合法的으로 解散시키고 李國公 李始榮과 光

華와 常秉植 權緯烈 等으로 한께 史學研

究會를 組織하고 各種 科學을 硏究하는

데에 基礎로 金白凡翁이란 께 東頭를 相論

하며 黃金을 많이 準備하라는 責任을 맡아 하야

그 恒常 事業上 來往하야 協議하에 金錢積聚

에 班常하야 學身을 悉思하야 乙 試劍한 이 範

圍가 廣大한 만이 되는 異常人이 생각으로는

103

史를 請하며 諸黨의 合黨을 爲한 工作을 하라 하고
勸하였으나 華史는 李博士의 뜻을 從하며 其
先 合黨工作을 務圖하며 尾 二千餘 黨을 合
하며 一個民族黨을 만들 때에 蓋龍이 執行
委員에 入하였으나 華史는 合黨後 黨을 脫하고
大韓光復義勇軍 司令을 하여 以下 蓋龍
은 民族黨의 數次 主席하며 事務를 討議
하였으나 意見이 相左하여 不足으로 脫黨하고 華史
는 義勇軍을 抑制코 義勇軍을 解散시킬 때에

102

實業을 務圖하야 相扶하는 地下運動을 하는
적도 있었다 그러하다가 乙亥年 八月 十二日 解放되
李淸息을 만나게 되어 李華史와 同志로 東北에
來하야 新民黨이라는 政黨을 組織하게 되어 華
史는 黨首가 되고 李熙龍은 委員으로 部長이 되어
많은 活動을 하여 오다가 當時에 新民黨에 參議
外務에 韓國民主黨과 合하야 趙頓하였으나 其後
李承晩 博士가 美洲로부터 來하야 朝鮮의 政黨
이 兩度 竹司하던 것이 統合하게 되어 已往하여서 李華

101

101

獨立運動을 하느라고 많은 同志들을 周遊하다가 [illegible]
春史와 李華史와 相逢하야 肝膽을 相照하고
獨立의 計劃과 意思를 相換하고 秘密裡에 地
下運動을 하였으며 李華史는 江西大寶山島山
修養院에 가서 安昌浩先生의 命을 받아 가지고 俞我
華新運動을 宣傳하며 活動하며 島人 金[illegible]
을 [illegible] 하여 牧畜業을 模範的으로 實行
하며 活實業學校와 技術學校를 設立하[illegible] 立
實業者와 技術者를 모아 養成하야 將來에 有
用의 人材를 待備하려고 [illegible] 華史와 同[illegible]

100

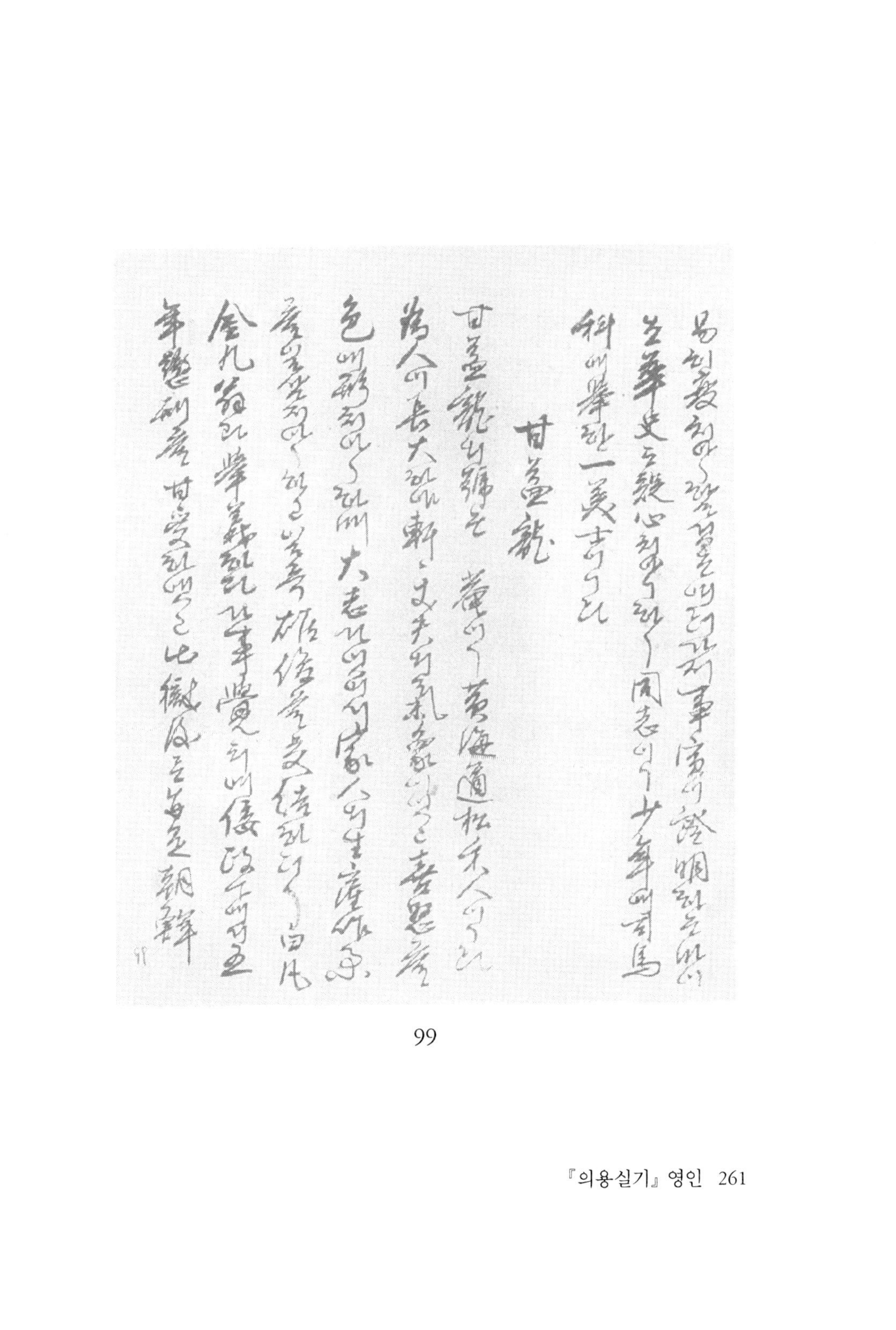

99

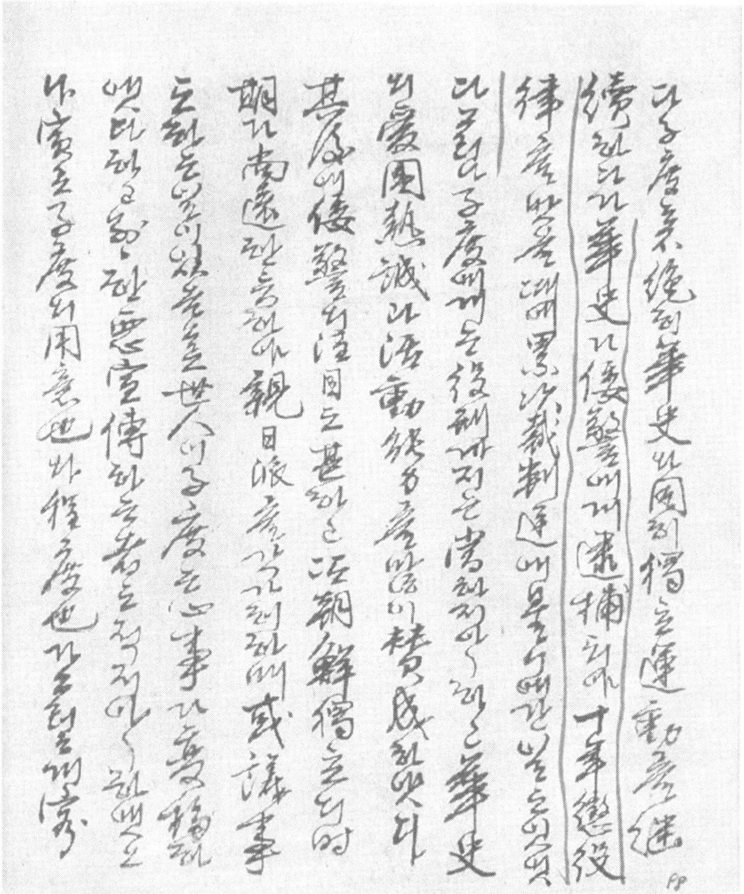

98

林庸菴(朴雲菴의 高弟子 三年 앞서 第一 標表라) 諸同志를 合하야 羽翼
이 相成하야 事業의 經綸을 綜合하야 하엿다 子
房는 手記도 이와 機械 發明을 하엿는 室
傳術이 能하야 華史 以第一次 海軍의 學 義하는
時에는 海軍在學生 要務의 祖孫 權文 同
參하엿고 第三次 學義 時에는 同參하엿고 華史
北同의 義舉 하엿는 第一次 華史 北
同心協力하엿는 者는 에 目을
밧이는 優警 에 하는

97

97

하였으니 참으로 松菴先生은 眞實로 憂國志
士의 一人이다
尹鑢
尹鑢의 字는 子度이니 平南中和人이라 才
操가 非常하고 더욱 書道에 能하였으며 崔松菴盧
松菴 尹子度 三人이 文翰도 相似하고 思想도 相
同하였으므로 莫逆君子라 하였고 이때 사람들이 精華
史臺라 하였으며 四人同志라 하고 더욱 平生의 朴海山
朴雲龍의 栗鳳濟 朝鮮時代에 宣川等七郡 守令하였고
長經 錦邊觀察使를 歷任한 政客이다

96

上一般民衆에게도 獨立思想을 鼓吹하야 其時에
松菴의 同志中 巨頭는 洪箕疇 羅錫基等
이 其人이엿다. 松菴은 交際術이 能한 手腕으로
事業의 便宜를 取하기 爲하야 龍岡郡守
라는 名義를 가지고 잇섯다. 當時에 龍岡 江西
咸從 甑山 等地의 有志들은 松菴을 敬仰하고
松菴에게 와서 緊密하엿고 松菴은 義擧史의 第二
擧義前에 世界的 義擧史의 獨立運動을 勸勵
케 되엿나니 松菴의 功勞로 義擧 秘史에는

95

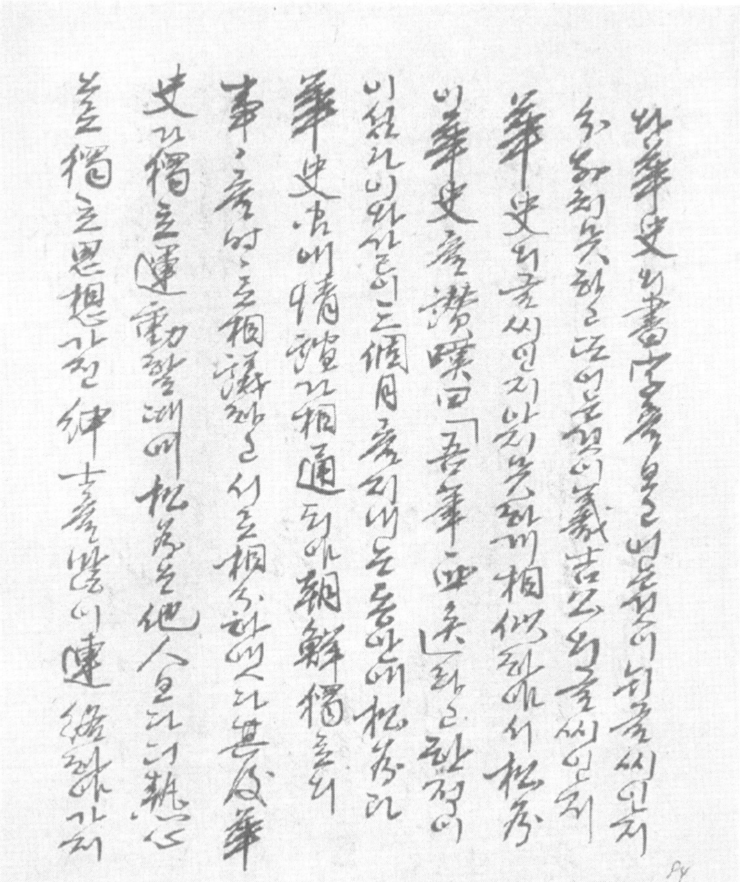

此華史의 書字를 보는 바 문체가 남을 쓰인지
分外하게 하는 것이 문체가 義吉의 글을 쓰인지
華史의 글을 쓰인지 알 수 없게 相似하여서 松齋
이 華史를 讚嘆曰「吾華一世矣」라 하는 말처럼
이 結하니 와서는 三個月을 하니 동안에 松齋와
華史는 서로 情誼가 相通하여 朝鮮獨立의
事를 서로 相議하고 서로 相分하였다 甚至 華
史가 獨立運動할 때에 松齋는 他人보다 더 熱心
으로 獨立思想가진 紳士를 뽑아 連絡하여 가지

94

松齋가 少年에 謹起하야 書法을 鍊習한 筆史
는 黃海道에 在할 때에 當代에 名筆이라 稱하는
林鍾植 林基先 兩先生에게 書法을 배워
書者라 稱할만한 筆力을 가진 松齋가 少年에
서 三個月 書法을 鍊習할 때에 他生徒들보
다 能히 心用功하야 羲之公의 大字와 樓山公의 楷字
及細書와 松齋의 殊勝한 屛障書法을 學得
하야 觀者로 하여금 古歸筆의 書法을 知케 하였
하야 筆寫하였든 것이었는 松齋의 樓山公의 筆學

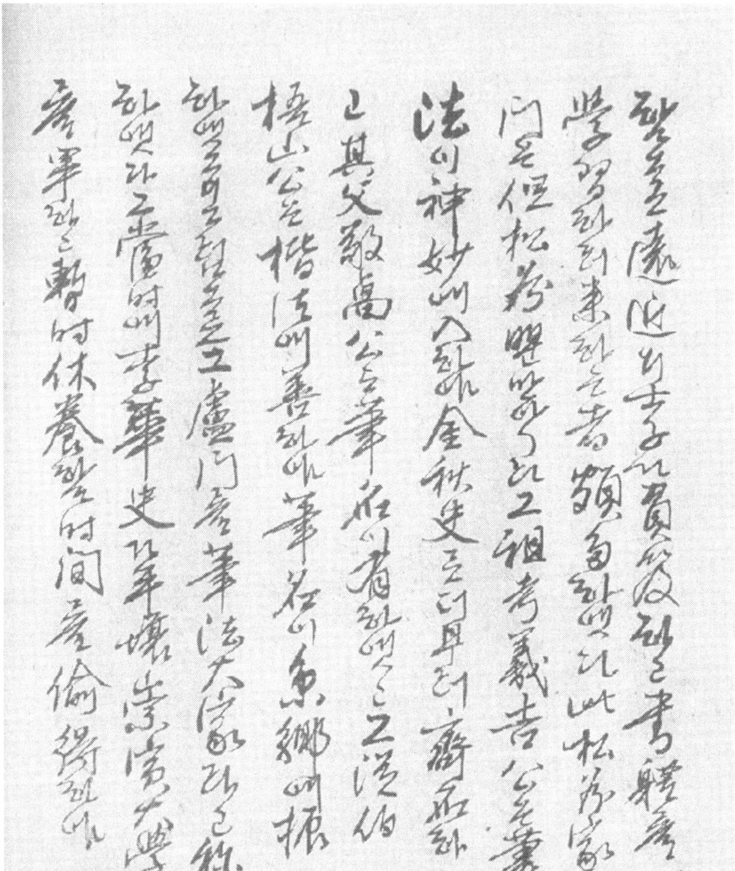

92

家로 家國者이라

盧漢龍

盧漢龍의 號는 松菴이니 齡數는 五十五年이라
卑異ᄒᆞᆫ 才操를 가진 이로 書道에 能ᄒᆞ야 時人
이 常言ᄒᆞ되 崔文雀(松菴)筆盧라 ᄒᆞ엿스
며 爲人이 氣字가 軒昂ᄒᆞ야 丈夫의 氣槪를 가진
이로 與人交際가 能ᄒᆞ야 當時에 名職
이며 國老가 龍國 人中에 最高ᄒᆞᆫ 者이 筆上
金剛에 錄名ᄒᆞᆫ 名鄕에 筆名이 有

91

부름을 當함에 있어서 松庵은 그 國數로 重固
되어 非常한 注目을 받았으리라 추측할 史로
하여 國史를 避하는 近者 確的한 證憑이
라 證據이 없어서 단언키 그 綿綱을 脫化하여도
그러나 恒常 優秀하여 注目이 있음으로 末年
에 있어 成 經學院 講師라는 名目에 의
갈는 餘生을 强迫하다가 考終命하였으나
松庵의 생각에는 一日 卅四時에 愛國心을
忘할 적이 없었으니 實로 文人 中의 思想

90

게 되여서 同志를 만히 엇은 李華史라는 文
豪 遼東에 가서 袁世凱를 說한 文豪 松菴
을 作成하여 보내는 文勢라 中國人에게는 讚
誦을 밧든 것이다. 華史와 獨立運動을 宣
援 聞援을 만이 贊助하여 준 華史라
華南의 同志를 만이 連絡한 것을 보게 松菴
의 不絶한 努力을 하엿다. 그러나 時運이 不利
한 倭警의 視國이나 터이가 이서 華史라는

89

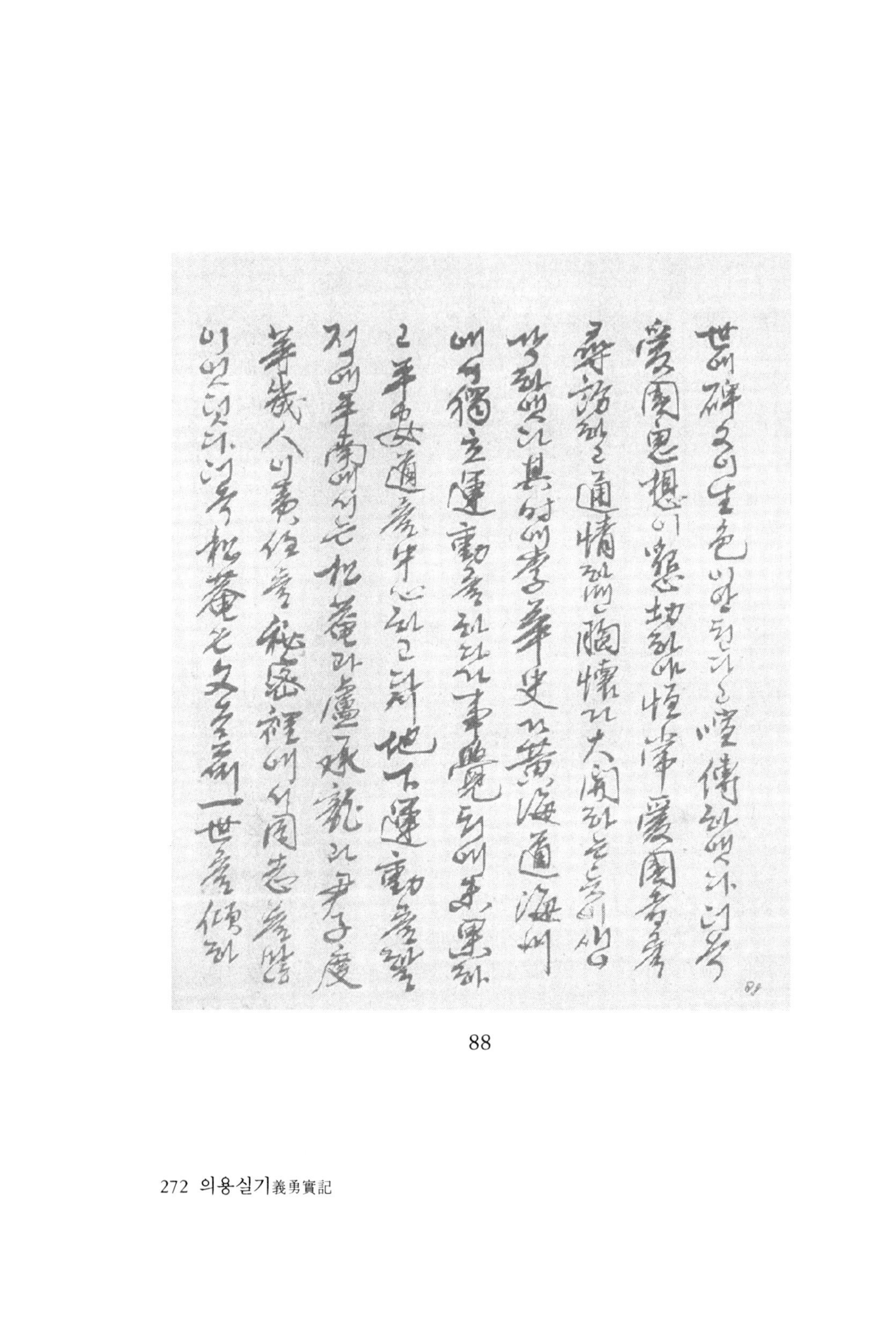

88

崔志鉉의 號는 松菴이니 平南 龍岡人이라.
幼時로부터 聰明이 超群하야 事理를 能
히 理解하며 讀書할때도 하나에 其理를 通
解하더니 漢學의 基文章과 詩[illegible]하더니 長
成하매 終에 大儒가 되야 關西와 海西에서 巨擘
을 [illegible]한 文人이 되야서 當時에 有名한
人들의 行狀과 墓碣文이라 其手로 撰寫되지
아니한 것이 없으며 世는 松菴의 文字가 아니면 當

87

頸을 死刑場에 就하얏다 한다

李錫燾

李錫燾는 海州人이니 一寒家의 儒商이다 일즉이 漢學을 工夫하야 忠孝禮節을 嘗하고 朝鮮光復에 有志하야 愛國志士를 많이 交結하얏어 李華史 第二次 擧義時에 同參하야 많은 役割을 하얏다가 事覺되여 優[illegible]署에 [illegible] 非常한 密計를 [illegible] 繼續 死刑에 [illegible] 可謂 義士의 一人이라고 稱할 것이다

崔正鉉

86

仍自衛軍內에서 擊鬪하다가 單身으로 島
警隊를 當하얏다가 畢竟逮捕되야 倭
法廷에서 死刑判決을 밧고 台灣總督을
責任을 辭免하고 一時日本에 歸國
勤시리얏던 明河는 死刑을 當할 때에 勝大하얏슬
記念에 나의 手로 全을 解放한 倭賊
을 다흠이잇고 亦又한 天運을 遇치못하야
此不幸의 辜遇치못하고 이잇이 遺恨이로소음
을 表할 길이 無하도다 悲痛하얏도다 하노라 하니 笑

85

湾에 閑院宮이 日本皇帝의 代理로 觀兵
式을 하러 갔다 明河는 此消息을 先覺하고
短銃 한 개를 準備하여 가지고 先到台湾
에 渡去하여 閑院宮을 기다려 閑院宮이 乘
한 自働車가 지나가는 것을 보고 奉銃을 發
射하니 彈丸이 第一發은 나가 하여 正中치 못
하고 第二發은 나가지 아니 하므로 奉銃을 擲地
하고 匕首를 손에 들고 閑院宮 탄 自働車에
뛰어 올라서 運轉手를 刺하고 閑院宮을 刺
하였는 [illegible] 몸을 [illegible] 優鑿藏한 [illegible] 몸이

84

趙明河

趙明河는 黃州人이니 趙氏派의 親戚이오
李華史의 同志이니 少時부터 侵亂하엿더니
朝鮮을 併合한 裕仁平을 懷하고 日本의 最
高官을 暗殺하기로 決心하엿스나 不得으로
日本語을 배호며 日本人이 되야 朝鮮人이지
不離하니 難하야 되엿스니 東京에셔 離
果然 要人을 暗殺하기로 嘗하엿더니
不期會를 得하여 ... 台

83

李華史 業을 始할 時에 一次 同參하였으나 其後

創業하기 위하여 財産家를 맞이 連絡하다가

華史의 光復運動勢를 補達하다가

日警에게 發覺되어 倭警署에 잡혀가

서 忠誠을 當하면서도 굳게 絶花되었으리라

니 世人이 그 氣魄을 稱하기를 第二趙鏞昇

이라 하였고 平生一虎心으로 지내다가 解放을

맞하게 되매 世人이 趙石流를 稱誇하였다

는 事蹟이 있나니라

82

다 一生을 朝鮮光復에 献하였으나 臨
終에 子孫에게 訓戒하여 曰 我는 朝鮮獨立
을 目見치 못하고 去하나 汝等은 我의 志를 継
하여 朝鮮에 献하라 하였다

趙百源

趙百源은 慶州人이니 趙泗森의 四人之
弟子의 漢文 書法을 継하고 寬容者
者이며 風이 있는 性之特色이 朝鮮光復에 有
志하며 愛國者를 많이 交結하였으니

81

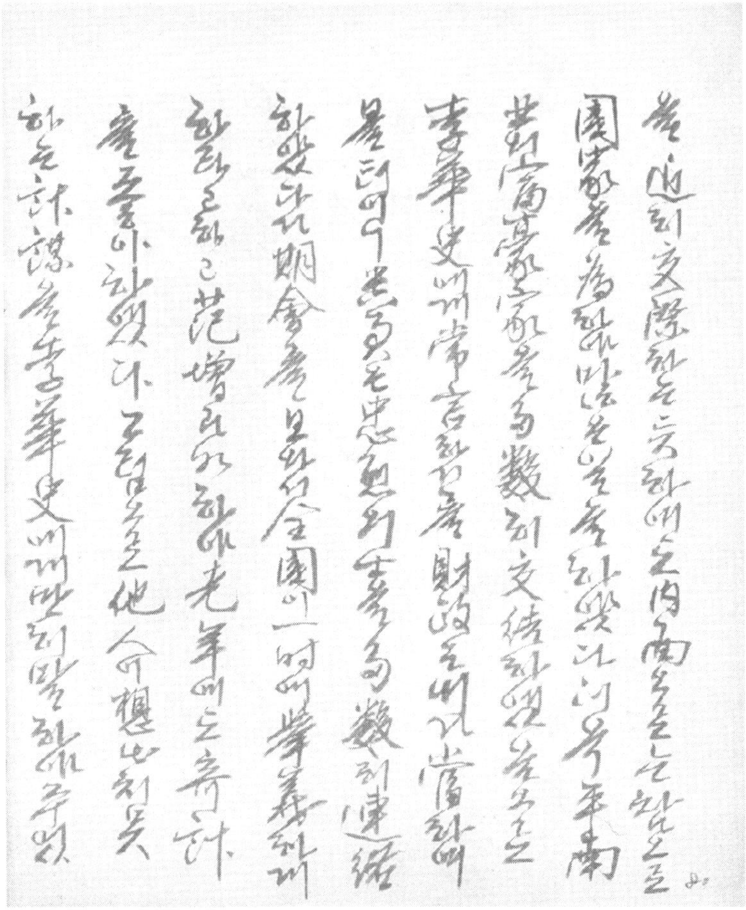

80

발동을 朴海山의 同志와 遭遇하고 中[illegible]하고
하며 非常·朝鮮 光復을 經營하던 秘
密에 老少同志들을 結合한 後에 華史에 紹
介하야 우리 同志들은 華史의 [illegible]義時에 多大한 物
心의 力量을 [illegible]하였으니 爲人이 重厚하고 經濟와
才略이 有함에 交際의 能함은 當時 倭賊
의 警察網에 [illegible]한 때에 華史의 當이
多數히 [illegible]함에 [illegible]入하였으나 倭警에
게 發覺되지 아니하게 하매 [illegible]面으로 日本[illegible].

79

左氏秀하고 春秋左字旄하니 工涸을 翻

魯의 風이 有하엿더라

梁鳳濟

梁鳳濟는 平北 博川人이니 志操가 堅實하고

漢文을 能하고 書法에 能하고 陰陽에 ...

또 敏하며 才略이 ... 하더니 韓國 時代에 ...

州 ... 雲山 博川 宣川 寧邊 等七郡守을

歷任하고 平北觀察使를 ... 平北

權 ... 雲 朴山先生 門下에서 學하

78

뿐이 高木上에 懸하엿스니 其向하고 달하리라
베를 짜하야서도 日夜不忘하는 忠孝之心이 잇다하고 歸
今하니 무슨 人이 往來하고 歸還하엿스니 泗
齋는 漢文을 讀하고 禮文을 잘하엿스며 道學을
崇尙함으로 四方에 弟子가 모여들고 三南等地의
人이 自己의 父祖의 行狀과 墓碣文을 지어달
라고 請을 千里하고 來하는 者 多하엿다하며
子廟를 其 居住하는 泗南에 建하고 祠堂을

77

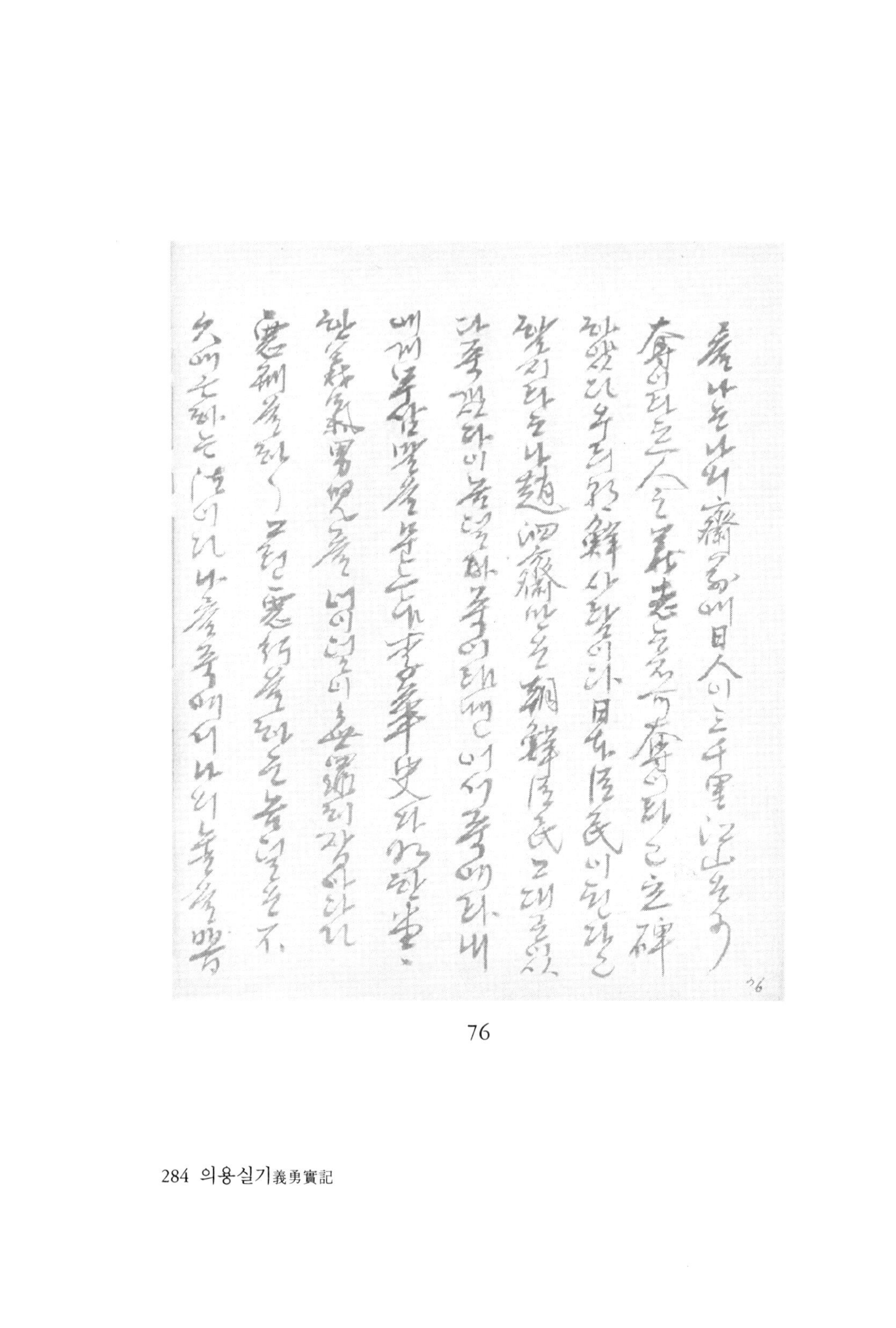

76

75

者이오 忠義로 尊重히 녀기는 巨儒이니라

趙鏞昇

趙鏞昇은 黃海道 豐川人이니 當時 海西
의 大學者이오 學者 宋閔齋의 門人으로 理
學을 崇尙하니 弟子도 頗多하였던 倭倂後
至其稱號에 三千里江山은 李氏의 一人之義
志로다 李氏의 書[illegible] 倭人
[illegible] 李華文 第二次擧
義時에 海州 在澤 李權文等과 同히 擧義

74

憤한心을 抑除치못하야 [illegible] 筆하

[illegible] 家族二食을 [illegible]

고 中國으로 亡命하야 [illegible] 史를 著[illegible]

[illegible] 島에 居하야 [illegible] 廣[illegible]

에 中國에 [illegible] 居하야 [illegible] 相[illegible]

[illegible] 鮮光復運動을 [illegible] 人의 黃[illegible]

[illegible] 性 [illegible] 一生을 [illegible] 鮮獨

[illegible] 獻[illegible] 可하 許[illegible] 山 [illegible]

漢[illegible] 術에 [illegible] 漢學

73

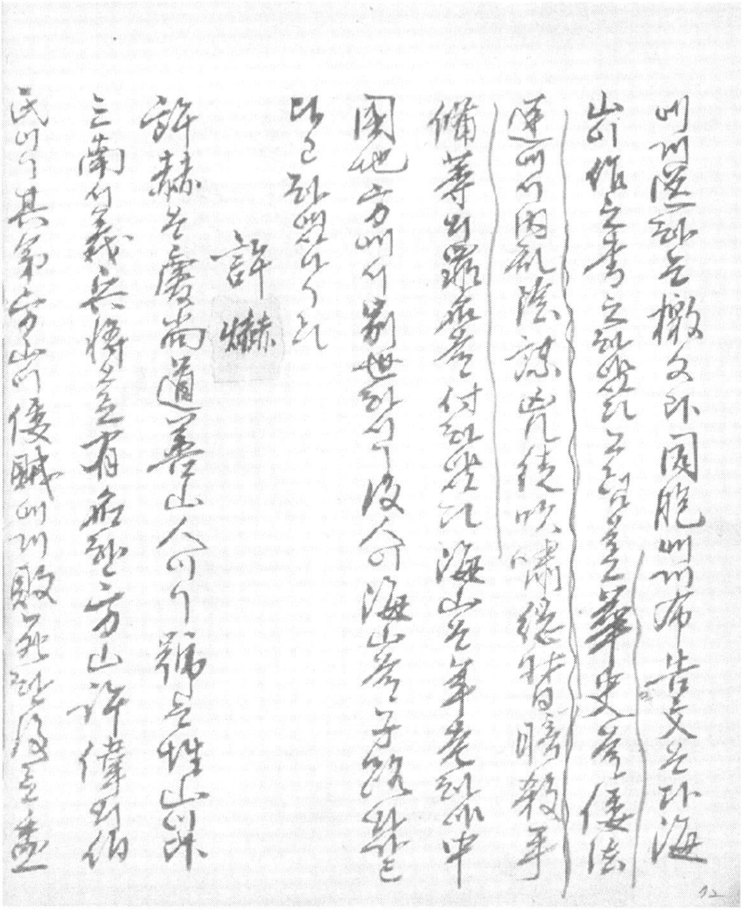

72

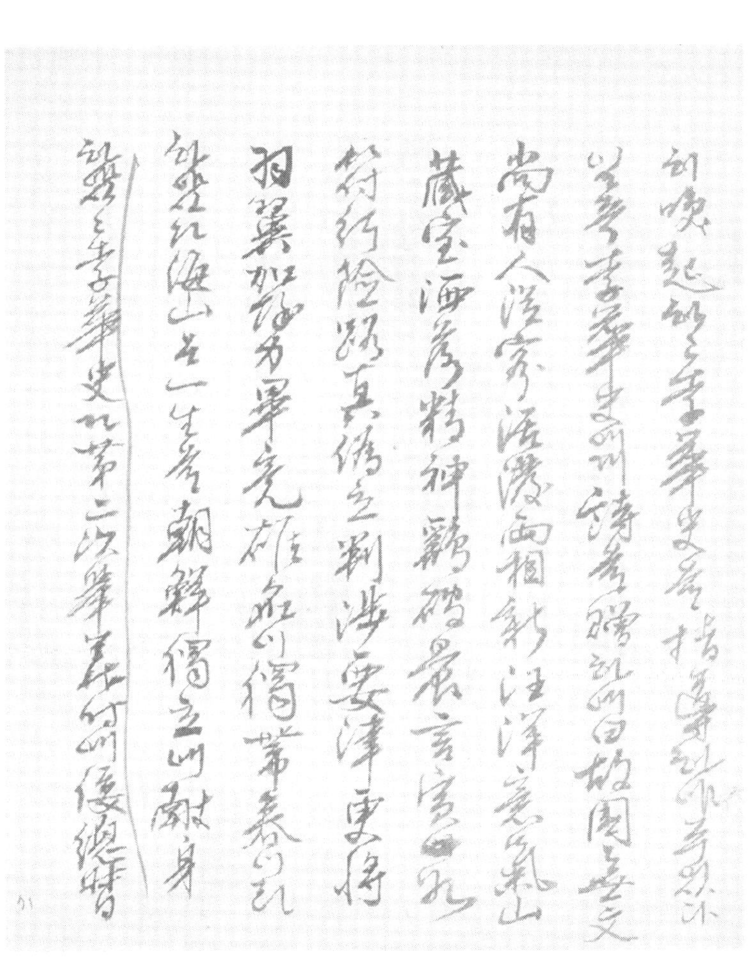

71

朴東欽

朴東欽은 平北 嘉山 人이니 號는 海山이니 其
伯父 雲菴先生의 首弟子로 名高道至
訴官하니 國亡됨을 보고 朝鮮合併을 直言하야
義兵을 募集하고 多數의 同志를 糾合하
光武年間에 義兵을 起하야 合併後에는 朝鮮
義兵으로 中國에 避居하니 淸으로 歸하
活動하다가 十餘年 多數한 李
二次 募集하야 平南 安州 志士 多數

70

詩會를 組織하였던 때 詩會에 江風을 送棹餘

撤柳山月 橫窓半在梅라는 詩에서 장원(壯元)하였고

일본으로 건너갔다가 書寄史文의 第二次 擧事를 하다가

發覺되어 十年後에 判決을 받았으나 監

獄에 갔다는 말을 聞하고 陽狂者가 되어 웃고

로 다니면서 報仇할 運動을 하다가 마침내로

倭놈들에게 逮捕되어 非常한 惡刑을 받고

收監服役하게 되어 마침내 入山하여 隱遁

하였을 것으로 傳說에 山僧이 되었다 한다

비,

69

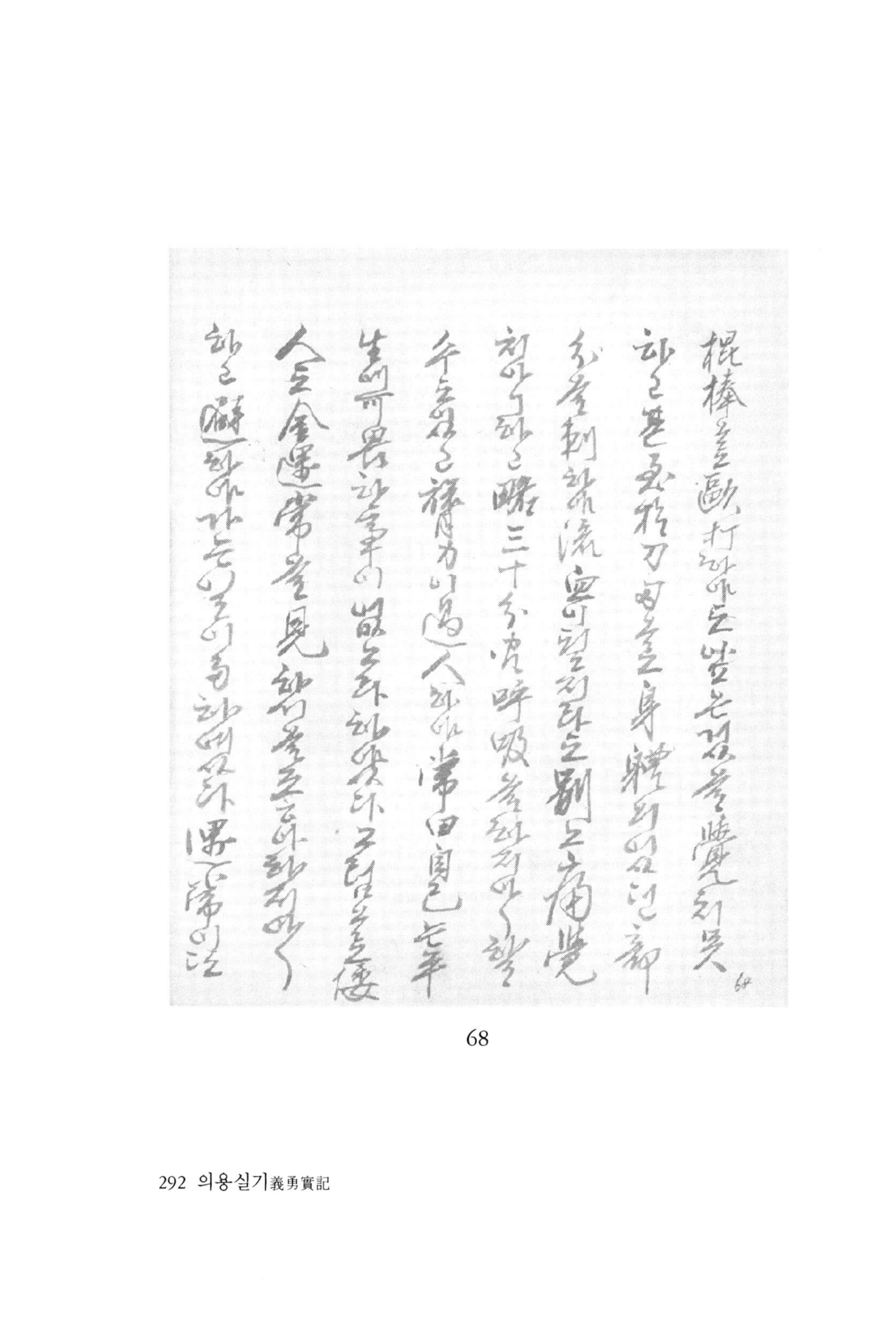

68

이러하다

金遇常

金遇常은 海南人이니 少時부터 義俠心이 豊
富하야 他人이 無辜하게 人의 壓制받는 것을 보
면 自己가 죽을지라도 그의 代身으로 闘하얏고
하므로 當世人이 無俠 笑 集하야 無俠 遇常이 金俠士라
는 名稱이 잇섯다 生涯 第一次 擧義 時에 遇
常이 前訓練에 冒險 決死者를 自願하얏다 遇常
이 他人보다 身體 組織이 異하야 上身體는

67

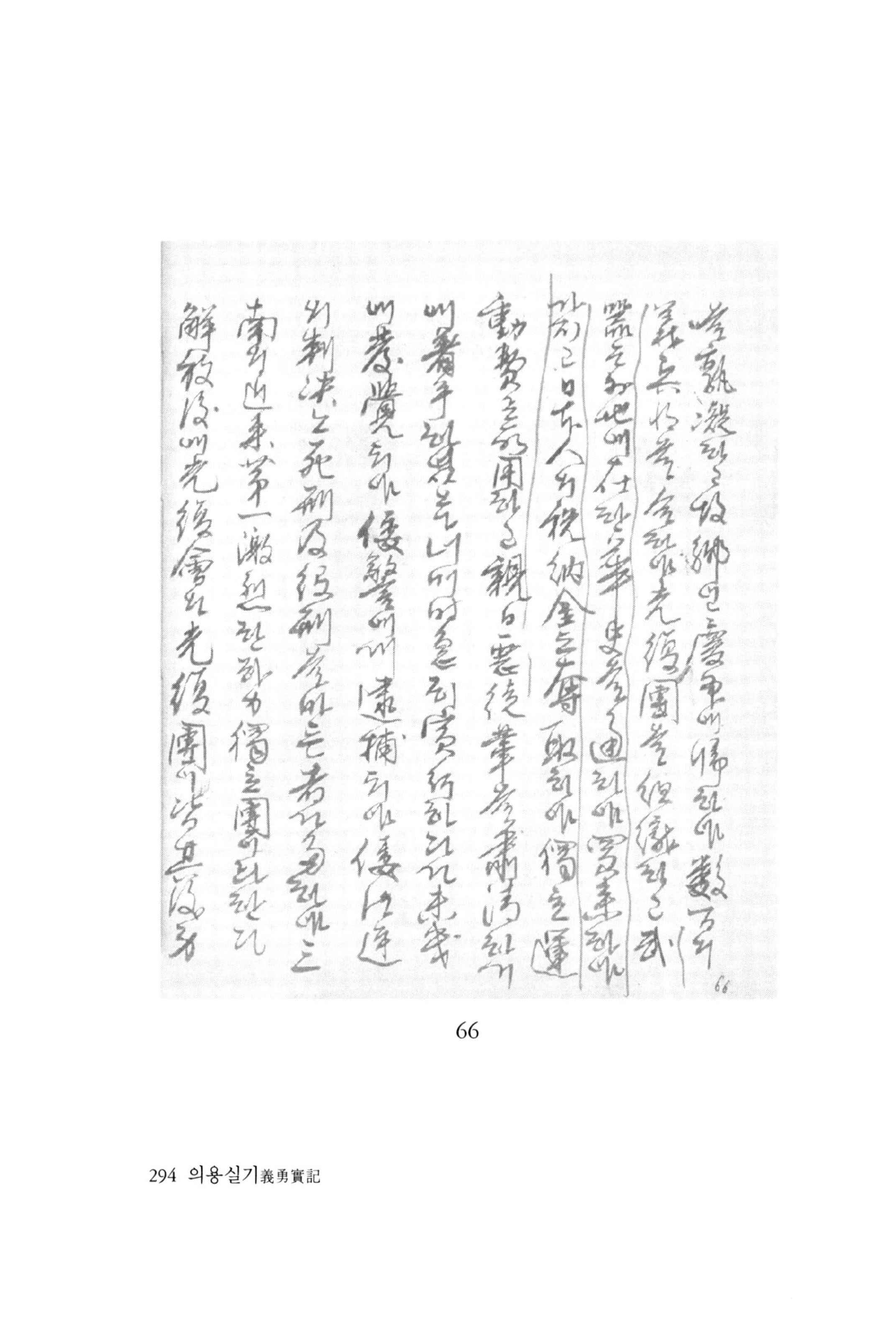

66

領에 世를 終하야 眞愛國者인 人이며 또는
其巨財를 獨立運動에 投하고 少毫도
後悔하지 아니하엿다

朴尙鎭

朴尙鎭은 慶尙道 慶州人이며 慶州邑 崔浚
의 妹夫로 其富權을 一道에 動하엿다
富豪의 家에 生하엿스나 一人이며 建國의 志를
抱하고 露領과 中國地方을 遊歷하며 雄俊을
多交하엿스며 李華史를 相逢하야 劍鋏을 受
하고 歸國하야 光復團을 組織하야 議論

65

李宗健

李宗健은 海西 西村에서 第一 富豪의 大家
로서 韓國時代에 稱하던 觀察府 禮房
[illegible]을 지낸 사람이다. 爲人이 明敏하며 機
警이 [illegible] 情[illegible] 하며 自
己의 財産을 傾하여 靑年 敎育에 從事하
여 朝鮮獨立을 [illegible] 하고 [illegible]
[illegible] 李華史 第一次
[illegible] 時에 同參하였으나 [illegible] 發覺되어
李華史와 同히 [illegible] 亡命하였으나 [illegible]

64

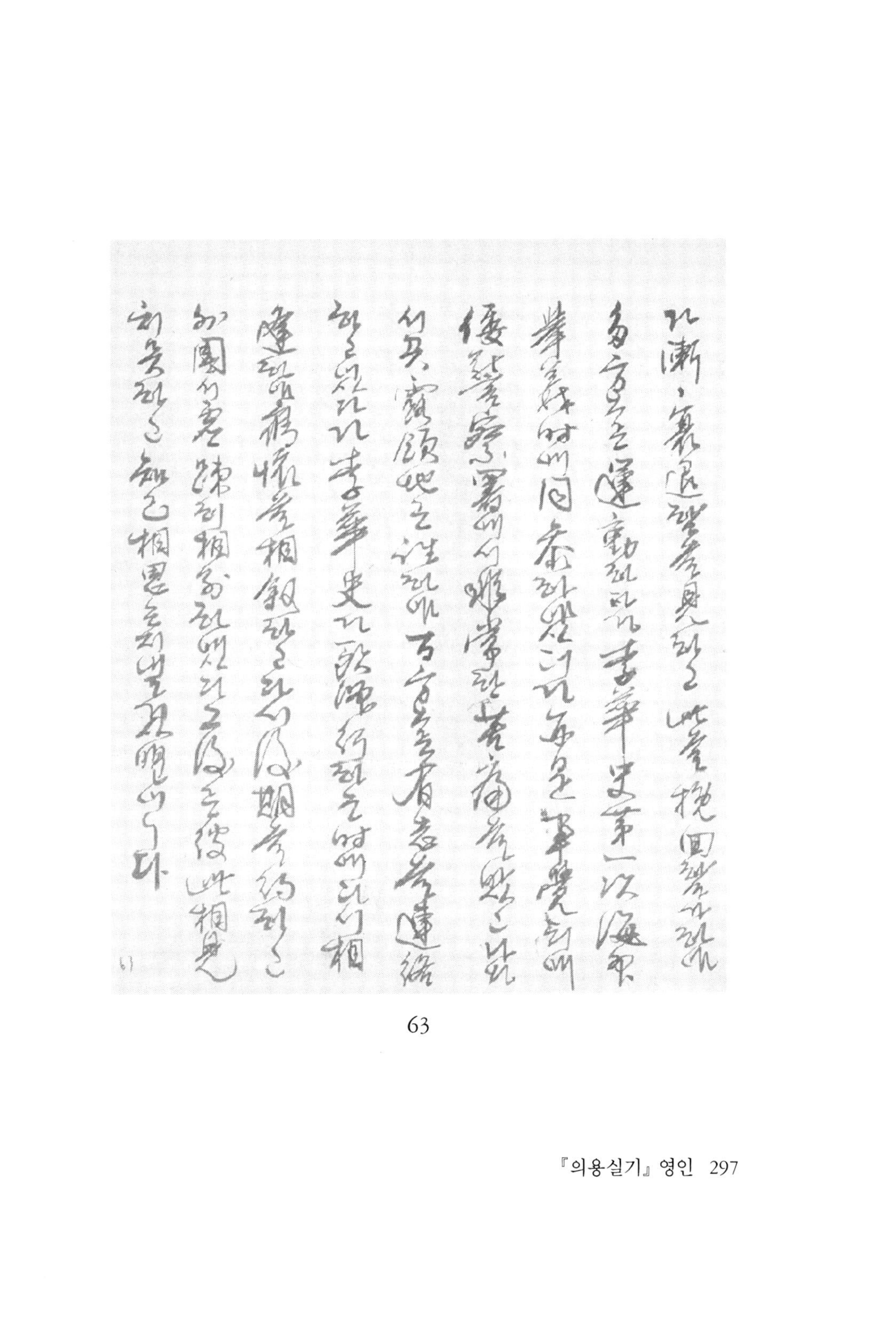

63

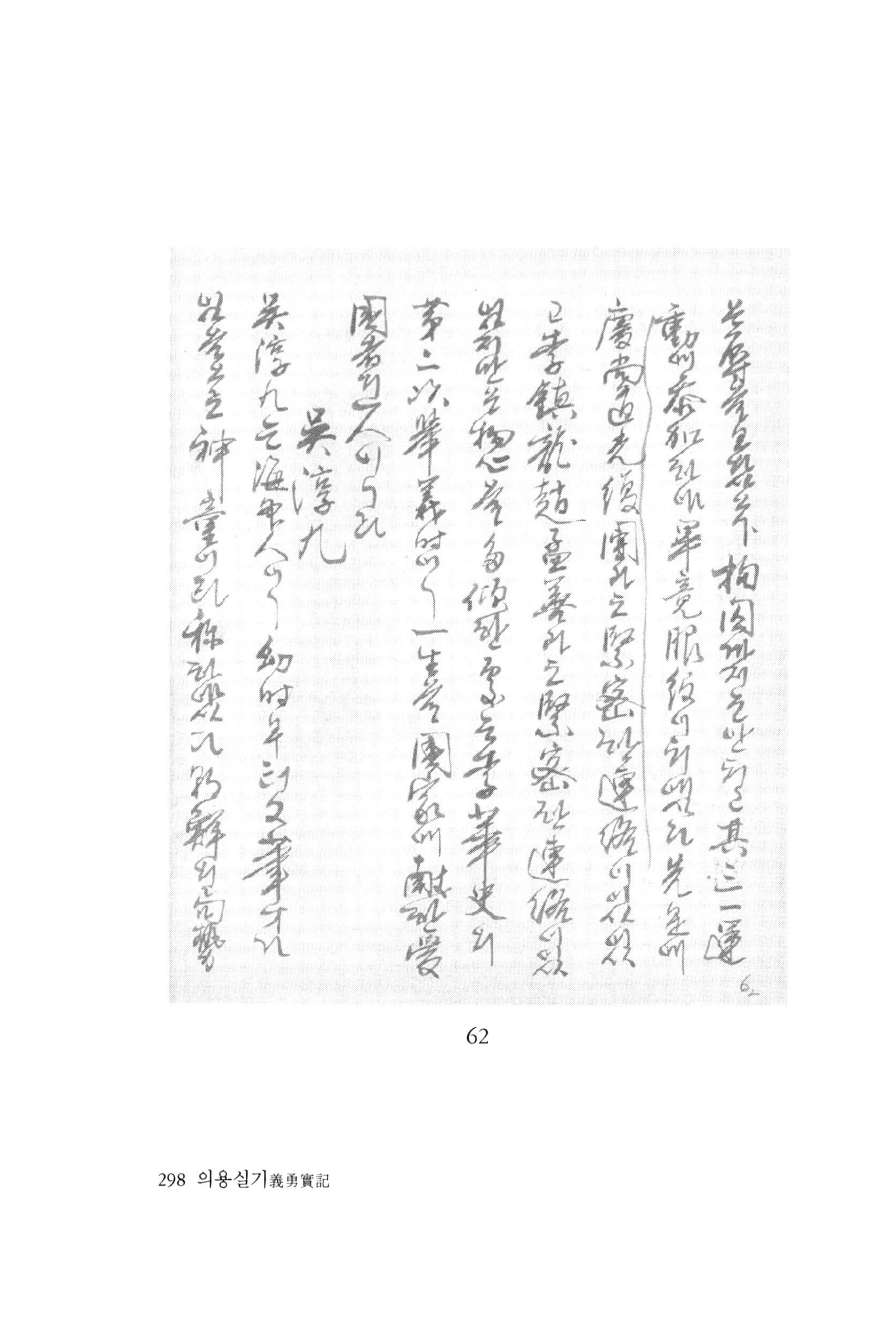

62

趙賢均은 平安定州人이라 世世大家巨族
으로 富豪로 滿하든 生活을 하엿스나 [illegible]
으로 鄕에 進士科를 登하고 官이 參議에 至하엿고
其性은 豪俠하야 特異하며 朝鮮 儒家의 宗으로
하는 獨心者 傾注하는 [illegible] 平安南道 有志
士로 其家에 來往하엿스니 其人이 十人나 和하나 事業 文
其祖 遠하야 其長子 重錫은 東京에 가서 法을 배웟고
學하고 自身은 北京에 渡하야 後 革命하여 中國政府
하는 豪傑에 交接하엿스니 革命 文化를 達하고
하는 나라 賢均은 後에 [illegible] 에 [illegible] 하엿섯

61

倭官憲이 此 五十餘人에게 對하야 [illegible]史와 [illegible]
한 危險人물로 [illegible] [illegible]하야 訓戒 放[illegible]
하였고 [illegible] 鶴樓는 其後에 獨立運動을
直接間接으로 [illegible]이되얏다가 [illegible]年에 [illegible]
世[illegible]하얏고 其為人이 風采가 好하고
[illegible] 言辭 [illegible]하고 [illegible] 義俠仁
이 富하고 大志가 有하야 當時 青年의 中堅
人物이 되얏스나 不幸短命하야 [illegible]
社會에 [illegible] 人物을 失하였다 하나라

趙賢均

60

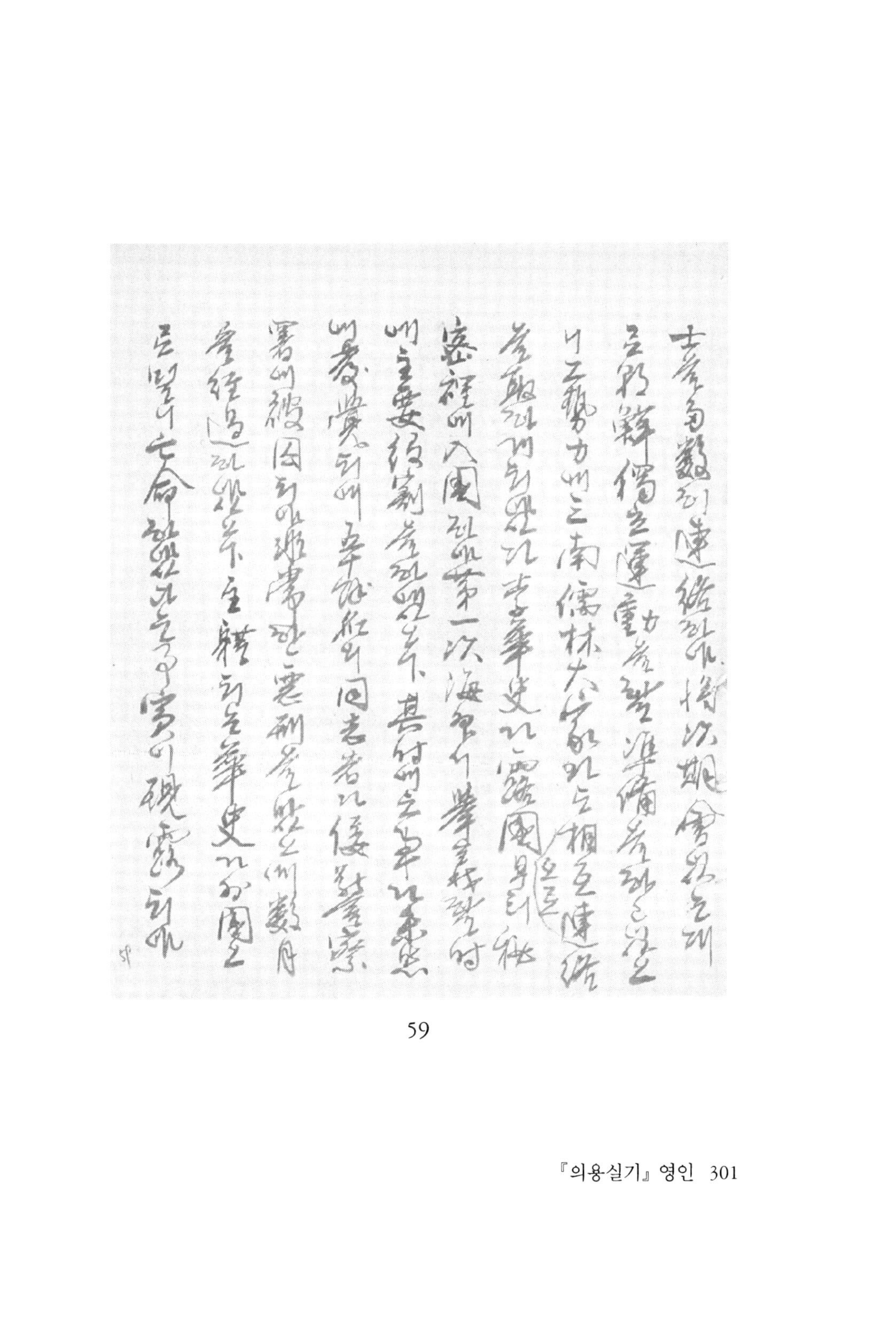

59

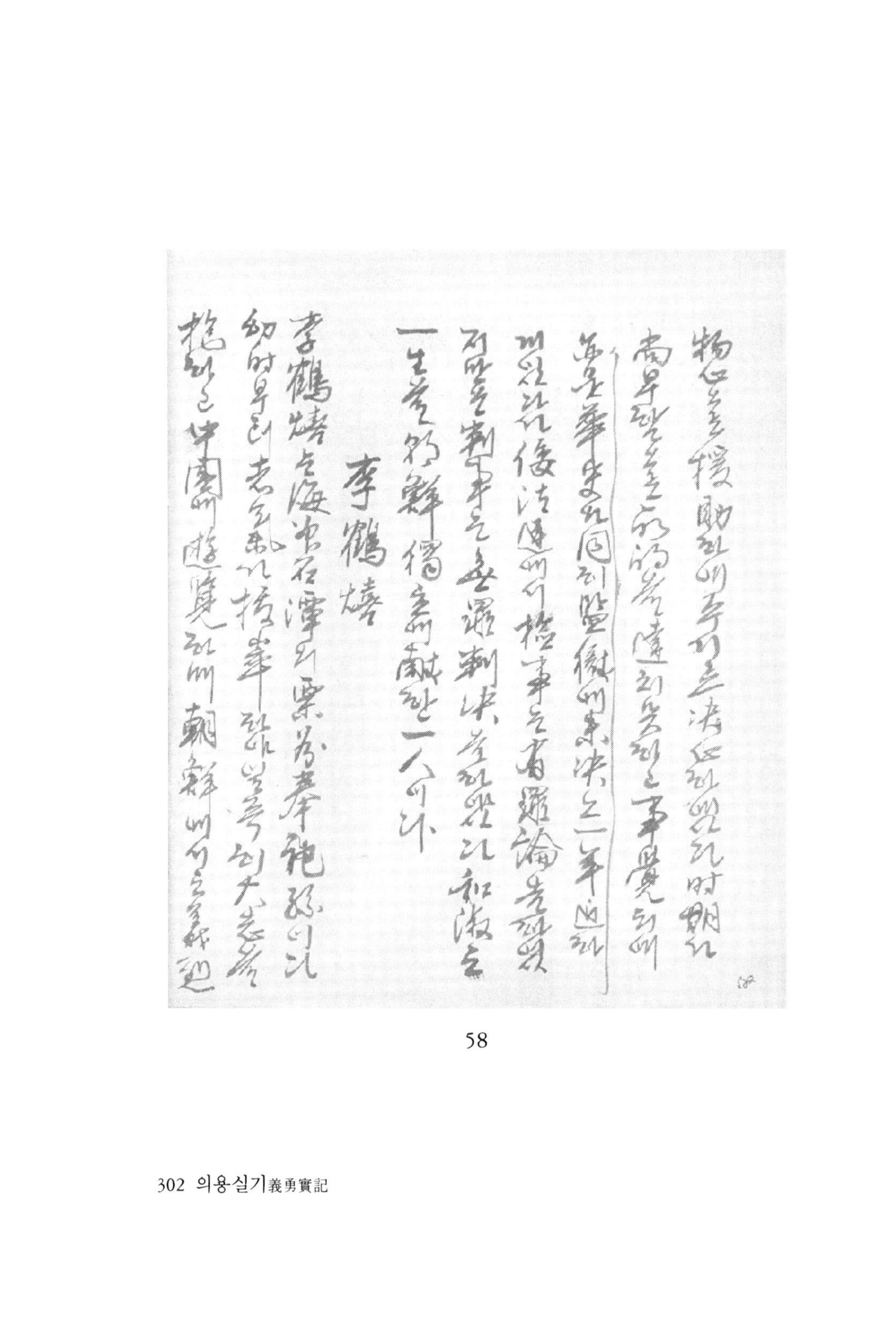

李鶴燽

58

朝鮮儒林中의巨儒되시며 [illegible]

李和浚

李和浚은黃海道甕津人이신 [illegible]

人으로甕津에往來하시고居하는巨額의金

錢으로儒學 [illegible] 富豪이며 [illegible]

洋學을배운和浚은天性이仁厚하고愛國

心이富한志士로서朝鮮儒道의 [illegible]

續하여오던사람으로서李華史第二次義擧

時에海州西村 巨 [illegible] 富 [illegible]

57

하야 生存하는 士子의 末路인가 無顔하고
하나 士林會에서 秘密裡에 擧義할 議論이
있을 時에 從하야 李華史 第二次擧事時에
參事同參하나 孤斜하야 全儒林界를 通하고
此是其為儒林의 聯絡을 相通하였으니
事가 發覺되야 李華史와 同件 八人이 逮
捕되야 海島之 一年懲役을 未決監獄에서 苦生하
다가 役刑을 맛치고 出監하였으나 老衰
한 身에 添病이되여 더욱 苦悶을 加하였다 하니 吳
贊根의 父子는 一生을 國家에 犧牲하였도다

56

父鳳涵은 故崔益鉉菴의 首弟子로 崔益鉉
菴이 對馬島에서 日本産 穀物을 不食하고
餓死를 決行할 時에 鳳涵이 急히 朝鮮米
를 船載하고 對馬島에 往하야 朝鮮米로
炊飯하야 崔益鉉菴께 供奉하고 益鉉菴 歿
後에 그 身體를 朝鮮에 返葬하고 禍中從制
儀費用을 全擔하고 信 其洞後에 益鉉菴의 影
堂을 建하고 春秋로 享祀하야 士子와 相結
하야 數千人에 達하였고 其父의 志를 繼

義[illegible]에 參加하였다가 不[illegible] 獨立[illegible]
力을 [illegible] 獨立[illegible] 資助한 바 [illegible]
親히 結合[illegible] 發覺[illegible] 倭警[illegible] 被捕
되어 老人[illegible] 監獄에 未決로 一年[illegible]
하고 服役[illegible] 不幸[illegible]
三一運動에 [illegible] 參加하였으며 [illegible] 一生을
朝鮮獨立을 爲하여 獻身한 一義烈士[illegible]

吳贊根

吳贊根은 黃海道 海州人이다. 儒林의 一巨
儒로 當時 [illegible] 有望 [illegible] 一人이다. 其

54

하였으나 未發에 惡刑의 餘毒인 病으로 世을
和하였다 하니

邊東煥

邊東鎭 平山人이니 當時 儒林의 巨儒로
府營의 富豪로서 財産이 富하야 柳毅菴
弟子中에 四柱石으로 巨弟子 三人이었다 柳毅
菴이 擧兵할 때에 物心兩面으로 功勞하였고
하였으며 活動 當時에도 物心으로 贊助
하였으므로 倭人으로도 巨儒로 指稱하는
俗號 蕉毅라 하였으며 李華史 第二次 擧

53

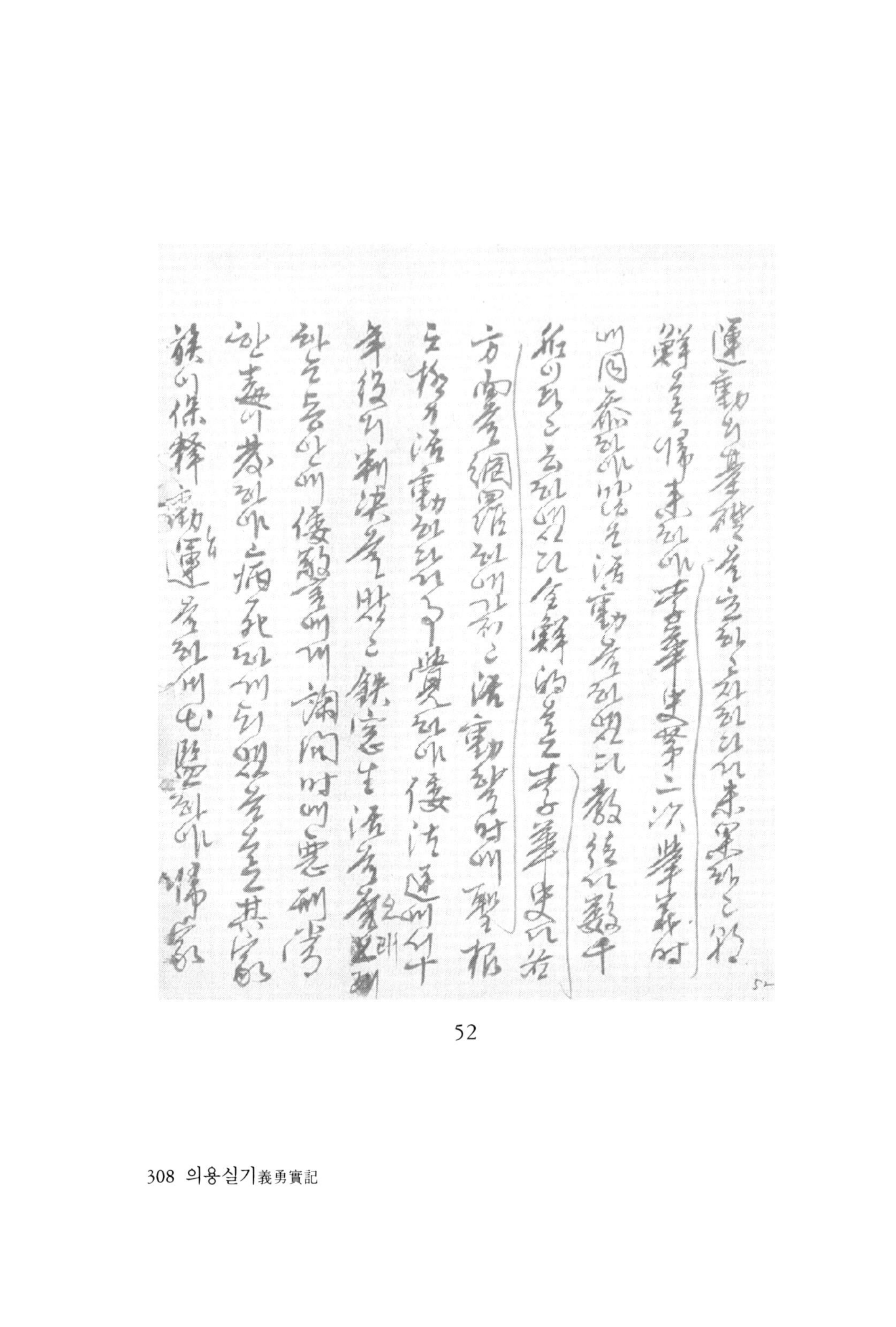

[illegible]

52

51

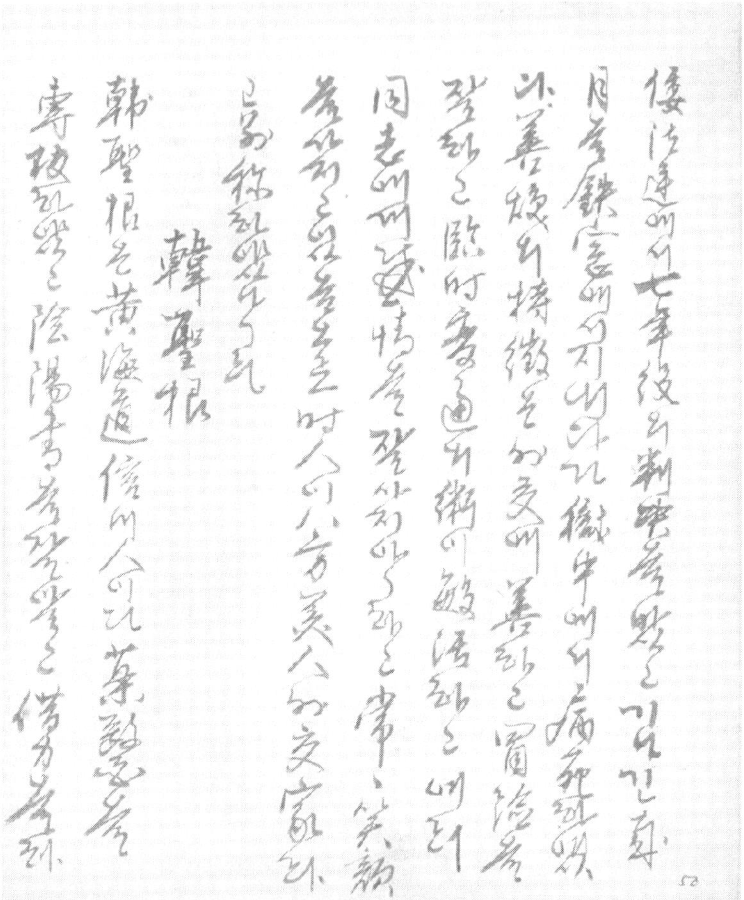

50

奎壽의 同志인 鐵州 [illegible] 事[illegible]果의
是하고 海州城中을 攻擊하며 [illegible] 經綸을
多數 義士를 得하여 [illegible] 이 [illegible] 幸
華東의 第二次 實行 軍隊運動하여 指揮하여
然且 衆寡不敵으로 着手치 못하고 落望
로 단신으로 同志들과 [illegible] 하고 [illegible] 通
州 經驗하고 光復團 總司令 李鎭의 傳報로
[illegible]하고 南世[illegible] 勢로 獨立運動을
[illegible]하고 團의 約하고 活動하다가 二年 [illegible]에

49

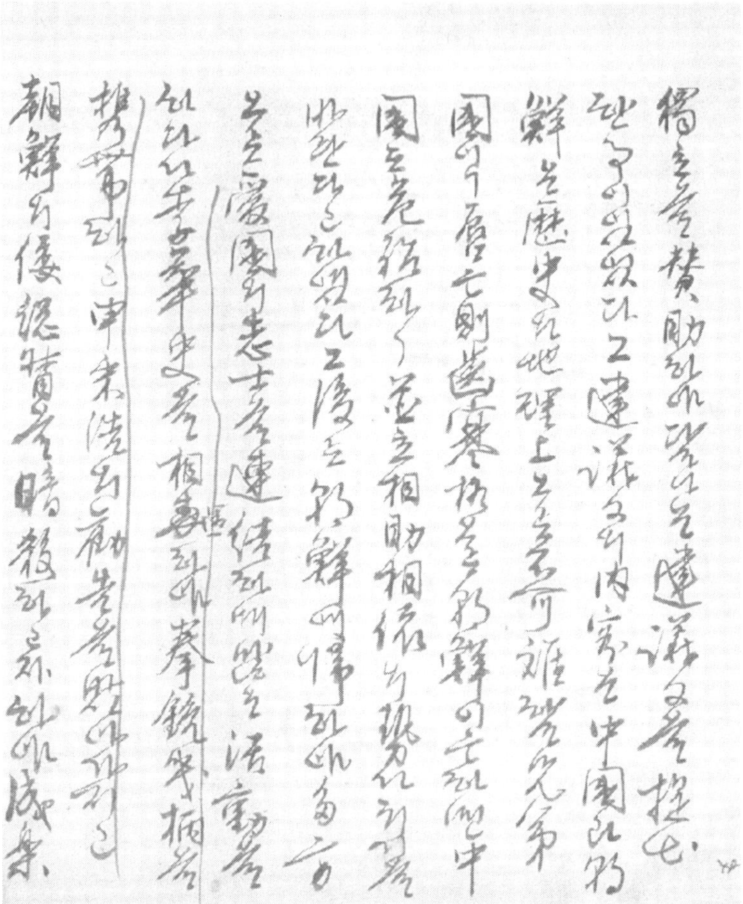

48

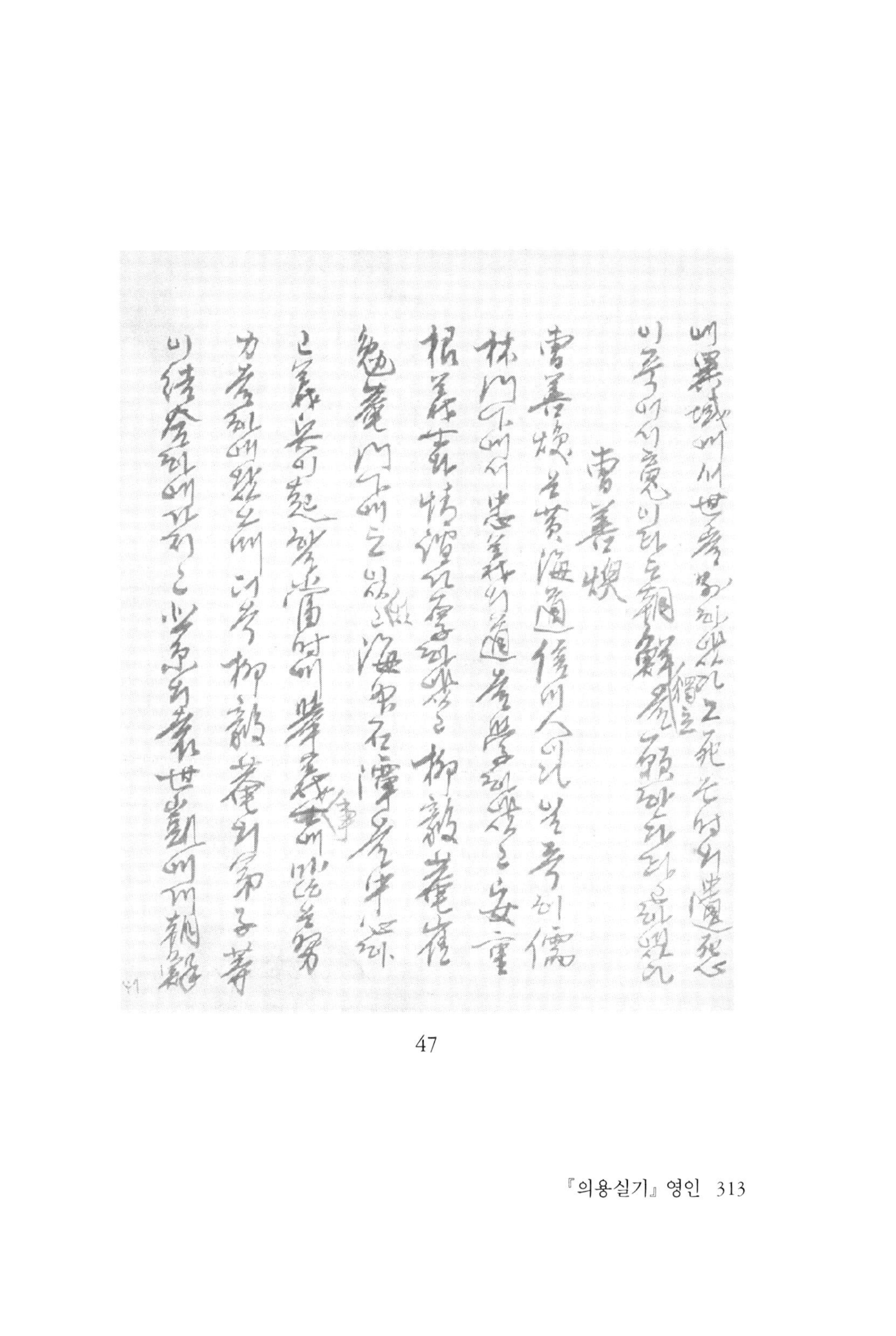

47

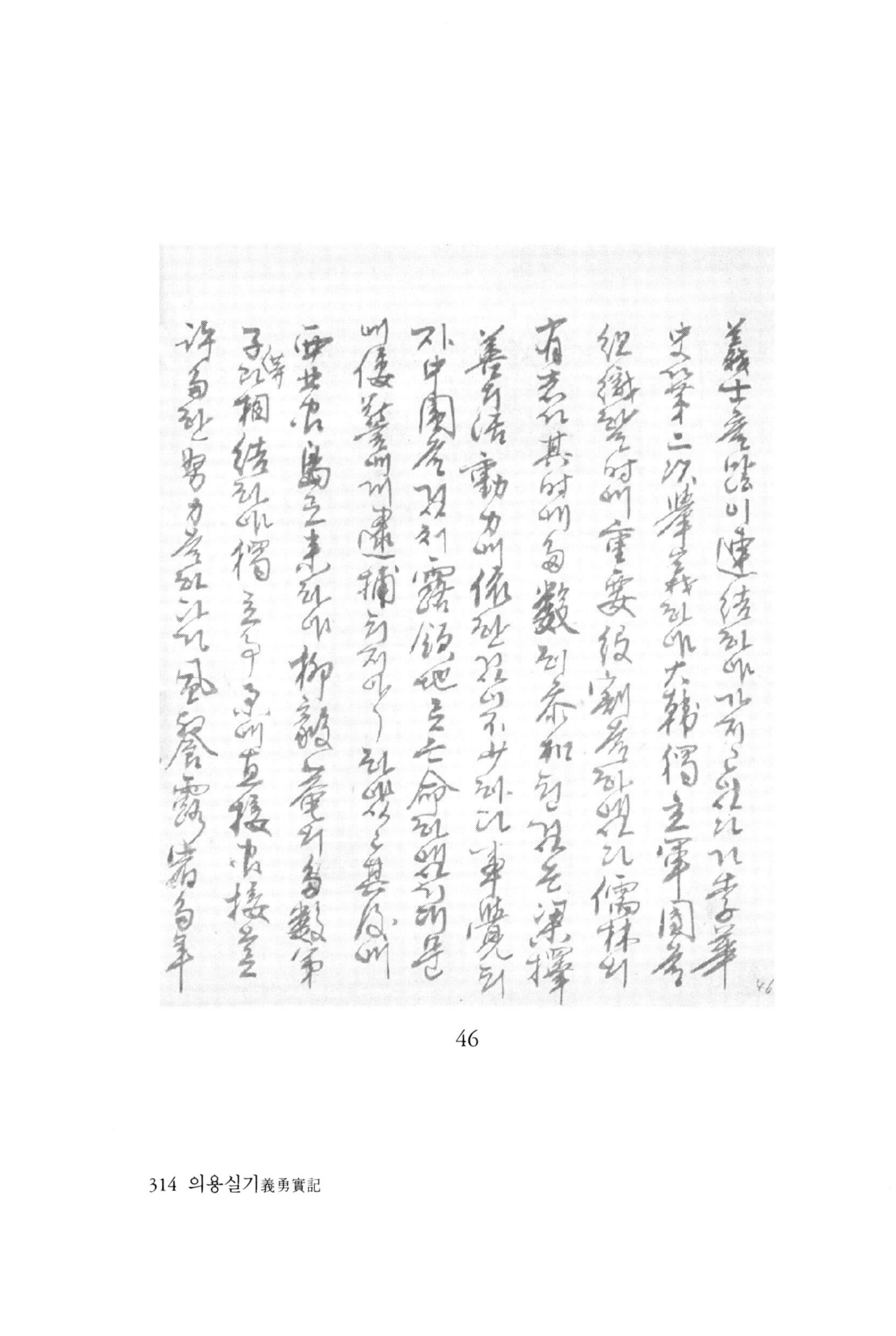

46

으뜸으로 鄕黨宗黨의 將軍이라 하였다

梁擇善

梁擇善은 海州人이니 일직이 漢學에 有

名한 柳毅菴先生을 從師하야 其時 先

하는 邊進士東植과 知己가 되야 常常 國家

崔璿과 맛나 柳毅菴의 擧義後에 各各

에서 義兵을 起할 때에 梁擇善은 平山義

兵將이 되야 一人이 되엿든 바 한 府之 滯刻하고

常常 內心에 獨立思想을 懷抱하고 儒林에

45

此朝鮮全國을 遍行하며 [illegible] 活動을
하다가 事覺되매 倭法庭에서 五年役에
判決을 받고 鐵窓生活을 하고 滿期後
出監하여서는 倭警의 尾行調査가 常
있을 것이라는 그 酷毒한 倭警의 眼을 避
하여가매 不絶히 秘密裏에서 獨立運動에
努力하였으나 朴充東의 特徵은 人性이 淳朴
純厚하야 一次 心決한 바는 終身不變하며
已 冒險을 樂하고 體力이 强健하고 騎射는

44

하義兵을起하던役에劉[illegible]를하엿스나[illegible]
將이되엿서世人이周知하는바니되지못하엿스니
庚戌合併時에七賊을射殺하라는拳銃
을가지고急히城에入하야集[illegible]하엿스나[illegible]
을果히못하고安重根義士와相通하엿
하엿다其後不幸을悔하고一世[illegible]間에서
倭賊을匹面衛[illegible]이되어生死을賭
하고一二回가아니엿다그러하니李筆
史는第二次義旗를擧할時에未[illegible]하

43

이니더 甚하야 活動하는 中에는 自覺하야
으로 不平心을 懷하고 抱蓄思恥하고 某
宗教에 入하야 山中에서 修養하고 있었다
李根爽의 特技는 名人과 交際를 能하고 詩
酒를 愛하며 棋奕도 嗜好하는 世人이 五號
先生이라고 稱하더라

朴元秉

朴秉元은 黃海道 鳳山人이다 幼時부터
射獵을 喜하더니 晩年 山에서 李鎭龍과 同

42

劃策하다가 事가 未果하고 北京에 往하야
中國政府要人과 將次 朝鮮獨立의 援
助함을 求하고 다시 朝鮮에 歸하야 秘密
裏에 何百數의 同志를 統合하야 努力하
다가 事가 發覺되매 倭法廷에서 十五年
役의 判決을 받고 鐵窓生活을 長久한
歲月을 送하다가 滿期後 出獄하야 다시 獨
立運動에 着手하고자 하다가 日警의 注目

41

와 洪神父로 関係이 깁엇다 安義士의 倭人
에게 被殺되므로 不平心이 多하야 中國의
露國을 游歷하며 愛國之士와 義俠男児
를 結하니 李鎭龍 趙孟善 金佐鎭
安秉瓚 等이오 同志이 되야 다시 帰國하야
國內의 義士를 相結하야 가지고 華史 大韓
獨立軍團을 組織할새 重要役割
을 하니 又 慶尙道의 光復團長 朴尙鎭
과 南北이 呼應하야 慶州를 攻擊할 計

40

하엿다ᄒᆞ야 사ᄅᆞᆷ마다 倭놈들을 주먹으로 毆打ᄒᆞ니

그 倭놈들에게 告訴하야 잡아다 가둔 書生을 놋케 ᄒᆞ엿스니

ᄆᆞᆯ이 잇스니 非常ᄒᆞᆫ 書生을 護送ᄒᆞ야 ᄆᆞᆯ ᄒᆞ엿스며

朝鮮獨立을 爲ᄒᆞ야 我國의 戰爭ᄒᆞᆯ 때에 ᄒᆞᆫ 사ᄅᆞᆷ

이 되야 劃策ᄒᆞ야 大韓이 되게 ᄒᆞ엿ᄂᆞᆫᄃᆡ

李根爽

李根爽은 黃海道 信川人이라 法學校를

卒業ᄒᆞ고 法律을 專攻ᄒᆞ야 辯護士 試

驗에 合格되고 法學士라는 名譽를 得ᄒᆞ엿시며

되엿더니 安重根과 親ᄒᆞ야 天主教

31

39

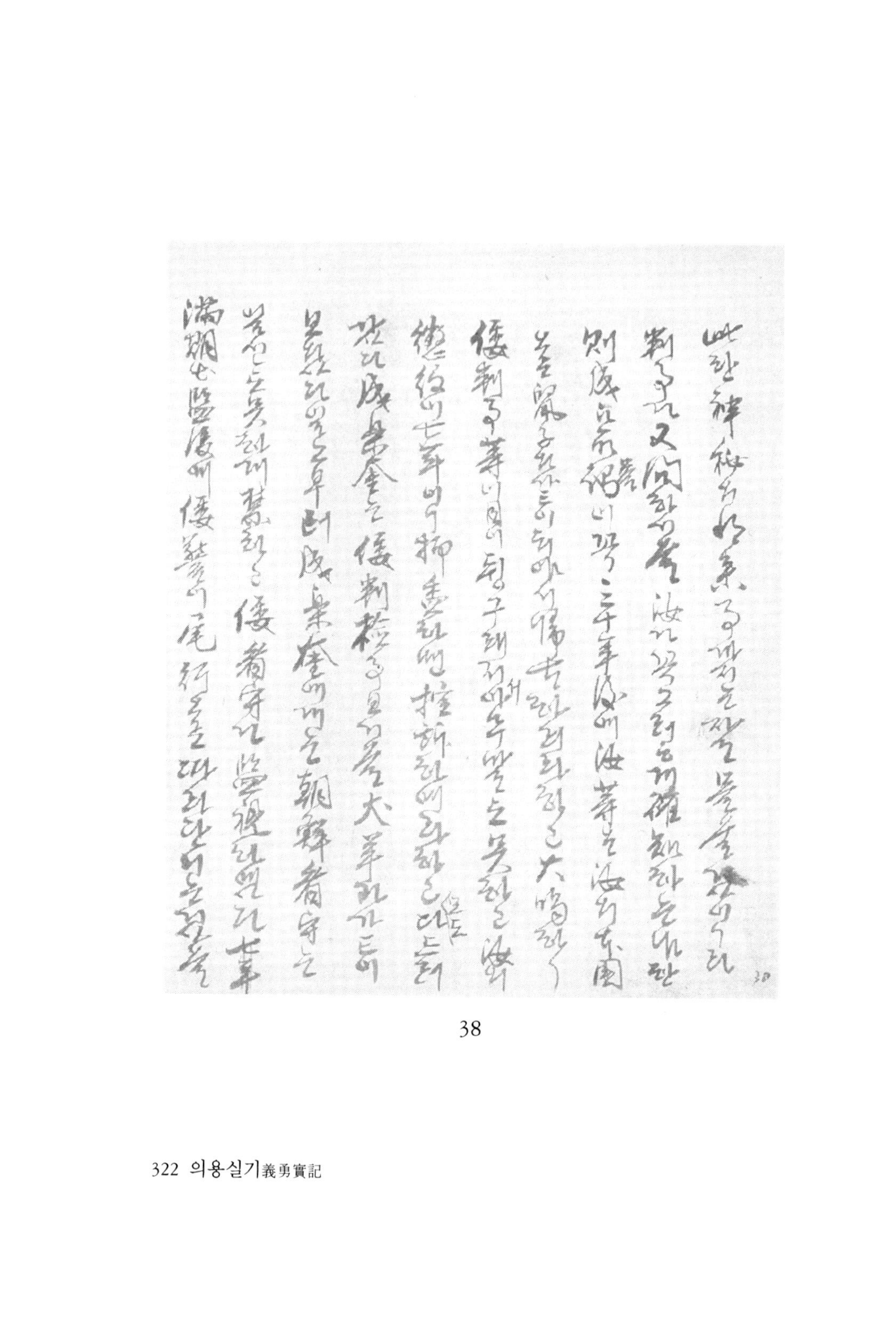

38

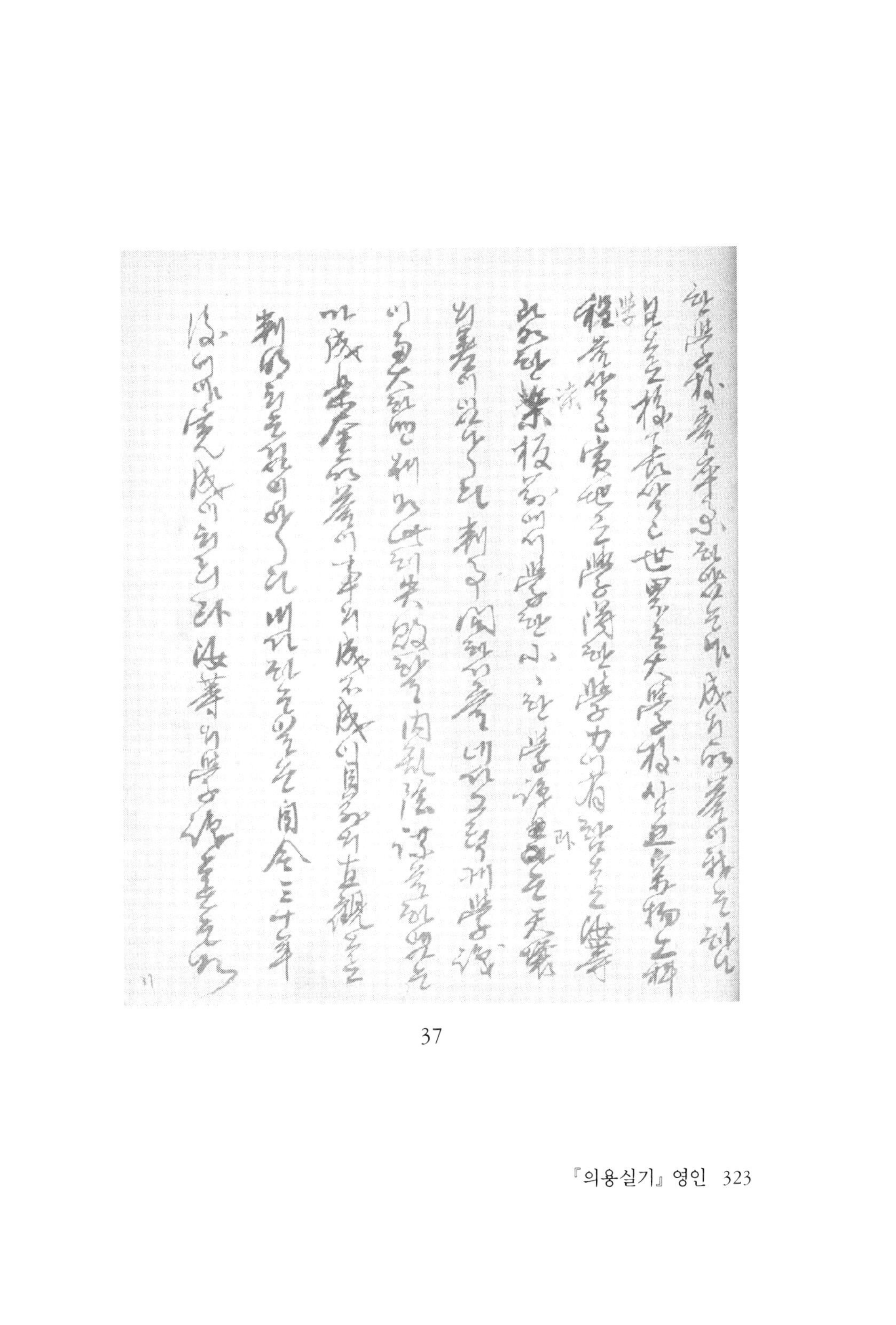

37

36

慶尙道의 俠士及義士外(金佐鎭이 그代表러) 咸鏡
道 平安道 義士等으로 連絡이 된 것을 咸秉金
이 活動하여 오다가 마침내 이 事實이 倭의 軍團事件
으로 倭警察에 被捕되어 倭法廷에서 七年 役을 받
았다. 그때에 倭判事가 問하기를 汝의 職業은 무엇인가
한테 咸秉金이 答하기를 本業은 朝鮮獨立이고 副業은
는 拋白이라 하였다. 倭判事는 또 問하기를 汝의 國籍은
무엇이냐 하고 通譯을 通하여 直接으로 國籍을 물었다
한테 咸秉金은 나는 朝鮮사람이니 國籍이 무엇이냐
하였을 때 倭警은 한다 하고 대答하였다 判事가

淳九 朴淳興 朴錫一 朴泰遠 李完珪 李
明植 金廷運 等과 同[illegible] 余興[illegible] 十年을
泰覺하여 海外[illegible] 署에서 二個月後 若
生하든 李華史와 [illegible] 國內로 亡命하여 [illegible]
[illegible] 大韓[illegible] 其後에는 李華
史와 連絡하여 [illegible] 全國內에서 革命運動[illegible]
[illegible] 成集 金錢 累巨萬 財產을 革命
上에 消費[illegible] 英信者[illegible] 連絡하고
[illegible] 李華史와 再次 革命[illegible] 不數月에

34

이니라 四海의 英俊을 交結하야 大志를 懷
하고 言語는 少하고 漢文은 素有이 能하고 言
辯이 能하야 人을 感動시키는 力이 有하야 每
日新申報社에서 記者生活을 하다가 申采
浩氏와 親하야 安東縣에서 倭情 探報를
密議하고 武器를 携帶하야 出하다가 發覺
되야 軍에게 說明하야 [illegible] 職에서 來留
하니 機會를 맞아 [illegible] 李華史記第
一次 上海에서 起義할 時에 李鶴儀 與

33

32

少時부터 大志를 抱하고 中年에 遊覽하였고
이였다. 合併當時에 李完用 朴齊純 等을 暗殺
하려고 同志를 求하여 李在明과 氣脈을 相通
하고 있었다. 合併後로는 不平을 抱하고 李範允
以來 滿洲에 赴하여 死生을 같이하자는 盟約을 맺었고
다시 西間島로 入하여 李鎭龍과 同히 [illegible]에서
倭賊과 奮戰苦鬪하였다. 甲子年에 李鎭龍
趙孟善 等과 同히 安東에 倭警察署를 突破
하다가 倭彈에 中하야 絶命하였으니 李鎭龍이 昔

31

完保하는者는 勿論이오 其遺因으로 書去之成하야
功勞를 讚하는者 有하니 其後에 文成은 無
忠義道로 入去하야 倭賊과 衆戰하야 同胞를
爲하야 風餐露宿하야 趙[illegible]善과 共히 國家
를 爲하야 犧牲하얏스나 文成이 死하매 遺恨하야 曰 我는
死하는 것을 恨하지 않으나 獨[illegible]하는 것을 [illegible]
하야 黃[illegible]에 歸하야 하로 獨[illegible]爲하야 [illegible]하니라
하얏다 하니라

朴根元

朴根元은 黃海道 長淵人이니 黃은 [illegible]에 하니라

30

을 蝕和시킴으로 感化하야 有하든 [illegible]하야 息人 半年 [illegible]

義軍件을 被捕하야 五年의 懲役을 處받고 半

壤監獄에서 李根球와 同히 新義州監獄에 轉移

되엿는대 李根球와 新義州監獄 移監時에 [illegible]하야

新義州監獄 [illegible]因을 殺하고 [illegible]으로 逃走하다

그 日本 守備隊는 追擊하야 [illegible] 看守에게서

奪取한 銃으로 日兵 何를 殺하고 日兵이 追하

나 銃丸을 當하야 限 三千[illegible] 避遁하게 되니

州 逃走하야 源因 壽夏 國境 [illegible] 逃走하야 生命을

29

時는 旣히 雪霜이되고 陣地에서 冬眠生活

及其 義兵將이되어 高東善 義兵將으로 共히

蒼灘에서 倭兵과 接戰하여 倭兵數十人을 射殺

하고 李根泳과 同히 平山義兵將 李鎮龍과 同

心하여 平北 雲山洋人의 黃金輸送을 [illegible]擊하였

다 平北 華史는 黃海道에서 華義[illegible]時에 李根泳과 同

히 華史의 獨立軍團에 參加하여 平南 [illegible] 西也島

로 다니며 [illegible]에서 惡戰苦鬪하였으니 倭警에 被[illegible]

되어 [illegible] 二次나 하였다 文成의 性格은

武人이면서 文人의 [illegible]이 있다 恒常 同係의 [illegible]

28

營基卷以見하니 倭賊數百人이 合力하야 接戰

하여 三日에 倭賊은 二十餘人이 死傷者가 生하고 結

局 李根永은 陣에서 彈丸이 盡하고 衆寡不敵

으로 全部 戰死하였는데 倭賊이 李根永의 死

體를 만은 恨으로 恐怖하야 ○에서 銃 三發을 放하더

詳觀하니 全身이 銃丸이 [illegible] 하더라

至今까지 戰死한 身體는 九月山 戰爭場에 埋在

하니라

李文成

李文成은 海州 雲山人이니 全義李氏 其 時 貧寒하야 幼

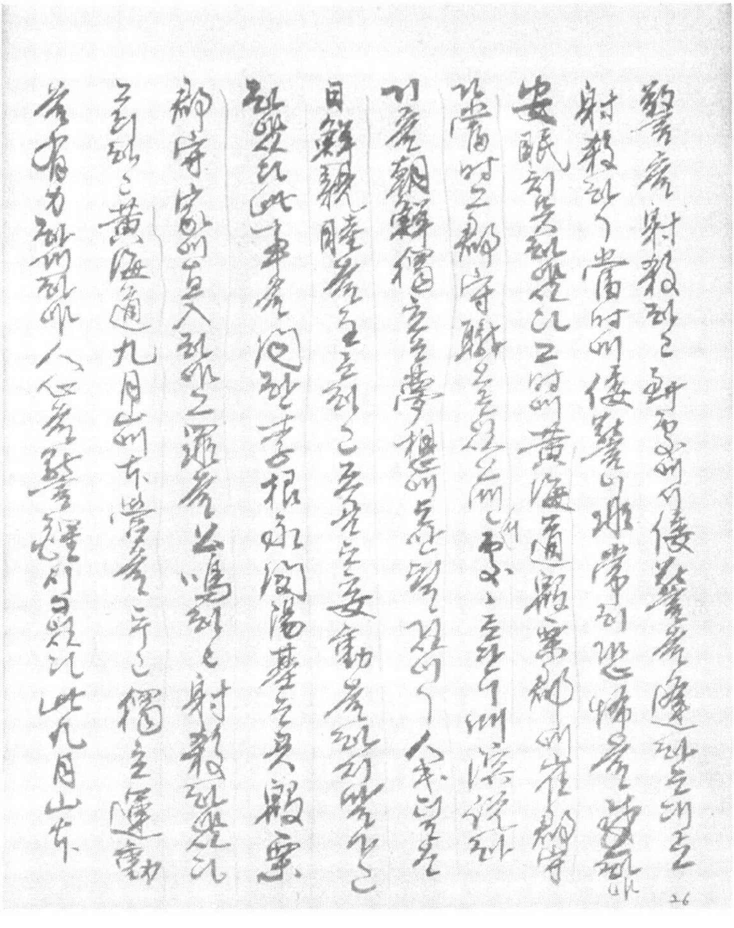

26

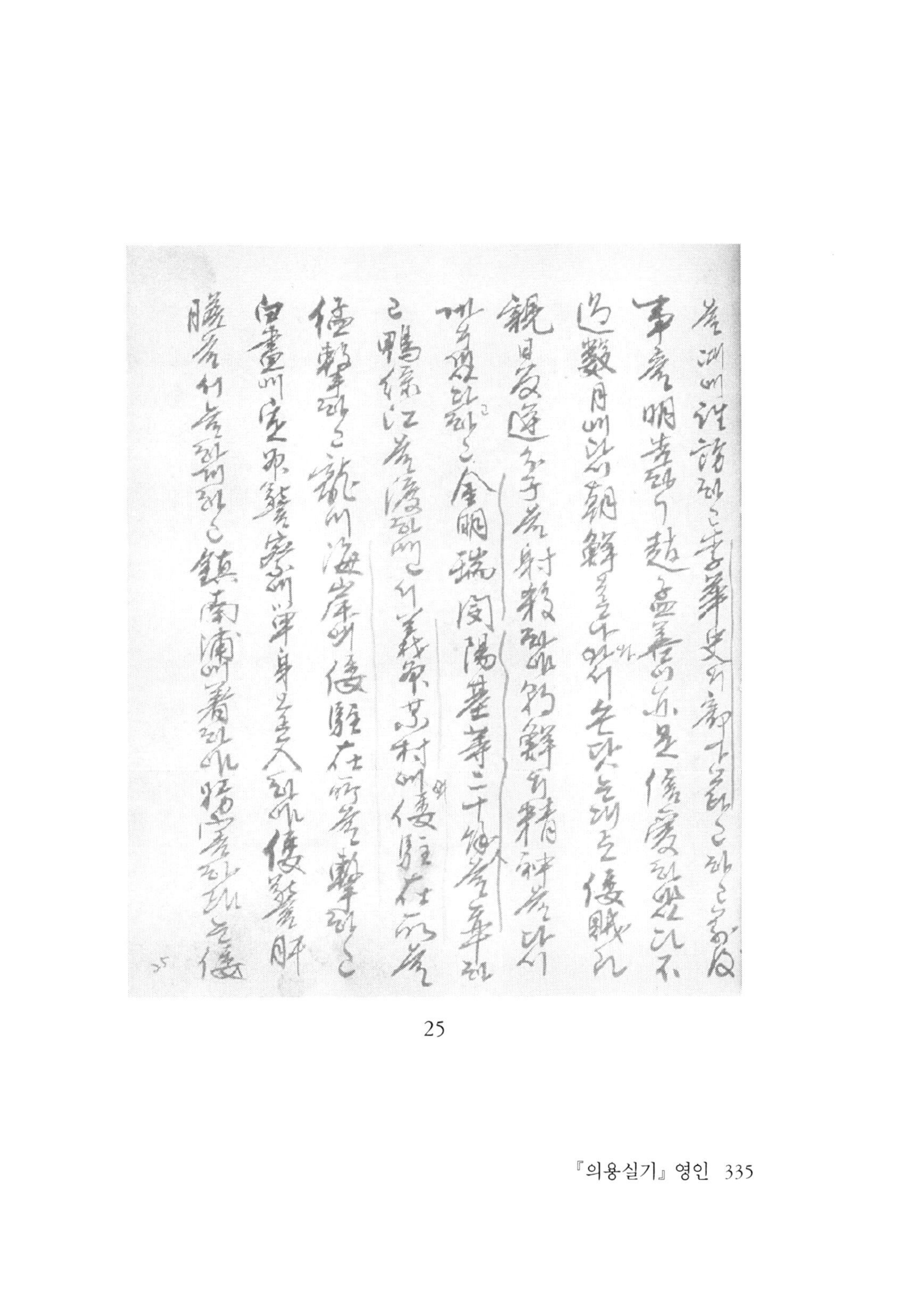

25

倭看守長을 擊殺하고 監獄 열쇠를 奪하니
차례로 新義州監獄 羅國以下 全部를 開放하고
羅國은 잡혀온 七 獄하여 있하니 七百餘 莊에 羅國은 一時에
洪씨라는 이 되지 못하여 탈출하니 監獄所長 及 看守 等
은 다 逃避하고 新義州 一帶 僞 羅 場에 탈출하니 倭人
이때 急히 하여서 守備隊를 두어서 適逃하는 羅國을
追捕하니 此時에 手根하는 看守 服裝을 奪着
하고 鴨綠江 鐵橋를 緩緩 건너 安東縣에서
一夜 宿泊하고 卽 西虎島로 入하여 五日에 趙
孟善이 西虎島에서 軍政部를 設立하고 있

24

俠氣를 強抑하고 赤衣를 着하고 手械 監獄에서
服役하든지 一月餘에 囚人의 身으로 新義州監
獄으로 轉監이 되엿도다 時는 冬節이니 來年에
陽曆 一月 元旦日이엿서 監獄 囚人들을 從事식이
엿하고 監房에 出因하야 俠氣衝天하는 李
根泳은 悲憤하게 되엿든 氣를 堪忍치 못하야 獄
에서 看守等 七八人이 開門點檢하는 時를 기다
리엿다가 猛虎갓치 勇出하며 足으로 看守를 蹴
하야 看守는 顚倒하엿스니 卽時에는 看守의
劍을 奪取하야 倭看守部長을 刺殺하고 座

23

義士는 蜂起하는 中에 李根永이 先頭, 等 編에
立하며 大韓獨立軍團의 先鋒이 되며 多數의 同
志들과 함께 海中, 倭陣을 襲擊하며 많은 事를
果히 못하고 平安道와 慶尙道 同志等을 多數
로 連結하여 朴尙鎭 金佐鎭 等과 더불어 肝膽
이 相照하고 西間에 吳東振 羅錫疇 金所로
와 倭賊과 直接 間接으로 晝夜 相鬪하였고 執力
이 强하였으며 團體로 李某 史 峰義士와 件에
多數人이 倭警에게 被捕되며 結局 倭政에 逮捕
李根永도 五年役의 判決을 받고 工 盡憤하

22

義勇錄

李根永

李根永은黃海道海州雲山面人이라父는
金州이니幼時부터驍勇하며膂力이過人함으로
時人이稱하되雲山壯士라하였던바平山義兵將
李鎭龍의團列에西北間島에從[illegible]倭賊을
到處마다西間島라[illegible]李鎭龍의團列中
國安東縣沙河子倭警駐在所를襲擊하여
短銃과彈子를奪取하여[illegible]遠去하였다
李華史는黃海道[illegible]義[illegible]海州[illegible]

(華史 李) [illegible]

[illegible] 社會事業家로서 [illegible]

[illegible] 救護機關 [illegible]

[illegible] 全錢 [illegible] 不許 [illegible]

[illegible] 研究 [illegible]

十 [illegible]

[illegible] 此에 [illegible] 記 [illegible]

華史 李觀求 [illegible] 記

20

19

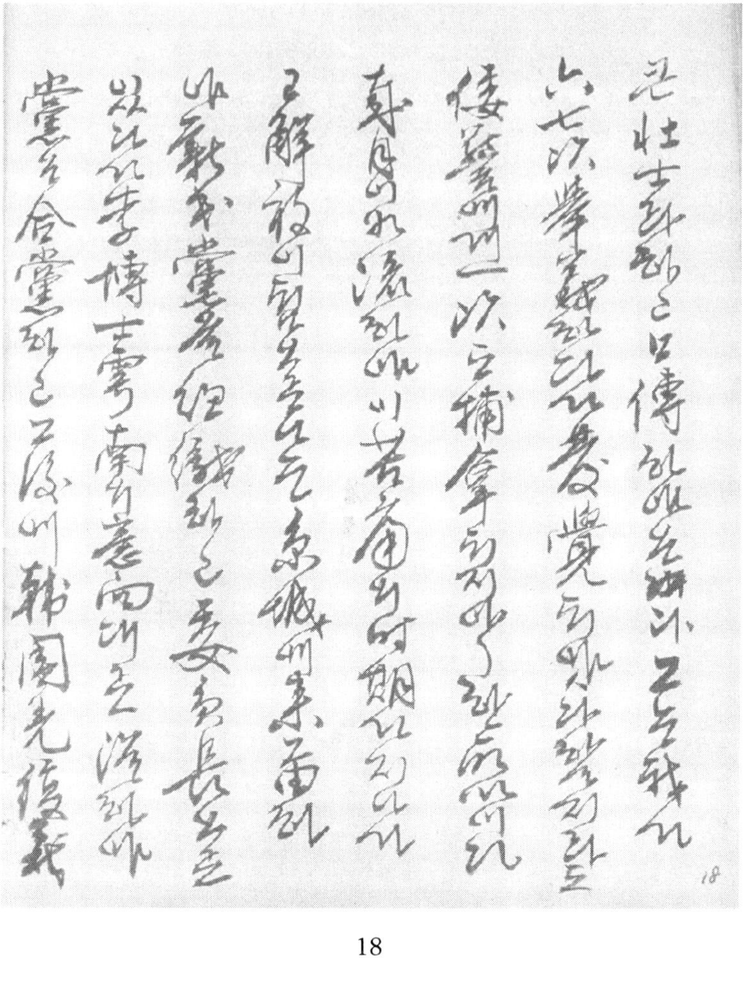

18

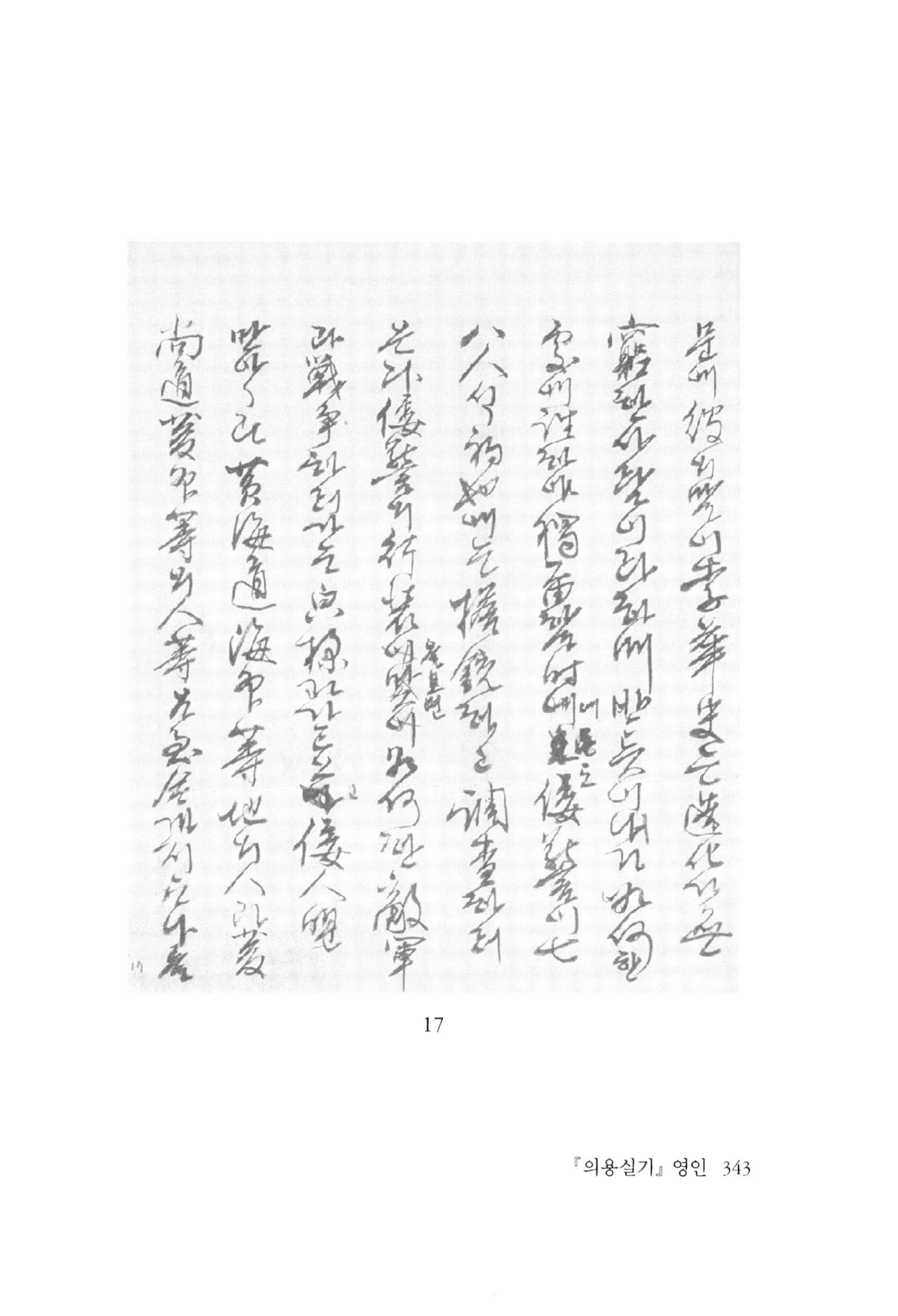

[illegible]

17

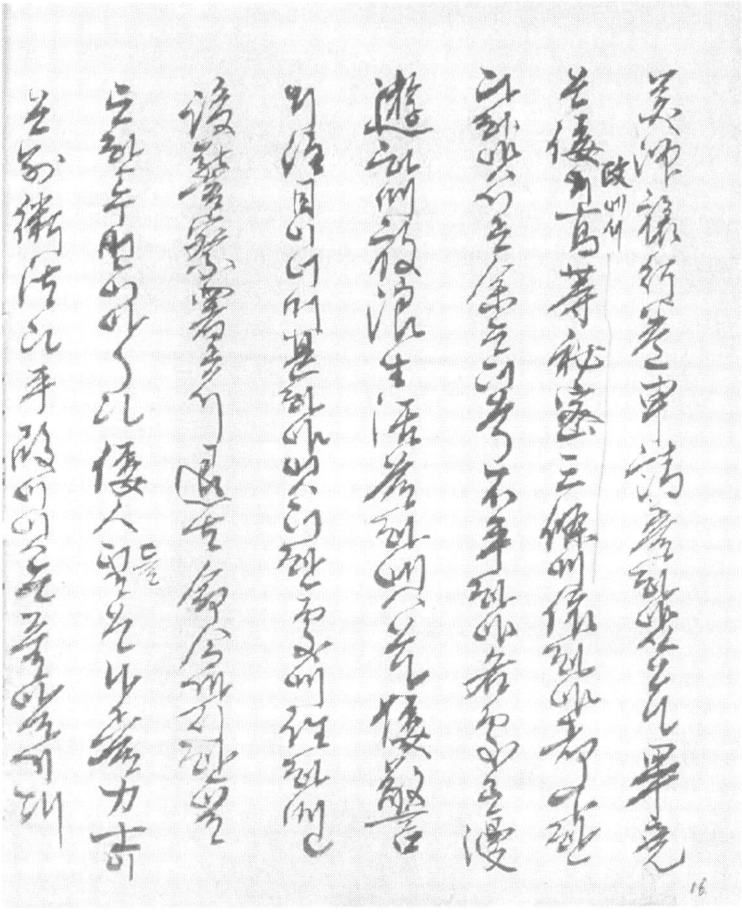

16

15

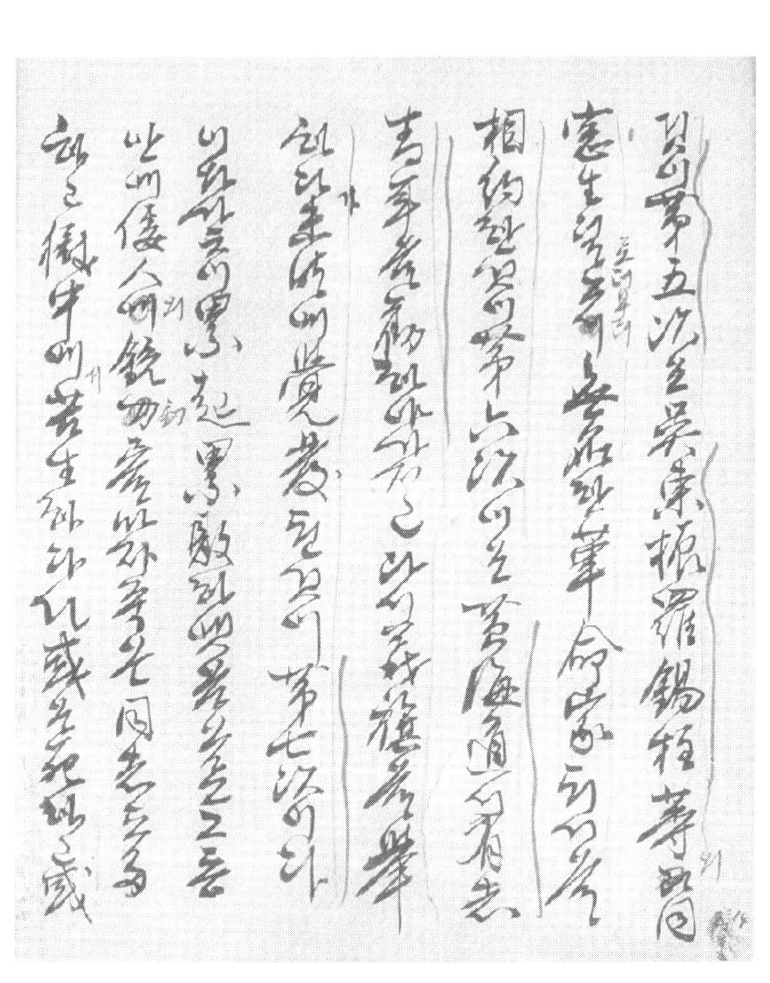

14

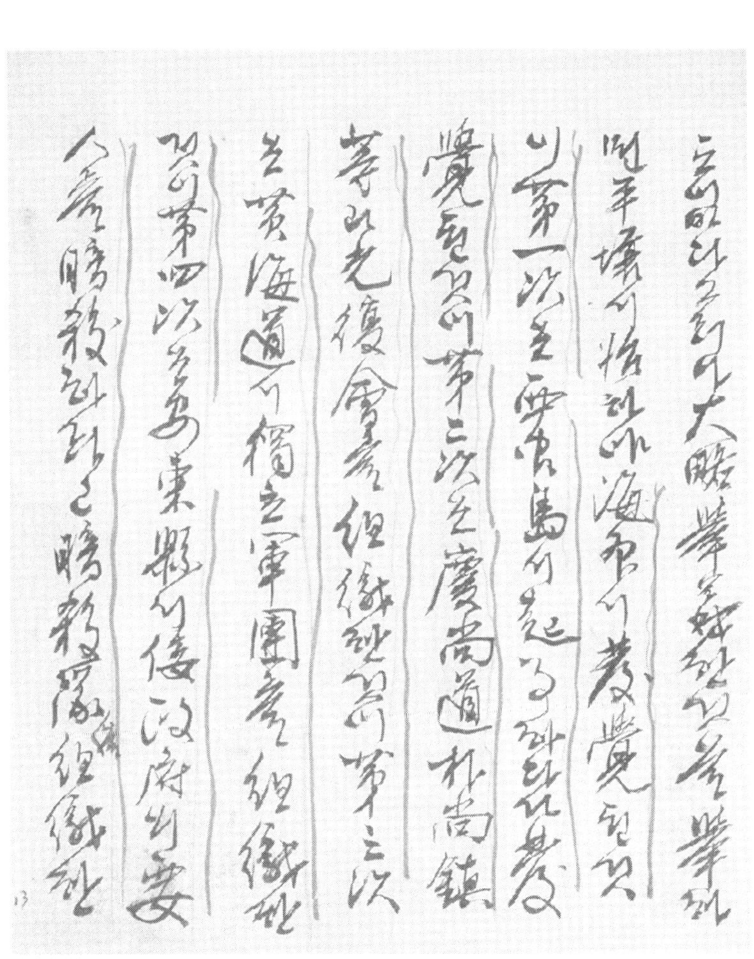

13

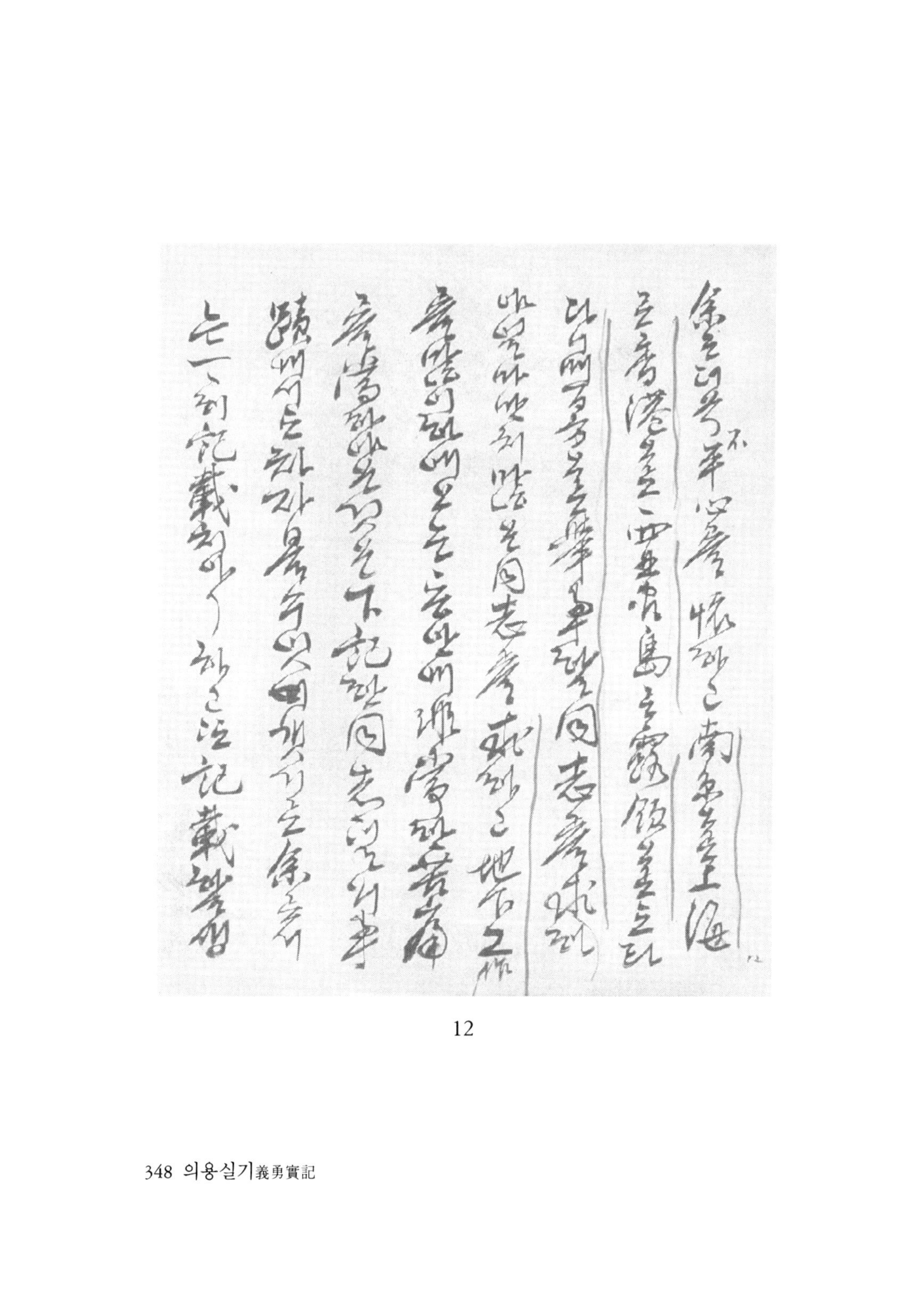

12

中國은 孫文이 新革命으로 全國을 治

하다가 袁世凱의 帝王慾이 發動되

매 無辜한 新革命黨는 많이 殺害

되얏다 그리고 蔡鍔은 雲南으로 作戰을 하기로 宣言하고 出師

서 北京에 密使를 보내 袁世凱와 交戰 情況을 相通

되매 그 외 北京 政府에 一億 萬金을 쓰고 運動을 하고 있

었다. 그러나 袁世凱의 帝王 욕심은 오히려 無益

凱의 死刑으로 轉代하였다. 그 外로

11

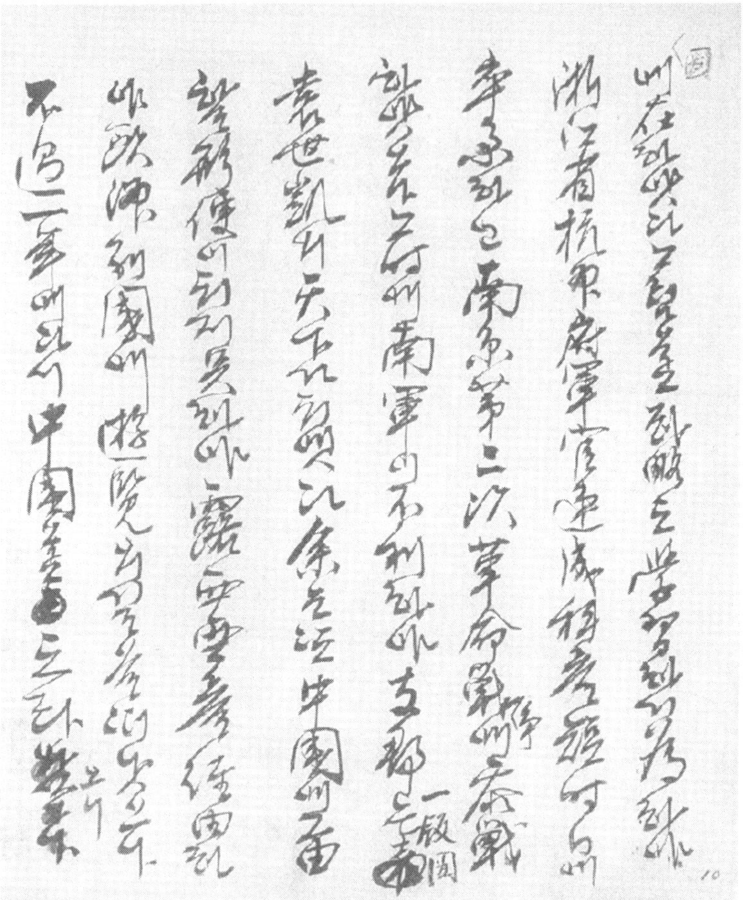

10

雖然이나 中國에 往하야 始初로 上江淸의學 南京

杭州入學하얏다가 其後 上京滬文大學하얏다가 滬大學

가北倫大學으로 轉學하야 가지고 맛츤 듯이

世界各國 政治와 文人의 歷史에 相從하얏슨대

其中 政治家로 湯化龍 文學家로 梁啓超

氏와 最親하야 氏와 家에 因하야 國에 往來하며

隨處하야 亦實을 文字와 學하며 그 前에

지아니하고 國家와 事業을 達하고자 하는 志

9

平壤崇實大學에 入學하야 三年級에서 受

學하다가 [illegible] 日合併時에 當하야 朝鮮에 [illegible]

[illegible] 日本 [illegible] 不平黨을 連絡

하야 [illegible] 東京에 [illegible] 在 [illegible]

工作하든 [illegible] 日本人과 [illegible]

不同 [illegible] 人 [illegible]

不同戴天之讎를 [illegible] 同心同事

[illegible] 自覺 [illegible]

8

自敍傳

余는 過去事를 自記하야 [illegible] 親父는 其
子를 仰慕하야 [illegible] 相似하나 詳記할
수 없고 不得已 若干語를 記하노라
余는 幼年時에 儒家門에서 學業하고 書塾
에 [illegible] 知識에 [illegible] 當時의 志
士 朴殷植 梁起鐸 申采浩 張志淵 諸
先輩와 同時에 言論界에 接近하야 新學을
에 不足之點을 自覺하고 安昌浩 先生을
從하야 平壤에 大成學校를 [illegible]

7

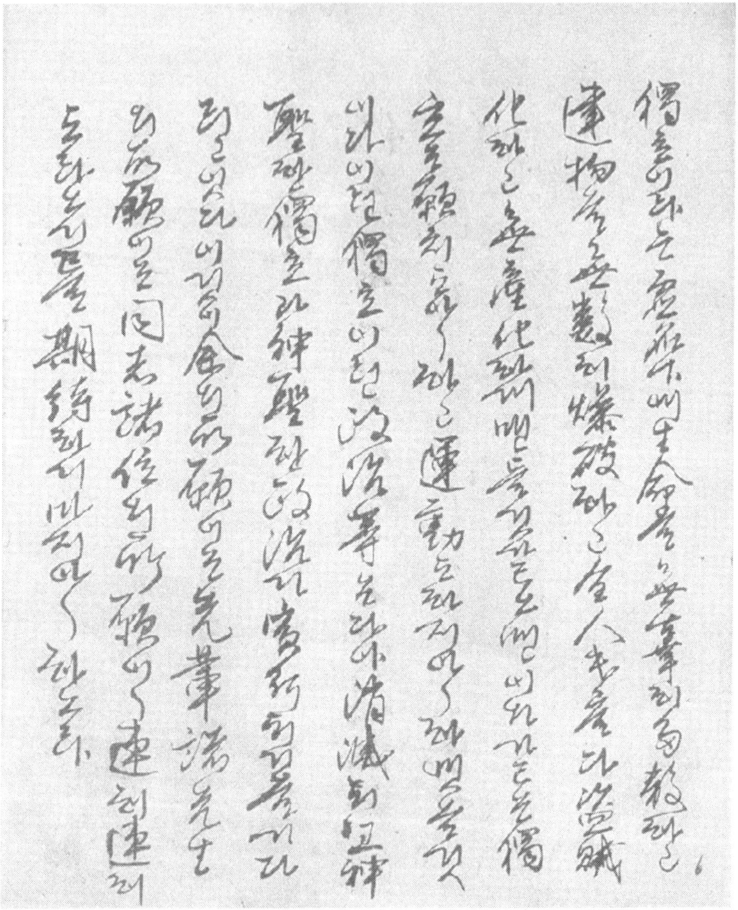

6

政府에 諮詢한 것은 唯一 政策이라 換言하면
하되 兵을 招入하야 國權을 精密하라는 뜻
이며 政이라는 생각하야 하엿다 함을 호(?)하야
宣言하야 絶後의 醜態로 條事이라. 苦에 余가
獨立하라는 그것은 今日에 안된 愛條的 形飾의
獨立이 오 우리의 實力으로 할 것이라
에 獨立國家를 設立하고 自由시럽게 榮貴
시럽게 生活하자 하는 趣旨이니 余는 가는데

5

機械을 爲造하던 者는 弱少國을 侵害
하는 것이였다 世界에 불상한 나라는 弱少民
族國家이라 우리 朝鮮도 弱少民族國家
이다 自由國家이였으나 國內는 其實狀態로
되였었다 完全無欠에 他勢力이 侵入하였던
것은 物理學的 先覺이다 조선은 우리 朝鮮
에는 最勢力이 輸入되였지만 지난 때로 살게
되이제 되였다 朝鮮은 南北으로 權을 分國

4

라 하는 人道가 되여지고 만다. 弱者는 善은
없으며는 自己의 所有物도 없다. 弱者個人
英雄時代에 있어서는 個人英雄을 中心하
고 戰爭을 起하여 또 全國家로 當하여
代에 있어서는 國家를 中心하고 戰爭이 이러
나 戰爭의 慘酷한 것은 人道에 없는 義
한 것은 蒙日보다 百倍 千倍나 되게 되었다
今日 所謂 文明이라 하는 것은 殺人만이라는

3

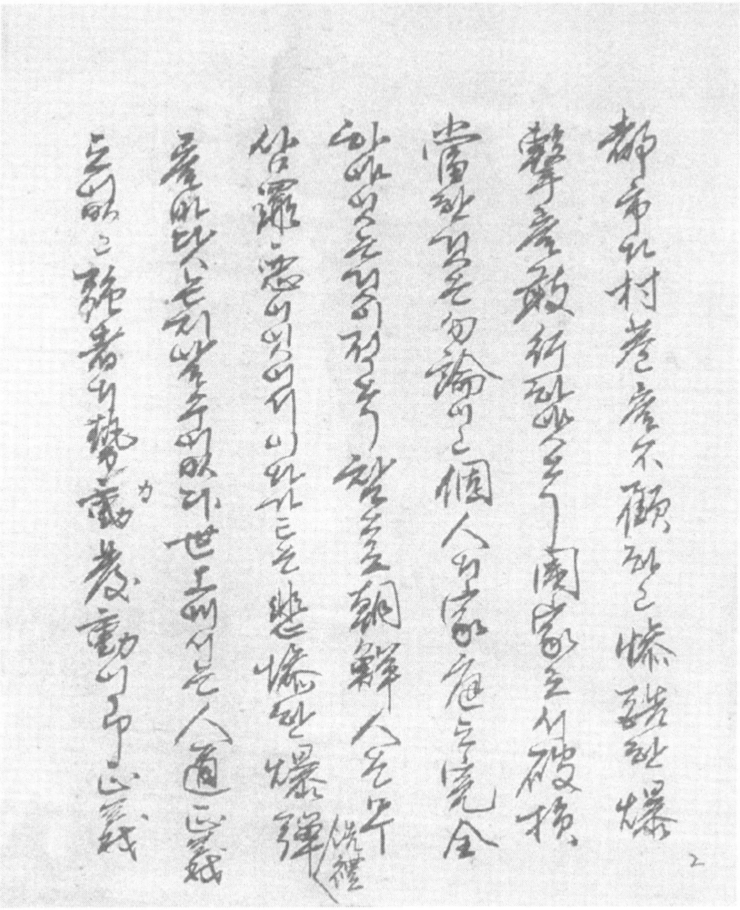

2

義勇錄重覽序

此冊에 記載된 先輩諸位의 事蹟과
同志諸位의 歷事는 金直樓 關係된
것이 많으나 歲月이 如流되어 此冊에 記入된 諸
位中에서도 死者가 不尠할 것이고 또
共產軍이 二回나 이 產市에 侵入하였으며 南
鮮產 騷亂하였으며 義軍의 先行機라

1

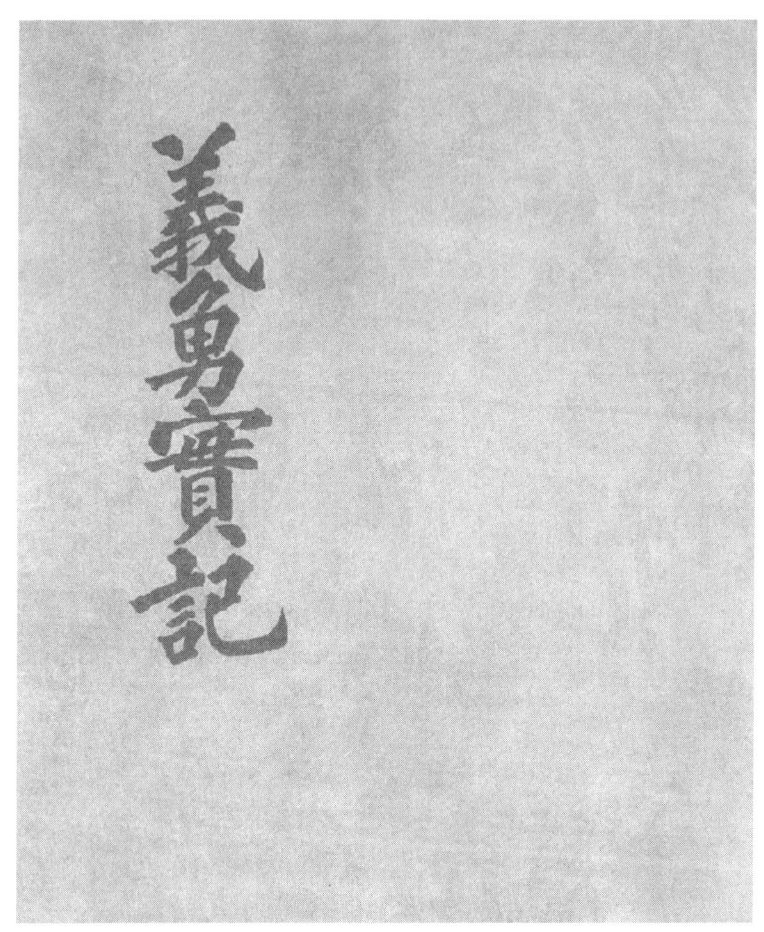
義勇實記

【찾아보기】

ㅇ

의용실기

초판 1쇄인쇄 2013년 8월 19일
초판 1쇄발행 2013년 8월 21일
지은이 이관구
편역자 이충구 · 김규선 · 조준희
발행인 김수현
발행처 도서출판 아라
주 소 서울시 강동구 천호동 287-10 일진빌딩 2층
전 화 02) 476-5060, 팩스 02) 489-5689
등 록 2012년 09월 13일 제2012-52호
이메일 ara5060@naver.com, 홈페이지 www.ara5060.com
ISBN 978 89-98502-36-2*03300
정가 20,000원

이 도서의 국립중앙도서관 출판시도서목록(CIP)은 서지정보유통지원시스템 홈페이지(http://seoji.nl.go.kr)와 국가자료공동목록시스템(http://www.nl.go.kr/kolisnet)에서 이용하실 수 있습니다. (CIP제어번호 : CIP2013014782)